U0262745

高寒区高铁膨胀土与工程

凌贤长　唐　亮　著

科学出版社

北京

内 容 简 介

高寒区（严寒区）膨胀土是一个新的冻土学与冻土工程重大问题。本书围绕高寒区高铁建设发展的工程需求，较全面介绍了高寒区膨胀土的基本特性、冻融特性、胀缩特性、流变特性、冻融损伤宏细观特性与相应的分析理论、方法，以及膨胀土边坡与隧道的工程问题、分析方法、处置措施。主要内容包括：高寒区膨胀土基本特征及其与非冻土区膨胀土之间差异、开放系统非饱和膨胀土冻胀特性、冻结膨胀土统计损伤模型、冻融膨胀土宏细观损伤特性、冻融膨胀土双屈服面弹塑性本构模型、冻融膨胀土蠕变与松弛特性、非饱和膨胀土水–热–变形耦合冻胀模型、膨胀土边坡冻融稳定性与滑塌机制、膨胀土隧道施工方法与防冻害措施。

本书可供岩土工程、冻土工程与相关领域学者或技术人员学习、参考，也可作为岩土工程相关专业研究生学习参考书。

图书在版编目（CIP）数据

高寒区高铁膨胀土与工程／凌贤长，唐亮著. —北京：科学出版社，2023.3

　ISBN 978-7-03-074716-7

　Ⅰ . ①高…　Ⅱ . ①凌…②唐…　Ⅲ . ①寒冷地区–高速铁路–膨胀土地基–研究　Ⅳ . ①U213.1

中国国家版本馆 CIP 数据核字（2023）第 018766 号

责任编辑：焦　健／责任校对：何艳萍
责任印制：吴兆东／封面设计：北京图阅盛世

科 学 出 版 社 出版
北京东黄城根北街 16 号
邮政编码：100717
http://www.sciencep.com

北京中科印刷有限公司 印刷
科学出版社发行　各地新华书店经销

*

2023 年 3 月第　一　版　　开本：787×1092　1/16
2023 年 3 月第一次印刷　　印张：16 1/4
字数：385 000

定价：218.00 元
（如有印装质量问题，我社负责调换）

前　　言

中国是一个冻土大国，高寒区（严寒区）面积达 $3.92×10^6 km^2$（遍布 10 个省，不同于大面积连续多年冻土区），进一步分为深季节冻土区（$3.67×10^6 km^2$，冻深达到或超过 1m，广泛分布于东北、华北、西北地区，东北绝大部分为深季节冻土区）和退化岛状多年冻土区（$2.51×10^5 km^2$，冻深可达 2.9m，甚至超过 4m，广泛分布于大兴安岭、小兴安岭，热状态极不稳定且易受气候、工程等扰动，处于快速退化状态），二者严重影响工程稳定性。过去，一直认为膨胀土发育于非冻土区或前季节冻土区。但是，近十几年来，随着中国寒区高铁建设快速发展，在高寒区不断发现大面积分布的高冻胀敏感性膨胀土，并且膨胀土地区冻融深度范围地下水丰富，这是一个新的冻土学与冻土工程重大问题，国内外此前缺乏深入研究，而高铁建设要求必须针对高寒区气候与工程地质环境开展膨胀土与工程问题的系统研究工作。鉴于此，本书基于作者团队的近十几年研究成果，本着循序渐进的拓展原则，遵循"现象认识→过程演绎→机理剖析→应用验证"的科学思路，系统介绍高寒区高铁膨胀土的基础知识、基本理论、工程应用。

本书共 11 章。各章主要内容如下：第 1 章概述高寒区膨胀土工程研究与实践进展；第 2 章分析高寒区膨胀土的基本特性及其与非冻土区膨胀土之间特性差异；第 3 章介绍开放系统膨胀土冻融–胀缩耦合试验装备；第 4～9 章阐述膨胀土力学性质、水–热性质、细观结构与宏观力学特性、细观结构冻融损伤、细观结构损伤诱发宏观力学特性劣化耦联机制、冻结–胀缩牵连机制、孔隙水冻结动力学模型、水–热–变形耦合冻胀模型、流变模型、双屈服面弹塑性本构模型；第 10 章探讨膨胀土边坡冻融变形演化、滑塌机制；第 11 章提出高寒区膨胀土隧道施工新工法与防冻害新技术。

参与本书内容研究工作主要有孔令伟、张峰、罗军、丛晟亦、耿林、王子玉、李新宇、聂众、曲娜等，中铁二十二局集团有限公司、哈佳铁路客运专线有限责任公司（黑龙江铁路发展集团有限公司）、中国铁路哈尔滨局集团有限公司在现场试验与工程监测中提供了协助。在此一并感谢！

本书内容研究与出版，获得国家自然科学基金重点项目（41430634）、国家重点研发计划"重大自然灾害监测预警与防范"重点专项（2018YFC1505300）、国家重大科研仪器研制项目（41627801）、中国铁建二十二局集团有限公司科研项目（吉图珲高铁东兴隧道膨胀岩施工与冻害预防综合技术研究）、中国铁路总公司科技研究开发计划项目（高寒深季节冻土区富水膨胀土场地高铁路堑高边坡支挡土压力计算方法）等资助。在此，深表感谢！

由于高寒区高铁膨胀土与工程的研究与实践仍在探索中求发展，加之作者水平有限，书中难免存在不足之处，恳请专家与读者指正。

作　者

目　　录

第 1 章 绪 论

1.1 工程背景与存在问题

我国是一个冻土大国，多年冻土和季节性冻土面积分别占国土面积的 21.5% 和 53.5%，主要分布在我国青海、西藏、内蒙古、东北大部分地区[1]。季节冻土区自东向西划分为湿润区、半湿润区、半干旱区、干旱区，气候区域性差异显著。其中，绝大多数地区地下水资源为小于 10 万 m^3/km^2 的松散岩类孔隙水和基岩裂隙水，部分地区为 10 万 ~ 20 万 m^3/km^2 的松散岩类孔隙水[2]。随着"交通强国"战略和"十四五"规划的提出，我国交通线路迅速发展。在高寒深季节冻土区（如哈尔滨地区、佳木斯地区、延吉地区等），一些已建、正在与计划建设的高速铁路、快速客运专线穿越大面积的膨胀土且具有丰富地下水的复杂场地，如吉（吉林）—图（图们）—珲（珲春）高铁沿线地层的白垩系—第四系上更新统泥质软岩、玄武岩残积层、泥岩、粉砂质泥岩、泥质粉砂岩、黏土岩、黏性土等，均为膨胀性土体，分布于蛟河盆地、敦化高松树、延吉—珲春等地，累计长度达 97km；而哈（哈尔滨）—佳（佳木斯）高铁沿线地层主要为白垩系—新近系泥岩、凝灰岩等，发育大面积的膨胀性土体，分布于哈尔滨—方正、牡丹江以西、依兰—佳木斯、佳木斯站—东佳木斯站等地，累计长度达 78km。膨胀土具有显著的吸水膨胀性与失水干缩性、干裂性，而强风化与全风化膨胀土具有更强的膨胀性、蠕变性、渗水性，且强度低、稳定性差。同时，丰富的降水、地下水场地条件和极端低温（部分地区可达 –40℃）下，膨胀土的湿胀干缩和冻胀效应更加突出，膨胀土场地上建设的工程极易出现灾害。自 2013 年以来，在季节冻土区膨胀土场地高铁建设中陆续出现膨胀土灾害问题，如膨胀土边坡滑塌、隧道衬砌大变形、小盘岭 1 号隧道塌方等，深季节冻土区膨胀土场地重大基础设施的施工建设和运行安全问题备受关注。

高寒季节冻土区周期性冻融作用是诱发膨胀土灾害的主要原因之一。在高寒季节冻融极端环境中，季节性冻融作用诱发膨胀土灾害将直接影响高铁建设与安全运行。由于我国深季节冻土区高铁建设中遇到的深厚残坡积膨胀土灾害尚属国际高寒区首次发现，针对这方面的研究仍很匮乏。高寒深季节冻土区，存在丰富的浅表地下水和深厚膨胀土层的反复冻融，快速轨道建造过程中路基、边坡和隧道的冻害防控和快速安全施工等缺乏可靠的理论依据与可行的技术方法，很难或无法满足高质量建设施工与稳定控制要求。"动态设计、经验施工"是这类复杂场地条件下工程建设的主要原则，缺乏科学的理论依据与可靠的计算方法，存在极大的盲目性与风险性，将给工程建设的发展埋下极大的隐患。图 1-1 为东北某一快速客运专线深厚膨胀土场地沿线人工路堑高边坡破坏情况。综上，高寒季节冻土区膨胀土失稳破坏已成为严重影响高铁行车安全的重要原因之一。

图 1-1 深厚膨胀土人工路堑高边坡破坏情况

1.2 膨胀土特性研究进展

作为一种高塑性的特殊土，膨胀土中含有较多亲水性极强的矿物成分，表现出吸水膨胀、失水皱缩、浸水强度骤降等诸多水敏性特征。在我国季节冻土区，膨胀土广泛分布，冻融循环作用对膨胀土的影响不容忽视。冻融循环作用下膨胀土细观结构产生裂隙，随着冻融循环的加剧，裂隙损伤引起细观结构发生非线性演化，最终表现为显著的宏观力学特性差异，从而诱发膨胀土灾害。因此，有必要针对膨胀土的力学特征、冻胀机制与影响因素、弹塑性本构模型等方面进行研究分析。

1.2.1 非饱和膨胀土强度特性

在非饱和膨胀土的强度特性研究方面，主要集中于通过三轴或直剪试验研究膨胀土初始含水率、饱和度、初始干密度等物理力学参数对强度的影响规律，分析非饱和膨胀土结构特征与宏观力学强度之间的关联性。针对非饱和膨胀土膨胀力测试方法，目前常用的是零膨胀试验与膨胀–固结试验两种测试，即抑制膨胀试验和双固结膨胀试验，两种测试方法下均呈现膨胀压力随初始干密度增加而增加，随初始含水率增加而减小的试验规律。在恒定吸力与变吸力下的力学特性方面，非饱和高膨胀性黏土与普通非饱和土没有显著差异，因此建立统一本构模型是可行的，在此基础上提出非饱和高膨胀性黏土的本构模型框架。不同应力路径的三轴试验结果表明：膨胀土各向同性压缩屈服特性可用 LC（Loading Collapes，加载湿陷）屈服面表达；不同围压下，收缩路径的屈服吸力随围压增大而减小。在胀缩循环作用下，非饱和膨胀土的力学响应特征体现为在胀缩过程中竖向膨胀变形量与竖向收缩变形量相等且胀缩路径可逆。非饱和膨胀土的抗剪强度试验结果表明：膨胀力与试样含水率之间存在指数关系，非饱和膨胀土强度与膨胀力存在线性关系，非饱和重塑膨胀土吸力与吸力强度存在双曲线特征。双压力室非饱和土三轴仪对于探究吸力变化对非饱和膨胀土变形与抗剪强度的影响起到重要作用。进一步结合微观试验探究土样力学特性与内部结构特征的相关性，明晰非饱和膨胀土不同裂隙状态下的强度影响因素与变化规律。

1.2.2　干湿循环作用下膨胀土力学特性

膨胀土含有较多水敏性强的蒙脱石、伊利石等黏土矿物。在干湿交替频繁的气候环境中，"遇水膨胀、失水收缩"的胀缩性明显，引起严重的岩土工程问题，受到国内外学者的广泛关注，主要集中于干湿循环作用下膨胀土吸力、强度和胀缩变形的演化规律。无论是原状还是重塑膨胀土，在经历过多次干湿循环作用后，黏聚力显著减小，但内摩擦角变化不大；膨胀土上覆荷载越大，抗剪强度越大；在相同上覆荷载作用下，随着干湿循环次数的增加，抗剪强度逐渐减小，最终趋于稳定；上覆荷载对于膨胀土干湿循环作用下的胀缩变形具有抑制作用；渗透系数随干湿循环次数的增加而增加；干湿循环作用显著影响膨胀土的前期固结压力、初始压缩指数、弹性压缩指数等指标；反复干湿循环试验后膨胀土出现"疲劳"现象，这可能与干湿循环引起膨胀土内部裂隙增多有关，基于此提出一种实际荷载作用下计算膨胀土胀缩变形的方法。膨胀土在反复干湿循环过程中出现可逆的弹性响应，经历持续的收缩变形将增加膨胀土的超固结比。膨胀土在吸湿与干燥过程中吸力变化大致可分为快速变化、过渡变化和平缓变化 3 个阶段。在干湿循环的不同阶段，相同吸力对抗剪强度产生不同影响；膨胀土土水特征曲线也与含水率变化路径相关。在不同吸力作用下，非饱和膨胀土的强度特性主要表现在，膨胀土的初始应力状态影响水分迁移，干湿循环对有压饱和土样的水分迁移影响较小，对无压饱和土样影响显著。膨胀土试样胀缩变形出现不可逆现象，且随吸力增加而减小，在干湿循环过程中吸湿能力决定试样膨胀率的大小。干湿循环作用下，膨胀土产生的胀缩体积变形可分解为干湿循环初期产生的塑性分量与随试样含水率或吸力变化的弹性分量，基于此阐明膨胀土变形规律及物理机制，从而提出一个适用于击实膨胀土的弹塑性本构模型。综合考虑干湿循环对各向同性荷载作用下膨胀土力学特性的影响，提出水力滞回与力学特性相互耦合模型。干湿循环作用会增大孔隙空间，削弱土颗粒之间的黏结强度，产生不可逆的损伤，且含水率梯度影响干湿循环作用下膨胀土裂隙的开裂程度，同时也决定膨胀土的渗透特性、脱湿速率的空间分布。

1.2.3　膨胀土热–水–力耦合特性

岩土体热–水–力（thermal-hydraulic-mechanical，THM）耦合涉及水力学、岩体力学、工程热力学等多学科之间的相互交叉和渗透，是一个多场耦合问题。膨胀土由于富含亲水性黏土矿物，其热—水—力耦合特性更是极其复杂的问题。近年来，许多学者进行这方面的相关研究工作，分析膨胀土在三场耦合作用下的土水特征曲线及其影响因素、冻融循环作用下膨胀土的力学特性等。通过室内试验研究膨胀土水稳定性、土水特征曲线，力学特性等，研究结果表明：含水率与裂隙性影响原状膨胀土的工程性能；膨胀土的加州承载比

（California bearing ratio，CBR）值与其含水率、干密度等参数直接相关，土体的饱和强度随水化作用温度的升高而逐渐降低；试样含水率的上升会显著降低膨胀土的强度；压实度变化会显著影响膨胀土的力学特性，当压实度较高时，膨胀土呈应变硬化型，而压实度较低时，膨胀土呈应变软化型。温度变化对膨胀土水力特性试验研究发现，无论是在约束条件下还是在无约束条件下，较高温度下非饱和膨胀土的持水能力较低；膨胀土的膨胀能力也较低；土体渗透性比基于水运动黏度的热变化理论低。以冻融循环次数及初始湿度为自变量的压实膨胀土力学特性试验研究表明：当初始环境湿度较低时，膨胀土的应力应变曲线呈应变软化型；但当初始环境湿度逐渐上升时，膨胀土的应力应变曲线逐步呈应变硬化型。而膨胀土的峰值强度、初始黏聚力、变形模量等因素则随土样所经历的冻融循环次数的增加而表现出逐渐衰减的特征。冻融循环作用对膨胀土力学特性的影响主要表现为对膨胀土弹性参数及强度的影响，并不会对膨胀土的应力应变曲线变化趋势（硬化型或软化型）产生影响。进一步深入研究膨胀土中塑性应变的演化过程，构建膨胀土双结构弹塑性本构模型，通过完全耦合的热-水-力模型模拟膨胀土热力学试验可以很好地预测膨胀土中热-水-力响应。

1.2.4　改良膨胀土强度特性

膨胀土因含水率变化会产生显著的胀缩变形，其胀缩变形常常导致修筑在膨胀土场地上的轻型建筑结构、公路、铁路等工程建筑发生破坏。因此，常常通过添加石灰、粉煤灰或水泥等掺合料改良膨胀土，消除因含水率变化引起的胀缩变形。国内外学者针对膨胀土改良进行了大量研究工作，主要集中于研究掺合料对强度和胀缩特性的影响。石灰、粉煤灰等掺合料中含有氧化钙，通过 Ca^{2+} 取代单价离子，使膨胀土层絮凝，以消除膨胀作用。也有学者采用废弃轮胎胶粉、绿砂、人造纤维等改良膨胀土，其他改良技术包括离子剂改良技术、生物改良技术等，均通过测试改良膨胀土与未处理膨胀土的强度，从而验证掺合料的可行性。针对冻融循环作用下改良膨胀土强度特性研究，开展不同冻融循环次数下膨胀土直剪试验、CBR 试验、收缩指标试验、无侧限抗压强度试验、竖向垂直膨胀试验和劈裂抗拉试验，试验结果表明加固后的膨胀土强度明显改善，膨胀土体积变形与强度演化规律得到充分优化，进一步验证了改良材料的可行性。

1.2.5　膨胀土本构模型

（1）非饱和膨胀土双孔隙结构本构模型

通常情况下，同时包含大孔隙和小孔隙的结构被称为双孔隙结构，双孔隙结构土体的微观结构和宏观结构在固结试验中具有不同的力学特性。膨胀土产生复杂的力学行为和水力特征是由其自身的双孔隙结构造成的，因此提出适用于非饱和膨胀土双孔隙结构的弹塑性本构模型，对干湿循环路径下膨胀土的变形机理进一步深入探讨有着重大意义。

（2）非饱和膨胀土双尺度毛细-弹塑性变形耦合模型

膨胀土 G-A（Gens-Alonso）模型是以非饱和土弹塑性本构模型为基础，但 G-A 模型框架内建立的膨胀土模型参数多且难确定；在 BBM（Barcelona basic model，巴塞罗那弹塑性本构模型）的基础上建立适用于非饱和膨胀土且能够准确描述膨胀土在湿化路径下塑性膨胀变形的 BExM（Barcelona expansive model，巴塞罗那膨胀土弹塑性本构模型）。BExM 模型假定膨胀土具有双重结构形式，即微观结构和宏观结构，由宏观结构模型、微观结构模型和双重结构之间的作用方程组成，缺点是需要测定膨胀土的微观结构，参数确定过程复杂，微观、宏观耦合函数的确定也十分困难，但对微观结构和宏观结构进行耦合建模的思路具有首创性和启发性。许多学者对 G-A 双尺度模型和 BExM 模型进行改进与优化。通过引入抛物线剪切屈服面，将膨胀土的剪胀特性和反复胀缩特性引入 G-A 模型。引入耦合变形参数 t 对 BExM 模型进行修正，对膨胀土微观孔隙变形类型和微观孔隙中有效应力的适用性与 BExM 模型是一致的。双尺度模型能够反映击实土体中微观和宏观孔隙的变化情况，然而难以获得的土体微观变形限制了此模型的适用性。

（3）水滞后性–变形耦合本构模型

大量研究发现，非饱和土的基质吸力变化迟于含水率的变化。针对饱和度引起塑性变化对非饱和土应力–应变行为的影响，提出考虑水力滞后力学行为的 Wheeler 模型。模型中将平均土骨架应力与修正吸力作为应力状态变量，对吸力变化屈服面使用非关联流动法则，可用于描述非饱和膨胀土在湿化路径下的塑性膨胀变形特性。该模型参数少，模型中的 LC 线是直线，比 Alonso 模型更直观方便，同时考虑非饱和膨胀土的水力滞后特征，具有广泛的研究和应用前景。但水力滞后的影响因素较多，该模型的土水特征曲线又过于简单，因此无法真正反映水力滞后特征。改进 Wheeler 模型采用 Bishop 应力和修正吸力对塑性体变增量进行计算。也有学者将含有饱和度和吸力的变量引入 Wheeler 模型中进行改进，但仍然没有完整表达出水力滞后特性。SFG（sheng，Frelund，Gens）模型可以描述膨胀土水力滞回特性，在此基础上，引入中性加载面对传统 SFG 模型进行改进，但从总变形量角度出发，未考虑微观变形与孔隙间的作用机理，无法准确描述膨胀土力学特性与水力行为。在 BBM 模型的基础上，引入等孔隙比线建立的高膨胀性非饱和土本构模型中没有设定吸力变化屈服面，无法体现水力滞回特性。综上所述，来源于宏观本构模型的各变量均为可测定的物理量，较为简单。但缺点也很突出，从宏观上简单地把土体变形分为弹性变形和塑性变形，没有区分膨胀土中的宏观孔隙和微观孔隙，认为饱和度和吸力只影响塑性变形，这无法解释非饱和膨胀土力学和水力特征行为作用机理，不能全面而准确地描述膨胀土的力学特征。

（4）其他模型

损伤力学模型能够较好地描述高孔隙比的结构性黏土的剪切软化现象。基于沈珠江院士提出的弹塑性损伤模型和非线性损伤力学模型，构建适用于非饱和原状膨胀土的弹塑性损伤本构模型，由于需用计算机断层扫描（computer tomography，CT）实验测量其损伤演化参数，该模型不利于推广到工程应用中。在上述膨胀土的本构模型中，考虑温度影响建立含有弹性热应变和温度参数的 UPC（Universitat Politècnica de Catalunya，西班牙加泰罗尼亚理工大学）热弹塑性本构模型。通过引入临界膨胀线（critical swelling curve，CSC）的概念，提出含有吸力阈值的高压密膨胀土非线性弹性模型，可以真实反映高压密膨胀土只有在一定条件下才会发生体积变形的特性。基于宏观角度建立的本构模型难以全面地描述土体的行为特征，而基于非饱和膨胀土双尺度建立的本构模型由于其参数难以直接获取，无法直接运用到工程中。上述两类膨胀土本构模型均基于非饱和土理论，但非饱和土无法准确考虑冻融循环作用。

1.3 高寒区膨胀土工程失效特征

膨胀土在世界上分布广泛，一些已建、在建与拟建的铁路、公路工程等穿越膨胀土场地，膨胀土的稳定性已影响到这些工程的安全运营。针对膨胀土的力学特性与稳定性，国内外学者进行了大量研究。通过 SIGMA/W 和 SEEP/W 软件模拟膨胀土边坡在长期低强度降雨条件下的水–力耦合与水力单独（非耦合）作用下的响应可知，相较于水力单独作用，水–力耦合分析中湿润锋面前进速率更快，考虑水–力耦合效应时膨胀土边坡的稳定性降低，因此实际边坡分析中应考虑边坡水–力耦合作用。基于二维数值模型，提出季节冻土区边坡稳定性评价方法，该数值模型综合考虑冻融循环作用、降雪等引起的边坡土体中含水率变化，并通过边坡失稳实例验证该方法的准确性。季节冻土区降雨引起的边坡失稳破坏的三种模式，如图1-2所示。其一，冬季边坡表面冻结并产生冰晶体［图1-2（a）］，表面冻结的土体逐渐融化，一直持续到夏季。冻融过程中，由于表面积雪与冰晶体的融化，边坡表面层具有较高的含水率，并可能大于土体液限。因此，由于降雨与融水的下渗，边坡失稳通常发生在松散的融化表面层与冻结土层边界。此时，冻结土层作为不透水层［图1-2（b）：失效模式1］。其二，春季地下水孔隙水压力增大，大于冻土层强度时发生管涌现象［图1-2（c）：失效模式2］。其三，冻结土层中由于冰晶体的融化，相比于之前的冻融过程，其结构可能发生软化，继而可能引起边坡发生深层滑坡［图1-2（d）：失效模式3］。

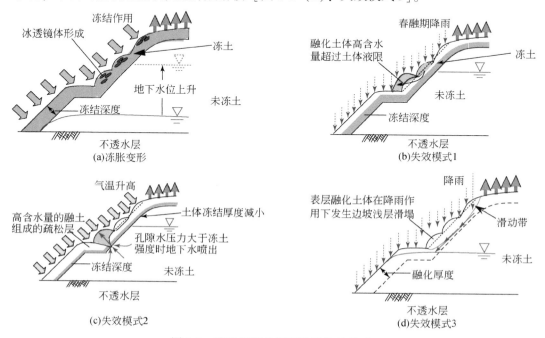

图 1-2 冻融循环作用下边坡失效模式

　　许多学者针对膨胀土边坡开展大量的研究工作，分析降雨、裂隙对膨胀土边坡变形特性、破坏模式和长期稳定性的影响。在膨胀土路基边坡的长期研究过程中，对其失稳破坏机理的解释众说纷纭，通过对国内外膨胀土路堑边坡滑坡典型案例的分析，对路堑边坡的破坏特征有以下几点认识：①浅层性，路堑边坡滑体的深度同膨胀土裂隙的开展深度基本一致，要重视裂隙对膨胀土性质的影响。②逐级牵引性，滑坡破坏过程中一般在坡脚开始出现局部破坏，然后自坡脚向坡顶逐级向上延伸。③缓坡滑动，膨胀土路堑边坡在坡度很缓的情况下，当遇到降雨时均可能发生破坏。④季节性，膨胀土路堑边坡大部分破坏均与外界环境有关，尤其是降雨，应当重视季节性降雨对边坡稳定性的影响。此外，工程调查表明，含有膨胀土的各类边坡很容易在复杂地质营力和环境变化诱导下发生失稳破坏。

1.4　高寒区膨胀土工程防控技术

　　目前对膨胀土边坡失稳破坏机理的解释多种多样，但大部分学者认为裂隙与膨胀土边坡破坏机理存在某种联系，降雨是导致膨胀土边坡破坏的主要外因。目前，膨胀土路堑边坡稳定性计算主要有两种：一是应用常规饱和土理论，依据路堑边坡膨胀土对水的敏感性，在边坡稳定性计算时对土体强度进行折减，此方法主要用于极限平衡法；二是应用非饱和土理论，基于非饱和膨胀土土水特征曲线，对边坡进行降雨工况下的流固耦合分析，此方法主要用于有限元法。从非饱和土力学着手分析路基边坡稳定性可知：边坡土体负孔隙水压力对边坡稳定性的影响较大，土体负孔隙水压力与土体抗剪强度联系紧密，在降雨过程中边坡土体处于正、负孔隙水压力的动态变化过程，路基边坡极易发生失稳；考虑膨胀土的裂隙性，才能真实模拟膨胀土路堑边坡破坏情况，而膨胀土边坡稳定性受多种因素影响，引起其失稳的主要外因是降雨，内因是裂隙。由于膨胀土路堑边坡失稳破坏大多与降雨有关，重点分析降雨入渗对膨胀土路堑边坡的稳定性可知：路堑边坡表层土体随雨水入渗的增加逐渐在坡脚及边坡表层产生塑性区；膨胀土裂隙面的抗剪强度对边坡稳定性的影响较大，在降雨条件下边坡极易沿着裂隙面发生破坏。

　　针对膨胀土边坡支护长期系统研究实践表明：锚杆框架梁在膨胀土路堑边坡中支护效果显著，其中锚杆角度和间距对膨胀土路堑边坡稳定性起主要作用，同时边坡坡比大小与坡体变形关系密切；浆砌片石路堑边坡防护工程中，浆砌片石护坡使边坡土体含水率变化较小从而减缓水温变化对边坡稳定性的影响；采用土工膜覆盖边坡，可以防止边坡含水率过大的变化，减少边坡裂隙的形成；与传统的刚性加固技术相比，柔性支护加固膨胀土路堑边坡的新技术可降低工程造价、缩短工期且施工方便，同时可以种植大量植物，起到美观和保护环境的作用，已在大量公路膨胀土路堑工程中推广使用。

　　目前，按加固机理的不同可将膨胀土边坡防治技术总结为 4 类：①含水率控制法。通过一定的防、排水措施，使边坡膨胀土含水率处于较稳定的状态，减小膨胀土吸水膨胀和失水干缩的特性。②换填法。将边坡一定深度范围内的膨胀土用非膨胀土或者改良后的膨胀土进行换填，通过压重作用减小下部膨胀土的膨胀变形。③锚固支挡法。通过加筋、锚固和支护等，加固处理存在破坏变形的膨胀土体。④表层防护措施。主要是防止产生冲蚀、泥流等表面破坏。

参 考 文 献

[1] 程国栋，马巍. 国际冻土工程研究进展——第五届冻土工程国际学术讨论会综述 [J]. 冰川冻土，
2003，25（3）：303-308.

[2] 单玉书. 基于 GIS 的地下水资源评价研究 [D]. 长春：吉林大学，2009.

第 2 章　高寒区膨胀土基本特征

2.1　概　　述

膨胀土在我国广泛分布，20 多个省（自治区、直辖市）每年因膨胀土诱发的地质灾害已导致大量工程破坏，造成重大经济损失。20 世纪 40 年代，膨胀土及其工程问题开始引起国际广泛关注，1990 年成都举办全国首届膨胀土科学研讨会，广泛讨论我国膨胀土的概念、成分、分类、试验方法、机理、变形特性、环境效应等问题。近年来的工程实践发现，在吉林、辽宁、黑龙江等季节冻土区频繁出现大面积膨胀土场地，对寒区高铁的工程施工和冻害防控产生重要影响。因此，季节冻土区发育的典型膨胀土的冻胀特性值得研究探讨。

鉴于此，本章以季节冻土区延吉、宾西和佳木斯膨胀土，以及南方典型膨胀土，包括南阳和宁明膨胀土等为研究对象，基于文献调研和试验研究，对季节冻土区膨胀土的物质组成、物理特性、持水特性、热物理性质、胀缩特性等进行研究，并从多方面阐述高寒区与非冻土区膨胀土的差异性。

2.2　高寒区膨胀土物质组成和物理特性

2.2.1　高寒区膨胀土成因与物质组成

我国东北地区是典型的季节冻土区，分布着大量大大小小的盆地，如延吉盆地、珲春盆地、宁安盆地、柳树河盆地、大杨树盆地、鹤岗盆地、依兰盆地、三江盆地、松辽盆地等。工程实践表明，在延吉盆地和松辽盆地存在大面积的延吉膨胀土、宾西膨胀土、佳木斯膨胀土等典型的季节冻土区膨胀土。延吉膨胀土来源于延吉盆地（包括延吉–朝阳川盆地与龙井盆地），研究表明其原岩类型为安山岩，经风化作用呈现出紫红色，经过图们江水系的冲蚀和沉积作用，形成如头道组上段呈现的地层情况，而龙井组二段则以暗紫–紫红色碎屑岩为主，其地层特点源于这一时期形成的安山岩和基性凝灰岩的风化及分解作用，产生绿泥石、方解石、蒙脱石等次生矿物。延吉长白山地区广泛分布的膨胀岩土表现出全风化软岩的特点，并具有膨胀土的相关性质。

采用比重瓶法测定延吉膨胀土的颗粒比重，试验过程参照《土工试验方法标准》（GB/T 50123—2019）[1]（简称《标准》）。试验采用原状延吉红褐色膨胀土，碾碎并过 5mm 筛后测得其比重为 2.63，经充分碾压后测得其比重为 2.79。参考土的相对密度参考值，原状延吉膨胀土偏向于砂类土，这是因为原状延吉膨胀土中存在较多全风化膨胀岩土颗粒。当这些颗粒物暴露在潮湿空气中，在较小外力进一步作用下极易破碎，使得碾压后的膨胀土比重达到 2.79。

采用密度计法，对延吉膨胀土、宾西膨胀土、佳木斯膨胀土、哈尔滨粉质黏土分别进行颗粒分析试验，见图 2-1。延吉膨胀土的 $d_{60} = 0.058\text{mm}$、$d_{30} = 0.042\text{mm}$、$d_{10} = 0.0059\text{mm}$，不均匀系数 C_u 为 9.83。佳木斯膨胀土的 $d_{60} = 0.0363\text{mm}$、$d_{30} = 0.0075\text{mm}$、$d_{10} = 0.0025\text{mm}$，不均匀系数 C_u 为 14.52，宾西膨胀土的级配曲线变化趋势与之较一致。哈尔滨粉质黏土 $d_{60} = 0.077\text{mm}$、$d_{30} = 0.033\text{mm}$、$d_{10} = 0.0013\text{mm}$，不均匀系数 C_u 为 59.23。

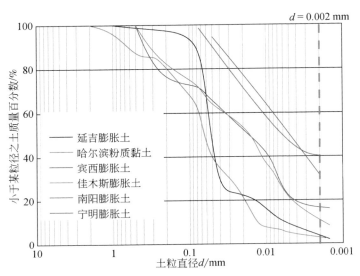

图 2-1　膨胀土及粉质黏土的颗粒级配曲线

相比于哈尔滨粉质黏土，上述季节冻土区膨胀土粒度组成离散型较小。曲永新等[2]的研究表明，我国膨胀土中小于 $2\mu m$ 的黏粒含量一般大于 30%，图 2-1 中所示南阳、宁明膨胀土等南方膨胀土均满足这一规律，而延吉、宾西、佳木斯等季节冻土区膨胀土中小于 $2\mu m$ 的黏粒含量均不足 20%。

延吉膨胀土和哈尔滨粉质黏土的 X 射线衍射分析（X-ray diffraction，XRD）试验衍射图谱见图 2-2（a）和（b），研究表明延吉膨胀土主要由蒙脱石、伊利石、石英和钠长石组成，哈尔滨粉质黏土主要由蒙脱石、石英、钠长石、钾长石和方解石组成。延吉膨胀土中黏土矿物含量以蒙脱石为主，约占 65%，是哈尔滨粉质黏土的 2 倍左右。李生林等[3]研究了宁明、南宁、郧县（现郧阳区）、襄樊（现襄阳）、合肥、平顶山等非季节冻土区膨胀土中黏土矿物组成，结果表明：不同于季节冻土区典型膨胀土，我国南方膨胀土的黏土矿物以伊利石为主而非蒙脱石，存在伊利石–蒙脱石或蒙脱石–伊利石混层，交换性 Mg^{2+} 比例很高，见图 2-2（a）和（e）。结晶度可以表征膨胀土中矿物晶体 C 轴有序度，采用 V/P[①] 值定量表示蒙脱石的结晶情况，V/P 值较大则表明蒙脱石结晶度较好。而伊利石的

---

① V/P 值表示试样结晶度，其中 V 为待测试样的全部衍射峰的积分强度，P 为 100% 晶态的积分强度。

结晶度可采用第一级底面反射峰，即晶格长度为 10Å 的峰形予以确定，衍射峰狭窄对称则结晶度高，反之宽阔不对称则结晶度较低。杨献忠[4]认为，通常由火山喷发物在近地表水域充足且 MgO 含量较高的位置沉积并水解蚀变而生成的蒙脱石其结晶度稳定、结晶良好，反之结晶较差。由图 2-2 可知，季节冻土区膨胀土蒙脱石的结晶度均较差，宾西、佳木斯膨胀土中蒙脱石含量少，延吉膨胀土蒙脱石含量相对较多，这也进一步说明季节冻土区膨胀土的形成不全是原岩的沉积、水解和蚀变作用，季节冻融作用在成因中占据重要地位。

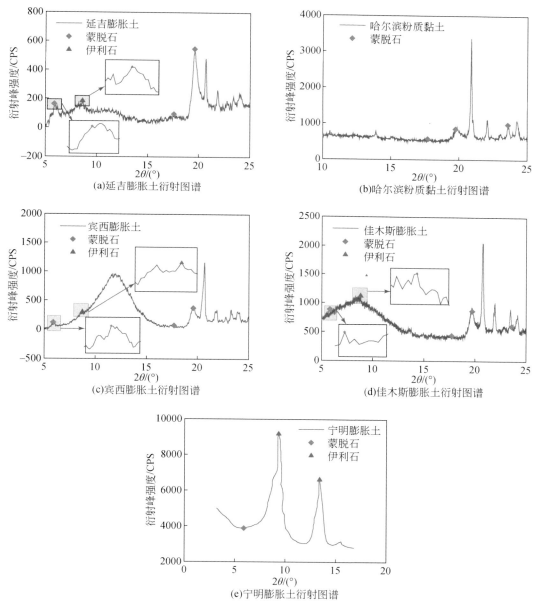

图 2-2　膨胀土和粉质黏土 XRD 图谱

CPS 为 counts per second，计数率；2θ 为衍射角

选用耐驰 STA 449 F3 Jupiter 同步热分析仪（图2-3）对三种膨胀土进行热重试验，通过试验过程中记录的温度和失重量做出 TG-DTG（thermogravimetry-derivative thermogravimetry，热重–热重微分）曲线进行矿物分析。

图2-3　耐驰 STA 449 F3 Jupiter 同步热分析仪

图2-4 和图2-5 为三种膨胀土 TG 及 DTG 曲线，三种膨胀土 DTG 曲线出现三个吸热谷，三个吸热谷分别反映膨胀土中蒙脱石热分解的三个阶段：第一阶段为蒙脱石表面吸附水的受热脱离过程（150~200℃），第二阶段为蒙脱石结晶层间的吸附水脱离（400~600℃），第三阶段为蒙脱石晶格结构因受热而破坏（650~800℃）。由于蒙脱石具有很强的吸附性，含有大量的吸附水，故第一个吸热谷表现很强，其余两个吸热谷表现相对较弱。三个吸热谷会因不同矿物成分及其含量的变化而出现不同变化。

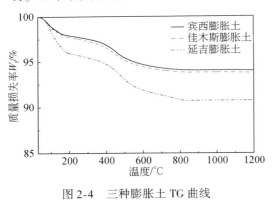

图2-4　三种膨胀土 TG 曲线

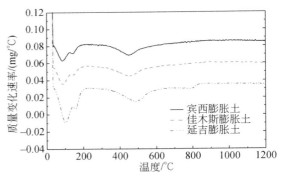

图2-5　三种膨胀土 DTG 曲线

由图2-5 可知，宾西与佳木斯膨胀土 DTG 曲线中各温度区间中蒙脱石热分解速率基本一致，而延吉膨胀土在曲线第三阶段的蒙脱石晶格结构破坏效应较其他两种膨胀土更为明显；在 TG 曲线中佳木斯膨胀土的总质量损失略大于宾西膨胀土的总质量损失，而延吉膨胀土无论是总质量损失还是其损失速率均明显大于其他两种膨胀土。由 DTG 曲线可知，在 150℃、500℃、800℃附近延吉膨胀土的吸热谷较其他两种膨胀土更为明显，故三种膨胀土中蒙脱石矿物含量大小关系为：延吉膨胀土>佳木斯膨胀土>宾西膨胀土。综合 XRD 与 DTG 数据对比结果，宾西膨胀土与佳木斯膨胀土矿物成分相近，而延吉膨胀土蒙脱石含量最高。

2.2.2　高寒区膨胀土物理特性

2.2.2.1　击实特性

对延吉膨胀土进行击实试验，确定土样的最优含水率，为后续进行三轴试验试样制备时含水率选取提供依据。选用轻型击实方式对五种不同含水率的土样进行击实试验。图 2-6 为延吉膨胀土的含水率–干密度关系曲线，延吉膨胀土的最大干密度 ρ_{dmax} 为 1.65g/cm³，最优含水率 ω_{pot} 为 21.26%。该试验结果用于后续试验制样的参数控制。

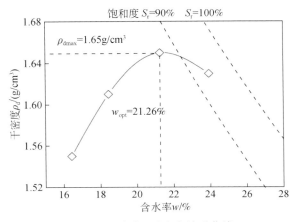

图 2-6　含水率–干密度关系曲线

2.2.2.2　界限含水率

依照《标准》对延吉膨胀土和哈尔滨粉质黏土开展界限含水率试验，得到土样液限、塑限和塑性指数等指标，见表 2-1。此外，聂众[5]对宾西、佳木斯膨胀土进行测试，郑健龙和张锐[6]、包承纲和刘特洪[7]分别对宁明膨胀土和南阳膨胀土进行测试，上述测试结果为与多方数据比较后选取，具有一定的代表性。由表 2-1 可知，相比于非膨胀土，南北方膨胀土的液塑限均有较显著的提高。季节冻土区膨胀土的液塑限普遍低于南方膨胀土，而延吉盆地膨胀土是一个特例。在塑性指数方面，季节冻土区膨胀土普遍低于南方膨胀土，这说明北方膨胀土的可塑性相对较差，黏粒含量相对较少，这与颗粒分析试验结果相一致。据不完全统计，季节冻土区膨胀土场地的天然含水率为 20%~30%，常表现为可塑状态，少数为硬塑或坚硬状态，而南方膨胀土多表现为硬塑状态，这将使南北方膨胀土在大气影响深度范围内的变形特性方面存在诸多不同。

表 2-1　界限含水率试验结果

土样	液限/%	塑限/%	塑性指数
延吉膨胀土	53.40	38.40	15.00
宾西膨胀土	44.32	23.11	21.21

土样	液限/%	塑限/%	塑性指数
佳木斯膨胀土	35.72	25.54	10.18
宁明膨胀土	71.45	28.65	42.80
南阳膨胀土	53.00	26.00	27.00
引嫩工程膨胀土	36.60	17.50	19.10
哈尔滨粉质黏土	29.80	18.20	11.60

2.2.2.3　自由膨胀率

自由松散的膨胀土在完全浸没水中状态下的膨胀值即自由膨胀率,按照《铁路工程土工试验规程》(TB 10102—2010)[8](简称《规程》),对不同地区膨胀土进行自由膨胀率试验,对膨胀土的膨胀性进行定性评价,试验器材如图2-7所示。

图2-7　自由膨胀率试验器材

三种膨胀土自由膨胀率的试验结果见图2-8及表2-2。其中,宾西膨胀土样自由膨胀率为44.47%,佳木斯膨胀土样自由膨胀率为61.33%,延吉膨胀土样自由膨胀率为91.33%。根据《规程》将膨胀土划分为弱膨胀土:$40\% \leqslant F_s < 65\%$,中膨胀土:$65\% \leqslant F_s < 90\%$,强膨胀土:$F_s \geqslant 90\%$,宾西与佳木斯膨胀土样均为弱膨胀土,延吉膨胀土样为强膨胀土。

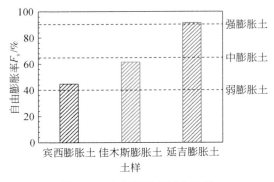

图2-8　自由膨胀率试验结果

表 2-2 　土样自由膨胀率试验结果

土样	量筒编号	量筒读数	自由膨胀率/%	平均值/%
宾西膨胀土	1	14.4	44.4	44.47
	2	14.4	44.4	
	3	14.6	44.6	
佳木斯膨胀土	4	16.1	61.0	61.33
	5	16.2	62.0	
	6	16.1	61.0	
延吉膨胀土	7	19.1	91.0	91.33
	8	19.1	91.0	
	9	19.2	92.0	

2.2.2.4 无荷载膨胀率

无荷载膨胀率是指膨胀土试样在环刀侧限条件下吸水后膨胀的高度增加量与环刀试样初始高度之间的比值。通过无荷载膨胀率试验研究不同地区膨胀土含水率对无荷载膨胀率的影响，试验时采用膨胀土重塑击实试样。无荷载膨胀率试验仪器及仪器组装示意图见图 2-9 和图 2-10。

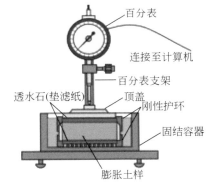

图 2-9 　无荷载膨胀率试验仪器 　　　图 2-10 　无荷载膨胀率试验仪器组装示意图

针对不同地区膨胀土在不同含水率下进行无荷载膨胀率试验，以确定膨胀矿物含量与含水率对无荷载膨胀率的影响，试验方案见表 2-3。

表 2-3 　不同地区膨胀土无荷载膨胀率试验方案

试样编号	土质	含水率/%	干密度/(g/cm³)
PZL-01	宾西膨胀土	10	1.52
PZL-02		15	
PZL-03		20	
PZL-04		25	

试样编号	土质	含水率/%	干密度/(g/cm³)
PZL-05	佳木斯膨胀土	10	1.52
PZL-06		15	
PZL-07		20	
PZL-08		25	
PZL-09	延吉膨胀土	10	
PZL-10		15	
PZL-11		20	
PZL-12		25	

　　无荷载膨胀率是体现膨胀土膨胀性的重要指标,不同地区膨胀土在不同含水率下的无荷载膨胀率 δ_f 随时间 t 的发展规律见图 2-11。

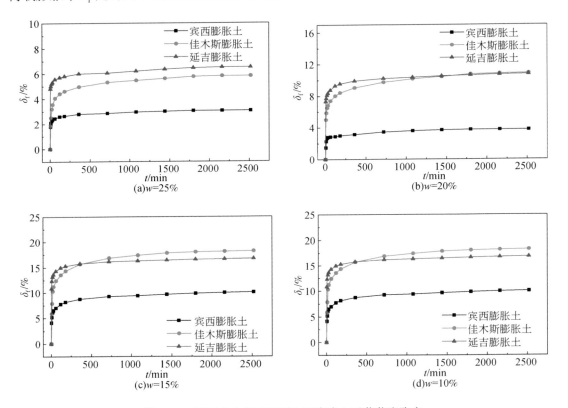

图 2-11　不同含水率下不同地区膨胀土无荷载膨胀率

　　由图 2-11 可知,不同地区膨胀土在不同含水率下其吸水膨胀性差异较为明显。虽然随着含水率的增加三种土的无荷载膨胀率均有所降低,但蒙脱石含量较高的佳木斯膨胀土及延吉膨胀土在同一含水率下的无荷载膨胀率远高于宾西膨胀土,故膨胀土中蒙脱石矿物含量是影响其膨胀性能的重要因素。虽然蒙脱石含量不同，但三种膨胀土试样无荷载膨胀率随时间变化趋势基本一致，都经历了无荷载膨胀率快速增长阶段、缓慢增长阶段及稳定阶段。无荷载膨胀率增长趋势明显呈对数函数；在无荷载膨胀率快速增长阶段，随着自由膨胀率的增大膨胀速率增大，而在缓慢增长阶段与稳定阶段增长速率逐渐减小，在试验后期三种膨胀土无荷载膨胀率均增长缓慢。随着含水率的降低，佳木斯膨胀土无荷载膨胀率接近延吉膨胀土最终膨胀率，而宾西膨胀土无荷载膨胀率一直处于较低水平。由图 2-12 可知，随着含水率的增加三种膨胀土自由膨胀率呈下降趋势，佳木斯膨胀土及延吉膨胀土均呈现出显著的线性增长规律，且二者无荷载膨胀率变化较为接近，而宾西膨胀土含水率在 15%~20% 时最终膨胀率降低较快，在含水率为 20% 以上时，最终膨胀率仅为 3% 左右，如图 2-12（d）所示。

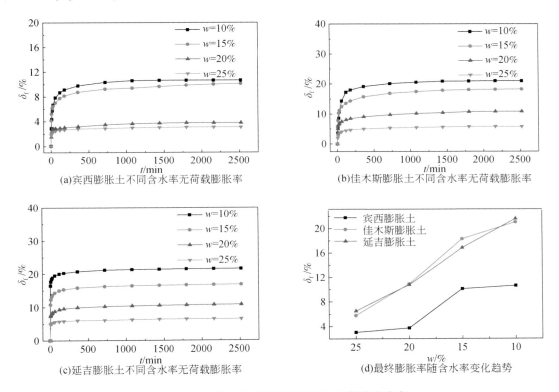

图 2-12　不同含水率下同种膨胀土无荷载膨胀率

2.2.2.5　固结压缩特性

试验考虑土样采集地处于深季节冻土区，在高铁建设期及运行期间，要经历多次冻融循环，而土的大多数工程性质都会受到冻融循环的严重影响。因此，进行常规和考虑冻融循环作用的固结压缩试验，总结延吉膨胀土冻融循环条件下相关参数的发展规律。试验方案见表 2-4。

表 2-4　土样固结压缩试验方案

重塑土样	初始含水率/%	加载方式	冻融循环次数 FT/次	压实度 k	试样编号
延吉膨胀土	27	分级加载	0	0.85	YJ-GJ1
				0.80	YJ-GJ2
			1		YJ-GJ3
			3		YJ-GJ4
			5		YJ-GJ5

考虑冻融循环作用的固结压缩试验是指先进行规定次数冻融循环处理，再进行固结试验。冻融循环操作过程为将制备好的试样放入冷浴装置中进行冻融循环试验，冻结温度取 −10℃，冻结时间为 3h，融化温度取 10℃，融化时间为 3h，此过程称一个冻融循环周期。冻融循环次数取 0 次、1 次、3 次和 5 次。

试验仪器选用溧阳市永昌工程实验仪器有限公司生产的 WG 型单杠杆轻便固结仪，试验过程采用分级加载，并且需做回弹试验。控制的加荷比为 $\Delta p_i/p = 1$（Δp_i 为各级荷载的增加量，i 为施加荷载级数，p 为施加荷载值），荷载等级为：25kPa→50kPa→100kPa→200kPa→100kPa→50kPa→25kPa→50kPa→100kPa→200kPa→400kPa，单级加荷、卸荷保载时间为 24h。测记读数为最终稳定读数。试验具体步骤按《标准》进行操作。

通过固结压缩试验，得到不同压实度和冻融循环次数试样的压缩–回弹–再压缩 e-p 曲线和 e-$\lg p$ 曲线，见图 2-13 和图 2-14。结合文献［9］计算压力在 $100 \sim 200$kPa 的压缩系数 $a_{v1\text{-}2}$、压缩模量 E_s，压缩指数 C_c 和回弹指数 C_s，试验结果见表 2-5。

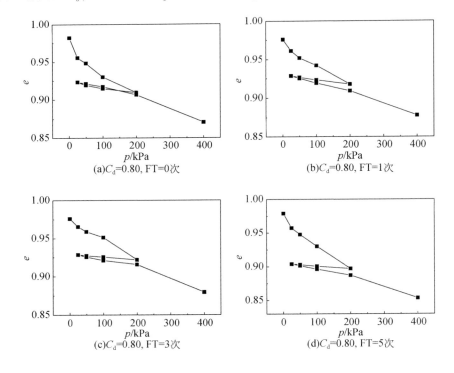

(a)C_d=0.80, FT=0次　　　(b)C_d=0.80, FT=1次

(c)C_d=0.80, FT=3次　　　(d)C_d=0.80, FT=5次

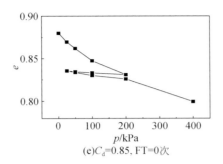

(e)C_d=0.85, FT=0次

图 2-13　不同压实度和冻融循环次数 e-p 曲线
e 为孔隙比

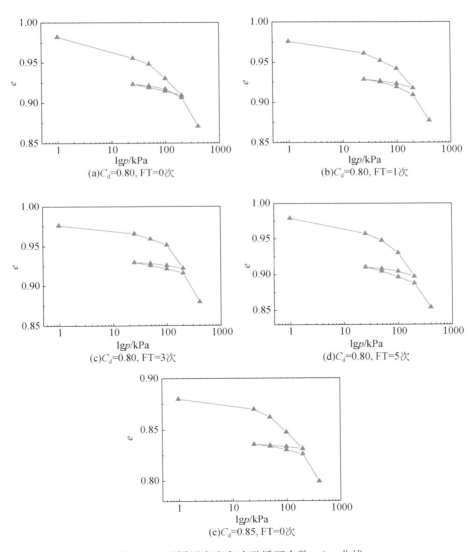

图 2-14　不同压实度和冻融循环次数 e-$\lg p$ 曲线

表 2-5　土样固结压缩试验结果

压实度 C_d	冻融循环次数 FT/次	压缩系数 $a_{v1\text{-}2}$/MPa^{-1}	压缩模量 E_s/MPa	压缩指数 C_c	回弹指数 C_s	压缩曲线斜率 λ	回弹曲线斜率 κ
0.80	0	0.21	9.32	0.128	0.018	0.056	0.010
	1	0.24	8.02	0.133	0.021	0.058	0.011
	3	0.29	6.63	0.140	0.021	0.061	0.011
	5	0.33	5.88	0.145	0.023	0.063	0.013
0.85	0	0.16	11.30	0.105	0.011	0.046	0.006

众所周知，压缩曲线斜率 λ 和回弹曲线斜率 κ 是剑桥模型中两个重要参数，而参数 λ 和 κ 可以通过等向固结压缩试验求出。固结压缩试验为单向固结压缩试验，故得到的结果不能直接求出 λ 和 κ。由文献 [10,11] 可知，等向固结压缩试验和单向固结压缩试验得到的压缩指数 C_c 基本相等，而等向固结压缩试验得到的回弹指数 C_s 比单向固结压缩试验得到的回弹指数 C_s 大 20%～30%。结合文献 [12]，λ 和 κ 计算公式为：$\lambda = C_c \lg e$，$\kappa = 1.25 C_s \lg e$。λ 和 κ 计算值见表 2-5。

图 2-15～图 2-20 分别为压实度 C_d 为 0.80 时的压缩系数 $a_{v1\text{-}2}$、压缩模量 E_s、压缩指数 C_c、回弹指数 C_s、压缩曲线斜率 λ 和回弹曲线斜率 κ 随冻融循环次数 FT 的变化曲线。

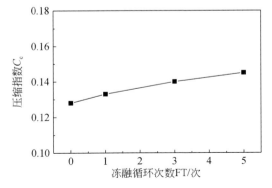

图 2-15　压缩系数-冻融循环次数曲线

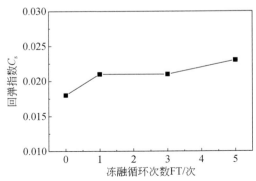

图 2-16　压缩模量-冻融循环次数曲线

图 2-17　压缩指数-冻融循环次数曲线

图 2-18　回弹指数-冻融循环次数曲线

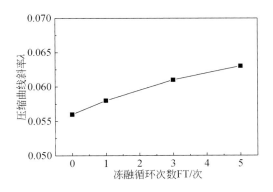

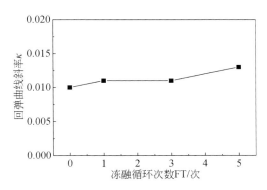

图 2-19　压缩曲线斜率–冻融循环次数曲线　　　　图 2-20　回弹曲线斜率–冻融循环次数曲线

由图 2-15～图 2-20 知，该土体压缩系数为 $0.1\,\mathrm{MPa^{-1}} \leqslant a_{v1\text{-}2} < 0.5\,\mathrm{MPa^{-1}}$，压缩模量为 $4\,\mathrm{MPa} \leqslant E_s < 16\,\mathrm{MPa}$，属于中压缩性土。随着冻融循环次数的增加，压缩系数、压缩指数、回弹指数、压缩曲线斜率和回弹曲线斜率逐渐增大，而压缩模量逐渐减小。压缩系数和压缩指数愈大，压缩模量愈小，说明土的压缩性愈高。出现这种现象的原因可能是，土样中水分冻结形成冰晶体引起土体膨胀，导致土颗粒间隙变大，土粒间产生错动，孔隙也逐渐增大；然而土样融解后，膨胀变形却不能复原至初始状况，最终冻融循环次数的增加引起孔隙率增大，表现为土体压缩性越来越高。

2.3　高寒区膨胀土持水特性

2.3.1　高寒区膨胀土基本土水特征曲线

土水特征曲线建立了土体孔隙基质吸力与含水率（或饱和度）之间的定量关系，这一关系在非饱和土和冻土研究中均具有重要作用。试验采用 Fredlund SWCC 150 土水特征曲线试验仪（图 2-21），得到延吉膨胀土的脱湿曲线。基于 Miller 在冻胀问题研究中提出的"冻结–融化"与"干燥–湿润"的类比假设关系，可将试验中得到的土水曲线（soil-water curve，SWC）方程与广义克拉佩龙（Clapeyron）方程相结合，得到膨胀土的冻结特征曲线（soil-freezing curve，SFC），进而应用于冻土问题研究。试验操作过程参考 GCTS 公司提供的"Fredlund SWCC Device（SWC-150）Operating Instructions"手册，孙树国等[13]、周葆春和孔令伟[14]对压力板试验的经验总结，并结合膨胀土试验操作经验，形成一套切实可行的膨胀土土水特征试验方法，总结如下：

1）对于膨胀土，试样高度对测试时长影响很大，为缩短试验历时，采用高度为 10mm 的环刀取样。

2）将陶土板放入真空缸内抽气饱和，真空度达到一个大气负压后，继续抽气 3h 再注水，待陶土板完全浸没于水中后，关闭进水阀、停止抽气并打开进气阀，静置 12～24h，借助大气压力对陶土板进行第 1 次饱和。

3）土样真空饱和后，将陶土板置于压力板仪中，在陶土板表面加入足量蒸馏水，施加气压至1500kPa，超过陶土板的进气值，使蒸馏水反复地通过陶土板，带走陶土板孔隙中残余的气体；随着压力值增加，有气泡从出水口逸出；一段时间后，气泡逸出现象消失，出现稳态流，此时陶土板已充分饱和，重复上述操作3～5次即可。

4）试验时，在试样表面施加多孔金属板，使试样下表面与陶土板接触良好，试样安装过程务必迅速。

5）根据吸力的大小，采用合适的吸力间隔；在排水量较大时，应当减小吸力间隔。

图 2-21　延吉膨胀土土水特征曲线试验装置

自20世纪50年代以来，学者提出很多模拟土水特征曲线的通用模型[15,16]，包括Gardner模型（1958年）、Brooks-Corey模型（1964年）、Van Genuchten模型（1980年）、Williams模型（1983年）、McKee-Bumb模型（1984年，1987年）、Fredlund-Xing模型（1993年）等，其中Williams模型广泛使用于澳大利亚土体，Brooks-Corey模型和McKee-Bumb模型（1984年）在吸力值远大于进气值时是有效的，在土体接近饱和状态时预测不准确，McKee-Bumb模型（1987年）对上述问题进行修正，然而该方程在满足低吸力状态的准确模拟后不再适用于高吸力状态的模拟。Van Genuchten模型（1980年）不适用于高吸力范围，Fredlund-Xing模型（1993年）能够较好地预测全吸力范围内含水率与吸力的关系。

在Fredlund-Xing模型中（简称FX模型），推导不同形式孔隙尺寸函数下的土水特征曲线，提出无量纲体积含水率 Θ 与吸力 ϕ 的关系：

$$\Theta_{\mathrm{FX}} = \frac{\theta(a,m,n,\phi)}{\theta_{\mathrm{s}}} = \frac{1}{\left\{ \ln\left[e+\left(\frac{\phi}{a}\right)^{n} \right] \right\}^{m}} \tag{2-1}$$

式中，θ_{s} 为饱和体积含水率；θ 为体积含水率；e 为孔隙比；ϕ 为吸力值（kPa）；a、m、n 为拟合参数。

在Van Genuchten模型中（简称VG模型），无量纲体积含水率 Θ 与吸力 ϕ 的关系表示如下：

$$\Theta_{VG} = \frac{\theta - \theta_r}{\theta_s - \theta_r} = \frac{1}{[1 + (\alpha \mid \phi \mid)^n]^m} \tag{2-2}$$

式中，θ_r 为残余体积含水率；α、m、n 为 VG 模型参数，对于黏性土可取 $m = 1 - 1/n$。

对于延吉膨胀土，已知饱和体积含水率 $\theta_s = 0.495$，根据 VG 模型，各参数拟合值分别为 $\theta_r = 0.247$，$\alpha = 0.1494$，$m = 0.1054$，$n = 5.888$；当考虑 $m = 1 - 1/n$ 时，各参数拟合值分别为 $\theta_r = 0.247$，$\alpha = 0.09048$，$n = 2.011$。根据 FX 模型，各参数拟合值分别为 $a = 7.598$，$m = 3.016$，$n = 0.2542$。由图 2-22 可知，延吉膨胀土的残余体积含水率较高，对其孔隙水的状态和冻结将会产生一定的影响。同时，FX 模型在全吸力范围内具有较好的拟合结果，VG 模型在高吸力处的拟合结果与 FX 模型基本一致。VG 模型（$m = 1 - 1/n$）与 FX 模型具有相同数量的拟合参数，拟合效果可接受。

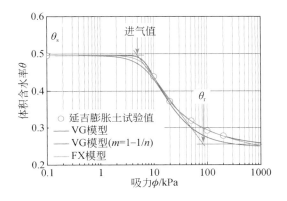

图 2-22　延吉膨胀土土水特征曲线

2.3.2　高寒区膨胀土渗透性与渗透系数

在非饱和土问题中，土水特征曲线关系是求解渗透系数的关键函数。Mualem[17] 提出非饱和土的相对渗透系数 K_r 计算方法，见式（2-3）：

$$K_r = \frac{K(z')}{K_s} = \Theta^{1/2} \left[\int_0^\Theta \frac{1}{\phi(x)} dx \middle/ \int_0^1 \frac{1}{\phi(x)} dx \right]^2 \tag{2-3}$$

式中，K 为渗透系数；$K(z')$ 为某一压力水头下的渗透系数；K_s 为饱和渗透系数（m/s）；z' 为压力水头（kPa）；x 为自变量，表示无量纲体积含水率；Θ 的计算见式（2-1）和式（2-2）。

由式（2-1）可知，吸力与无量纲体积含水率的关系如下：

$$\frac{1}{\phi} = \alpha \left(\frac{\Theta_{VG}^{\frac{1}{m}}}{1 - \Theta_{VG}^{\frac{1}{m}}} \right)^{\frac{1}{n}} \tag{2-4}$$

基于式（2-4），式（2-3）可改写为如下形式：

$$K_r = \Theta^{1/2} [f(\Theta)/f(1)]^2 \tag{2-5}$$

$$f(\Theta_{VG}) = \alpha \int_0^{\Theta_{VG}} \left(\frac{x^{1/m}}{1-x^{1/m}} \right)^{1/n} dx$$

对式（2-5）中的 $f(\Theta)$ 进行坐标代换，可得下式：

$$f(\Theta_{VG}) = m\alpha \int_0^{\Theta_{VG}^{\frac{1}{m}}} y^u (1-y)^{m-1-u} dy \quad (u = m-1+1/n) \tag{2-6}$$

式中，y 为坐标代换的中间量。

对式（2-6），当 $u=0$ 时，可以得到 Mualem 非饱和土渗透系数计算式，如下：

$$K_r(\Theta_{VG}) = \Theta_{VG}^{\frac{1}{2}} \left[1 - (1 - \Theta_{VG}^{\frac{1}{m}})^m \right]^2 \quad \begin{pmatrix} m = 1-1/n \\ 0 < m < 1 \end{pmatrix} \tag{2-7}$$

对于延吉膨胀土，采用变水头法进行 5 组渗透系数试验，见图 2-23（a）。根据《规程》要求连续测记 3 次，得到延吉膨胀土饱和渗透系数 K_s 为 1.7×10^{-6} m/s。因此，延吉非饱和膨胀土渗透系数与无量纲体积含水率 Θ 的关系如下，其中 m 取值 0.502，见图 2-23（c）：

$$K(\Theta) = K_s \Theta^{\frac{1}{2}} \left[1 - (1 - \Theta^{\frac{1}{m}})^m \right]^2 \quad \begin{pmatrix} m = 1-1/n \\ 0 < m < 1 \end{pmatrix} \tag{2-8}$$

延吉非饱和膨胀土渗透系数与吸力 ϕ 的关系如下，见图 2-23（d）：

$$K(\phi) = K_s \left\{ \frac{1}{[1+(\alpha|\phi|)^n]^m} \right\}^{\frac{1}{2}} \left\{ 1 - \left[1 - \left(\frac{1}{[1+(\alpha|\phi|)^n]^m} \right)^{\frac{1}{m}} \right]^m \right\}^2 \quad \begin{pmatrix} m = 1-1/n \\ 0 < m < 1 \end{pmatrix} \tag{2-9}$$

微分水容量 C_w 是土水势增量与体积含水率增量的比值，基于式（2-4），推导如下：

$$C_w = \frac{d\Theta}{d\phi} = \frac{\alpha m}{1-m} \Theta^{\frac{1}{m}+1} (\Theta^{-\frac{1}{m}} - 1)^m \tag{2-10}$$

因此，延吉非饱和膨胀土的扩散系数与无量纲体积含水率的关系如下，见图 2-23（b）：

$$D(\Theta) = \frac{K(\Theta)}{C_w} = \frac{K_s}{\alpha} \cdot \left(\frac{1}{m} - 1 \right) \cdot \Theta^{-\frac{1}{m}-\frac{1}{2}} \left[1 - (1 - \Theta^{\frac{1}{m}})^m \right]^2 (\Theta^{-\frac{1}{m}} - 1)^{-m} \tag{2-11}$$

(a)变水头渗透试验

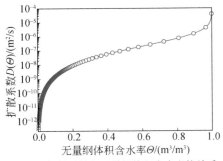

(b)扩散系数与无量纲体积含水率的关系

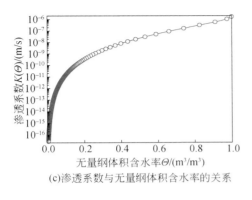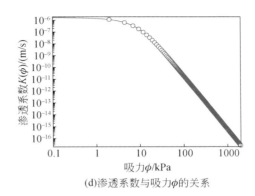

(c)渗透系数与无量纲体积含水率的关系　　　　　(d)渗透系数与吸力φ的关系

图 2-23　延吉膨胀土变水头渗透试验与非饱和渗透参数

2.4　高寒区膨胀土热物理性质

采用热线法对膨胀土的导热系数进行测试，见图 2-24。测试装置为 ISOMET 2104 便携式热传导物性分析仪及 API 210412 探头，膨胀土试样的导热系数范围为 0.3 ~ 2W/(m·K)，适用环境温度为 –15 ~ 50℃。试验工况详见表 2-6，工况 TC-1 ~ TC-4 研究不同初始含水率延吉膨胀土在冻结作用下的导热系数变化情况。

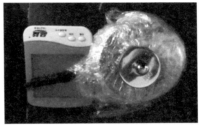

(a)ISOMET 2104便携式热传导物性分析仪　　　　　　　(b)待测试样

图 2-24　热线法测量延吉膨胀土导热系数

表 2-6　延吉膨胀土导热系数试验工况

试样编号	初始含水率/%	干密度/(g/cm³)	测试温度
TC-1	21	1.41	
TC-2	24	1.41	在 –6 ~ 9℃范围内选取若干温度
TC-3	27	1.41	进行瞬态测量
TC-4	30	1.41	
TC-5	干土	—	25℃

图 2-25 是不同初始含水率下，膨胀土在 1 次冻结过程中的导热系数，包括未冻结阶段和冻结阶段。随着初始含水率的增加，不同温度下导热系数均有所提高。在未冻结阶段

和土中自由水大部分冻结的情况下，导热系数较稳定，而在土中孔隙水结晶成核发展过程中，由于孔隙冰的快速生长，导热系数增长迅速。

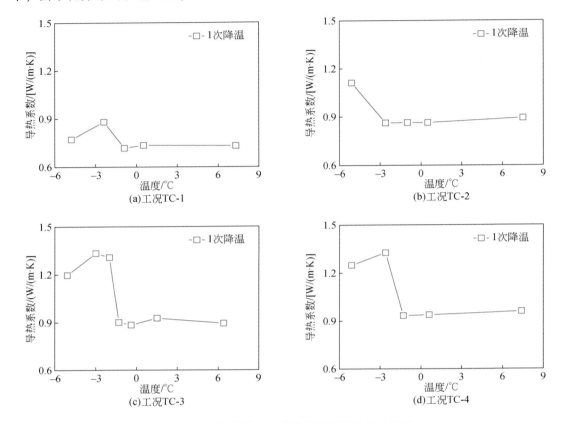

图 2-25 延吉膨胀土 1 次冻结过程导热系数测试

1975 年，Johansen 提出归一化热传导系数概念[18]，如下：

$$k_r = \frac{k - k_{dry}}{k_{sat} - k_{dry}} \qquad (2-12)$$

式中，k_r 为归一化热传导系数；k 为导热系数 [W/(m·K)]；k_{sat} 为饱和土导热系数 [W/(m·K)]；k_{dry} 为干土导热系数 [W/(m·K)]。

根据归一化热传导系数概念，对于未冻土，可定义其归一化导热系数如下：

$$k_{r(u)} = \frac{k - k_{dry}}{k_{sat(u)} - k_{dry}} \qquad (2-13)$$

式中，$k_{r(u)}$ 为未冻土归一化热传导系数；$k_{sat(u)}$ 为未冻饱和土导热系数 [W/(m·K)]。

对于冻土，相应的定义如下：

$$k_{r(f)} = \frac{k - k_{dry}}{k_{sat(f)} - k_{dry}} \qquad (2-14)$$

式中，$k_{r(f)}$ 为冻土归一化热传导系数；$k_{sat(f)}$ 为饱和冻土导热系数 [W/(m·K)]。

式（2-13）和式（2-14）中的 k_{dry}、$k_{sat(u)}$、$k_{sat(f)}$ 按照下式计算：

$$k_{\text{dry}} = k_s^{1-p} k_{\text{air}}^p$$

$$k_{\text{sat(u)}} = k_s^{1-p} k_{\text{water}}^p \qquad\qquad (2\text{-}15)$$

$$k_{\text{sat(f)}} = k_s^{1-p_f} k_{\text{ice}}^{p_f-\theta_u} k_{\text{water}}^{\theta_u}$$

式中，k_s 为土颗粒的导热系数 [W/(m·K)]；k_{air} 为空气的导热系数 [W/(m·K)]；k_{water} 为纯水的导热系数 [W/(m·K)]；k_{ice} 为冰的导热系数 [W/(m·K)]；θ_u 为未冻结体积含水率；p 为未冻结土体的孔隙率；p_f 为冻结土体的孔隙率。

式（2-15）中，p 和 p_f 的定义[19]如下：

$$p = 1 - \frac{\rho_d}{\rho_s}$$

$$p_f = \begin{cases} p & (S_r p \leqslant \theta_u) \\ \dfrac{p + 0.09(S_r p - \theta_u)}{1 + 0.09(S_r p - \theta_u)} & (S_r p > \theta_u) \end{cases} \qquad (2\text{-}16)$$

式中，ρ_d 为土样干密度；ρ_s 为土颗粒密度；S_r 为土样在未冻结状态时的饱和度。S_r 的定义如下：

$$S_r = \frac{W\rho_d}{p\rho_w} \qquad\qquad (2\text{-}17)$$

式中，ρ_w 为水的密度；W 为土样含水率。

θ_u 可通过冻结特征曲线确定。冻结特征曲线基于热力学基本理论，由土水特征曲线方程和广义克拉佩龙方程推导。广义克拉佩龙方程[20]如下：

$$\frac{u_w}{\rho_w} - \frac{u_i}{\rho_i} = L \frac{T - T_0}{T_0} \qquad\qquad (2\text{-}18)$$

式中，u_w 为孔隙水压力（kPa）；u_i 为孔隙冰压力（kPa）；ρ_w 为水的密度；ρ_i 为孔隙冰的密度；L 为冰水相变潜热（取 334J/g）；T 为孔隙水温度（K）；T_0 为参考温度（取 273.15K）。

结合式（2-2）和式（2-18），且假定冻结土体孔隙冰压力为 0kPa，可得未冻结体积含水率和温度的关系如下，见图 2-26：

$$\theta_u(T) = (\theta_s - \theta_r)\left[1 + \left(\alpha\rho_w L \frac{T_0 - T}{T_0}\right)^n\right]^{-m} + \theta_r \qquad (2\text{-}19)$$

根据 TC-5 试验测得延吉膨胀土颗粒的导热系数为 1.54W/(m·K)，记为 k_s。对于干密度为 1.41g/cm³ 的干土试样，考虑空气的导热系数 k_{air} 为 0.023W/(m·K)，可得到 k_{dry} 为 $k_s^{0.505} \times k_{\text{air}}^{0.495}$，即 0.192W/(m·K)，取此时的 k_{dry} 作为参考值。考虑水的导热系数 k_{water} 为 0.56W/(m·K)，$k_{\text{sat(u)}}$ 为 $k_s^{0.505} \times k_{\text{water}}^{0.495}$，即 0.933W/(m·K)。$k_{\text{sat(f)}}$ 为饱和膨胀土试样在完全冻结时的导热系数，从式（2-10）和 k_{ice} [2.24W/(m·K)] 可知，$k_{\text{sat(f)}}$ 为 $k_s^{0.505} \cdot k_{\text{ice}}^{0.248} \cdot k_{\text{water}}^{0.247}$，即 1.32W/(m·K)。进而根据式（2-4）和式（2-5），计算得到不同温度下延吉膨胀土在不同含水率下对应的导热系数，见图 2-27。

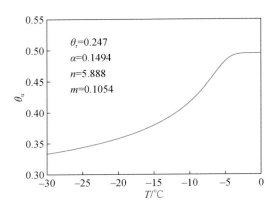

图 2-26　延吉膨胀土冻结温度曲线

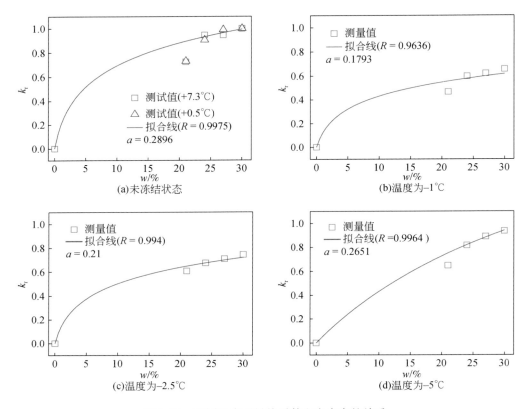

图 2-27　不同温度下导热系数和含水率的关系

　　根据图 2-27（b）～（d），可归纳出延吉膨胀土冻结情况下的导热系数与含水率的拟合关系，如下：

$$k_{r(f)} = a(T) \cdot \ln(w+1) \tag{2-20}$$

式中，w 为含水率（%）；a 为拟合参数，表示为冻结土体温度 T 的函数。

　　图 2-28 是拟合参数 a 与温度 T 的关系，可确定在 $-6 \sim 0℃$ 范围内，两者之间存在线性

关系。因此，根据式（2-13）～式（2-15），可得导热系数的计算式如下：

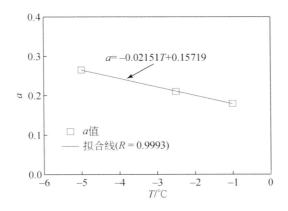

图 2-28　拟合参数 a 和土体温度 T 的关系

$$k=\begin{cases} a_u \cdot \ln(w+1)(k_{sat(u)}-k_{dry})+k_{dry} & （未冻结）\\ a_f(T) \cdot \ln(w+1)(k_{sat(f)}-k_{dry})+k_{dry} & （已冻结）\end{cases} \quad (2-21)$$

式中，a_u 为未冻结状态下拟合参数；a_f 为冻结状态下拟合参数。

对于延吉膨胀土，其冻结和未冻结状态下的导热系数计算式如下：

$$k=\begin{cases} 0.2896 \cdot \ln(w+1)(k_{sat(u)}-k_{dry})+k_{dry} & （未冻结）\\ (-0.02151T+0.15719) \cdot \ln(w+1)(k_{sat(f)}-k_{dry})+k_{dry} & （已冻结）\end{cases} \quad (2-22)$$

2.5　高寒区膨胀土胀缩特性

依照《标准》中的操作规程[1]，开展延吉膨胀土收缩试验，得到不同时刻膨胀土体缩率或线缩率与其含水率的关系，试验装置见图 2-29，试验工况见表 2-7，其中工况 2 用于 Briaud 模型的验证。

(a)延吉膨胀土收缩试验

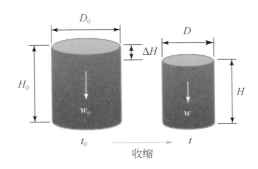

(b)收缩试验示意图

图 2-29　延吉膨胀土收缩试验装置与示意图

H 为浓缩后试样高度；D 为浓缩后试样直径

表 2-7　延吉膨胀土收缩试验工况

编号	初始高度/mm	初始直径/mm	初始质量/g	干质量/g
工况 1	41.48	61.58	230.7	168.6
工况 2	53.46	70.48	387.3	282.7

试样在不同时刻的含水率计算如下:

$$w_t = \left(\frac{m_t}{m_d} - 1\right) \times 100 \tag{2-23}$$

式中, w_t 为 t 时刻试样含水率 (%); m_t 为 t 时刻试样质量 (g); m_d 为试样烘干后的质量 (g)。

试样线缩率的计算方法见式 (2-24), 线缩率时程见图 2-30 (a):

$$\delta_{st} = \frac{\Delta H_t}{H_0} \times 100 = \frac{H_t - H_0}{H_0} \times 100 \tag{2-24}$$

式中, δ_{st} 为 t 时刻试样线缩率 (%); ΔH_t 为 t 时刻试样变形量 (mm); H_t 为 t 时刻试样高度 (mm); H_0 为试样初始高度 (mm)。

试样体缩率的计算方法如下:

$$\delta_{v_t} = \frac{\Delta V_t}{V_0} \times 100 = \frac{V_t - V_0}{V_0} \times 100 \tag{2-25}$$

式中, δ_{V_t} 为 t 时刻试样体缩率 (%); ΔV_t 为 t 时刻试样体积变化量 (mm^3); V_t 为 t 时刻试样体积 (mm^3); V_0 为试样初始体积 (mm^3)。

Briaud 等[21] 提出基于含水率的膨胀土变形计算方法, 具体如下:

$$\Delta h = \sum_{i=1}^{n} \Delta h_i$$
$$\Delta h_i = h_i f_i \frac{\Delta w_i}{E_{wi}}$$
$$E_{wi} = \frac{\Delta w_i}{\Delta V_i / V_0} \tag{2-26}$$
$$f_i = \frac{\Delta H_i / H_0}{\Delta V_i / V_0}$$

式中, Δh 为地层总变形量 (mm); h_i 为第 i 层的厚度 (mm); Δh_i 为 t 时刻第 i 层的变形量 (mm); ΔH_i 为 t 时刻第 i 层土样的高度变化量 (mm); ΔV_i 为 t 时刻第 i 层土样的体积变化量 (mm); Δw_i 为第 i 层含水率变化量 (%); f_i 为第 i 层收缩比; E_{wi} 为第 i 层的收缩–膨胀模量。

由图 2-30 (b) 和 (c) 可知, 延吉膨胀土的收缩比 f_i 约为 0.287, 收缩–膨胀模量 E_{wi} 约为 1.108, 因此得到:

$$\Delta h_i = 0.259 h_i \Delta w_i \tag{2-27}$$

计算得到延吉膨胀土 Briaud 模型的验证结果 [图 2-30 (d)], 可见该模型在膨胀土变形趋势预测方面十分可靠, 预测量略大于实际测量值。鉴于《标准》中未对收缩试验的蒸发条件予以明确控制, 据此方法获得的模型参数 f 和 E_w 受到试验环境的影响, 这也从侧面说明膨胀土吸力变化路径对变形存在影响。但是, Briaud 模型在胀缩应变预测方面不失为一种简易有效的实用方法，在膨胀土膨胀变形相关数值计算中可大大降低数值模型的复杂性和计算成本。

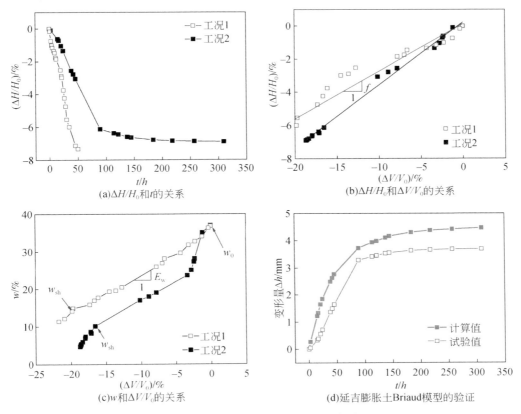

图 2-30　延吉膨胀土收缩试验结果与验证

w_{sh} 为缩限，指水分蒸发体积不再收缩对应土的界限含水率

2.6　高寒区与非冻土区膨胀土工程地质性质对比

相比于南方典型的南阳膨胀土、宁明膨胀土（图 2-31），高寒区与非冻土区膨胀土在地质成因、气候特点等方面均有鲜明的异同之处。

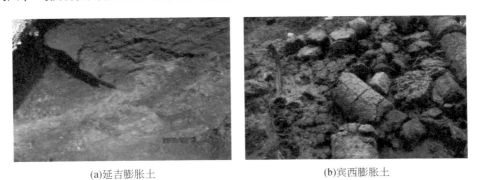

(a)延吉膨胀土　　　　　　　　　(b)宾西膨胀土

(c)南阳膨胀土   (d)宁明膨胀土

图2-31 我国南北方典型膨胀土

在地质成因方面,季节冻土区膨胀土以延吉膨胀土为例,其来源于延吉盆地(包括延吉-朝阳川盆地与龙井盆地),受延吉-珲春大断裂控制,为中生代地堑型盆地,该盆地发育于晚海西-印支期褶皱带上,属白垩纪断陷盆地,基地为海西期花岗岩及石炭-二叠系灰岩、板岩、火山碎屑岩。盆地地层自下而上为下白垩统(屯田营组、长财组、头道组、铜佛寺组、大拉子组)、上白垩统(龙井组)、古近系、新近系和第四系。其中,下白垩统屯田营组、长财组多见于盆地周边,仅局部分布,下白垩统头道组、铜佛寺组、大拉子组及上白垩统龙井组在盆地内分布广泛。延吉盆地出露地层主要为白垩系、古近系、新近系和第四系,由于长白山地区的火山喷发作用,存在大量白垩系陆相火山岩或火山碎屑岩,盆地北部局部地区存在古近系玄武岩、古近系和新近系陆相碎屑沉积,在延吉-朝阳川盆地与龙井盆地之间的丘陵台地,主要由白垩系红色砂砾岩组成。其原岩类型为安山岩(图2-32),经风化作用呈现出紫红色,经过图们江水系的冲蚀和沉积作用,形成如头道组上段呈现的地层情况,而龙井组二段则以暗紫-紫红色碎屑岩为主,其地层特点源于这一时期形成的安山岩和基性凝灰岩的风化及分解作用,产生绿泥石、方解石、蒙脱石等次生矿物。采用的紫红色延吉膨胀土来源于上述地质作用,以坡积为主。而在典型的南方膨胀土中,长江流域地区从古近系—新近系至第四系更新统沉积厚度不等的冲洪积、残坡积、湖相沉积、冰水沉积膨胀土,其中南阳膨胀土为第四系中更新统冲洪积黏土和古近系—新近系泥灰岩的风化物,广西宁明残积型膨胀土来源于始新统那读组黏土页岩,在侵蚀和化学风化作用下,发生矿物水解、转化作用而形成。就形成时期而言,延吉膨胀土相对更早。

在气候特点方面,尽管南北方膨胀土成因有所不同,但是不论南北方,其气候方面都保持着较高的降雨量和蒸发量。宁明地区的降雨和蒸发作用突出,其独特的南亚热带风化淋滤作用是这一地区原岩风化并形成高岭石、蒙脱石等黏土矿物的主要诱因。延吉膨胀土地区气候类型为近海型寒温带季风气候,属中温带半湿润气候区。经统计,1980~2012年,年平均降水量为400~500mm,年平均日照为2447.2h,结冰日约164d,年最高气温为30~35℃,年最低气温为-30~-27℃。在黑龙江省北部的引嫩工程干渠膨胀土区域,年蒸发量为年降水量的2~3倍。在哈尔滨地区(包括宾西膨胀土地区),2004~2013年,

(a)砂岩　　　　　　　　　　　(b)安山岩

图 2-32　延吉膨胀土的原岩类型

年平均降水量约 539mm，最大为 740.8mm，最小为 439mm；1955～2010 年，哈尔滨地区的极端高温维持在 30～35℃，极端低温维持在−40～−30℃。对比南北方典型膨胀土地区的气候特点，相比南方膨胀土的强干湿蒸腾风化作用，北方极端冻融效应和一定程度的干湿循环作用是导致和加剧季节冻土区膨胀土原岩风化、分解的主要因素。图 2-33 为哈尔滨地区某膨胀土工程场地不同季节的地貌景象，极具典型季节冻土区膨胀土场地的特点，即较强的干湿蒸腾与长时间的极端冻融作用。

(a)春季　　　　　　　　　　　(b)夏季

(c)冬季

图 2-33　哈尔滨地区膨胀土季节性气候情况

2.7　结论与总结

本章评述高寒区与非冻土区膨胀土的工程地质差异，研究季节冻土区膨胀土的基本特征，包括物质组成、物理特性、持水特性、热物理性质、胀缩特性等。主要工作和认识如下：

1）典型的季节冻土区延吉盆地膨胀土以坡积膨胀土为主，形成年代较南方膨胀土更早，原岩类型为安山岩和凝灰岩，极端冻融作用和干湿循环作用是加剧原岩风化、分解并形成膨胀土的重要因素。

2）季节冻土区膨胀土膨胀势以中、弱为主，小于 $2\mu m$ 的黏粒含量不足 20%，黏土矿物主要为结晶度较差的蒙脱石。

3）获得非饱和延吉膨胀土土水特性参数，提出基于归一化热传导系数概念的冻结与未冻结状态膨胀土热传导系数模型，验证 Briaud 模型在季节冻土区膨胀土变形预测方面的实用性和有效性。

参 考 文 献

[1] 中华人民共和国水利部. 土工试验方法标准（GB/T 50123—2019）[S]. 北京：中国计划出版社，2019.

[2] 曲永新，张永双，冯玉勇，等. 中国膨胀土黏土矿物组成的定量研究 [C]. 2002 年中国西北部重大工程地质问题论坛论文集，中国地质学会工程地质专业委员会：工程地质学报编辑部，2002：434-440.

[3] 李生林，秦素娟，薄遵昭，等. 广西宁明膨胀土组成成分、组织结构及工程地质特性的研究 [J]. 水文地质工程地质，1980，(3)：8-14，63.

[4] 杨献忠. 蒙脱石矿物的结晶度及其地质意义初探 [J]. 中国地质科学院南京地质矿产研究所所刊，1987，(3)：71-80.

[5] 聂众. 冻融循环作用下膨胀土长期性能试验研究 [D]. 哈尔滨：哈尔滨工业大学，2018.

[6] 郑健龙，张锐. 公路膨胀土路基变形预测与控制方法 [J]. 中国公路学报，2015，28 (3)：1-10.

[7] 包承纲，刘特洪. 河南南阳膨胀土的强度特性 [J]. 长江科学院院报，1990，(2)：1-8.

[8] 铁道部第一勘测设计院. 铁路工程土工试验规程（TB 10102-2010）[S]. 北京：中国铁道出版社，2010.

[9] 甘发达. 深季节冻土区吉图珲高铁膨胀土边坡桩板墙体系性能分析 [D]. 哈尔滨：哈尔滨工业大学，2016.

[10] 孙德安，陈波，周科. 重塑上海软土的压缩和剪切变形特性试验研究 [J]. 岩土力学，2010，31 (5)：1389-1394.

[11] 陈波，孙德安，吕海波. 海相软土压缩特性的试验研究 [J]. 岩土力学，2013，34 (2)：381-388.

[12] 张锋. 计算土力学 [M]. 北京：人民交通出版社，2007.

[13] 孙树国，陈正汉，朱元青，等. 压力板仪配套及 SWCC 试验的若干问题探讨 [J]. 后勤工程学院学报，2006，(4)：1-5.

[14] 周葆春，孔令伟. 考虑体积变化的非饱和膨胀土土水特征 [J]. 水利学报，2011，42 (10)：1152-1160.

[15] FREDLUND D G, XING A. Equations for the soil-water characteristic curve [J]. Canadian Geotechnical Journal, 1994, 31 (4): 521-532.

[16] GENUCHTEN V. A closed-form equation for predicting the hydraulic conductivity of unsaturated soils [J]. Soil Science Society of America Journal, 1980, 44 (5): 892-898.

[17] MUALEM Y. A new model for predicting the hydraulic conductivity of unsaturated porous media [J]. Water Resources Research, 1976, 12 (3): 513-522.

[18] JOHANSEN O. Thermal conductivity of soils [D]. Ph. D. thesis, University of Trondheim, 1975.

[19] COTÉ J, KONRAD J M. Thermal conductivity of base-course materials [J]. Canadian Geotechnical Journal, 2005, 42 (1): 61-78.

[20] MA W, ZHANG L, YANG C. Discussion of the applicability of the generalized Clausius-Clapeyron equation and the frozen fringe process [J]. Earth-Science Reviews, 2015, 142: 47-59.

[21] BRIAUD J L, ZHANG X, MOON S. Shrink test-water content method for shrink and swell predictions [J]. Journal of Geotechnical and Geoenvironmental Engineering, 2003, 129 (7): 590-600.

第3章 膨胀土冻融−胀缩耦合试验技术与装备

3.1 概　述

传统冻胀试验仪进行膨胀土冻胀试验时，存在冻结约束作用和膨胀约束作用，采用上部冻结法或下部冻结法均无法很好地予以消除[1,2]。在有荷载时的冻胀试验中，上述效应更加显著，对试验结果的影响不容忽视。如何减阻是试验中需要克服的关键问题之一。同时，膨胀土对含水率变化的响应较敏感，对水分给排系统监测精度和灵敏度需提出更高要求，同时对试样含水率的环境扰动效应需加以控制。

因此，本章针对传统单向冻胀试验仪设计中的不足，结合膨胀土冻融−胀缩试验特点，开展开放系统膨胀土冻融与胀缩试验系统的优化设计和可靠性评价，包括冻结室、温度控制系统、水分给排系统、单向加载系统、数据采集与分析系统等主要部件，并针对膨胀土冻融−胀缩特性试验方法提出若干合理建议。

3.2 开放系统膨胀土冻融−胀缩耦合试验装备

3.2.1 试验装备系统构成与功能

开放系统膨胀土冻融−胀缩试验系统基本构成见图 3-1。试验系统由可伸缩环形冻结室、温度控制系统、水分给排系统、宽范围单向加载系统、数据采集与分析系统五部分构成，加之恒温防护箱、设备底座、支撑构件、辅助装置等。能够连续监测试样的竖向位移、不同试验断面的温度、试样暖端的水分给排情况等，且适应不同高度试样的测试。该试验系统可以用来研究膨胀土体冻融过程多物理场变化规律、冻胀敏感性、膨胀−收缩特性等。

3.2.2 可伸缩环形冻结室

图 3-2 为传统冻结室，包括带孔亚克力冻结室侧壁 1 个，上盖板 1 个，底座 1 套，紧固装置 1 套。通过 4 根 ϕ10mm 螺纹钢杆、上盖板、翼形螺母、密封圈，使冻结室侧壁下部与底板间紧密贴合，达到底部密封效果。传统冻结室的弊端[3-10]包括：①试验装配过程烦琐；②影响保温层与冻结室外侧壁面的有效贴合；③螺纹钢杆紧固方式易造成冻结室侧壁受力不均，产生局部应力集中造成冻结室损坏及其底部密封失效；④在降低传感器阻碍

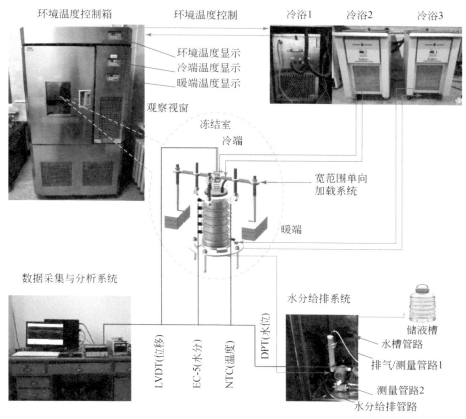

图 3-1　冻融-胀缩试验系统示意图

LVDT：linear variable differential transformer，差动变压位移传感器；EC-5：土壤水分传感器型号；NTC：negative temperature coefficient，负温度系数热敏电阻温度传感器；DPT：差压传感器型号

效应、同土体充分接触及保证密封性之间较难平衡；⑤在冻胀试验中存在显著的冻结约束效应，引发冻结室内接触面产生较大侧摩阻力，阻碍效应的作用程度与冻结室内径尺寸和内壁特性相关，无法有效降低。鉴于上述弊端，传统冻结室不适用于研究以复杂耦合变形为主要特征的膨胀土冻胀特性试验。

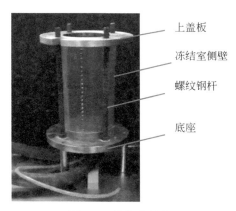

图 3-2　传统冻结室

在研究膨胀土冻胀特性时，基于对实际冻融环境的考虑，采用上部冻结法。试验中冻结约束带随冻结锋面的发展不断扩大，呈现出靠近冷端作用效应小、靠近冻结锋面作用效应大的特点。同时，由于膨胀土吸水膨胀作用，在冻结室下部产生较为显著的由膨胀效应引起的侧摩阻力，呈现出靠近暖端作用效应大、靠近冻结锋面作用效应小的特点，并且膨胀效应的作用程度与冻结约束效应的作用程度密切相关，见图3-3。

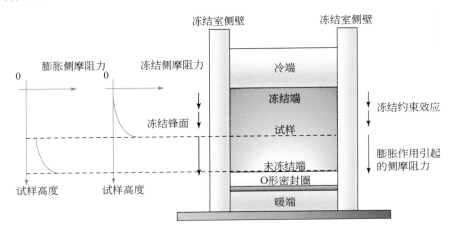

图 3-3　膨胀土上部冻结法

针对上述问题，研制一种适用于膨胀土冻融试验和胀缩试验的可伸缩环形冻结室，并且从试验可操作性和稳定性的角度进行优化，见图3-4。新型冻结室包括内、外套筒各1个，上盖板1个和底座1个。内部套筒由5层环状有机玻璃构成，内径均为102mm，壁厚均为10mm，上部4个圆环高度为20mm，底部圆环高度为45mm。环形冻结室在试验中使用非常灵活，可根据冻结试样尺寸和试样上部空间需求进行配置。在膨胀土胀缩试验中仅使用底层圆环，圆环中部设置传感器矩形安置槽（高度4mm、长度20mm），圆环靠近顶部和底部处设置传感器圆形安置槽（直径4mm），可满足各类常用传感器的尺寸，安置槽构造细节见图3-4。试验中温度传感器插入圆形安置槽，入样深度宜为试样直径的1/10，湿度传感器插入矩形安置槽，入样深度宜为试样直径的1/5。在有限范围内的可伸缩性是冻结室的主要特点，通过控制密封圈的弹性变形范围，使冻结室具有一定的伸缩性，进而在试验中释放冻胀和膨胀约束效应，结构细节见图3-4。

基于《液压气动用O形橡胶密封圈尺寸系列及公差》（GB/T 3452.3—2005）[11]的设计原则，采用OmniSeal RACO弹簧蓄能密封圈的基本形式，各圆环间容许变形为±1mm，进而冻结室侧壁沿轴向的总变形量为±5mm，上部圆环区间在采用气压加载时借助弹簧蓄能密封圈的结构特点来增加腔体的密封性。同时，在冻结室内套筒外侧设置一个兼顾限位和加固作用的外套筒，外套筒下部4个带斜面的旋转凸台与底座中的卡槽相配合（图3-5）。试验组装过程中，经一次旋转即可获得内部套筒各环间的必要容许弹性变形。外套筒上部与上盖板之间设置长度为1cm的具有限位功能的螺纹微调节区域，螺距为0.5mm。考虑制冷系统工作振动对试样竖向位移测量的影响（图3-5），在冻结室底座处设置阻尼支座。

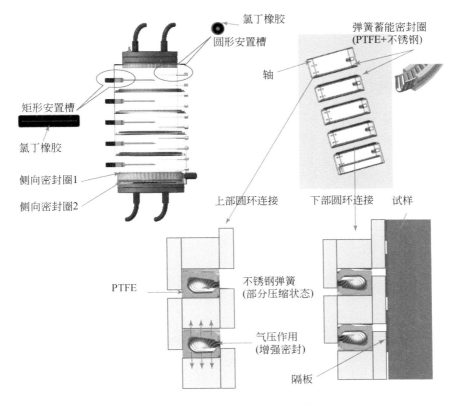

图 3-4 新型冻结室（内部套筒）

PTFE：polytetrafluoroethylene，聚四氟乙烯

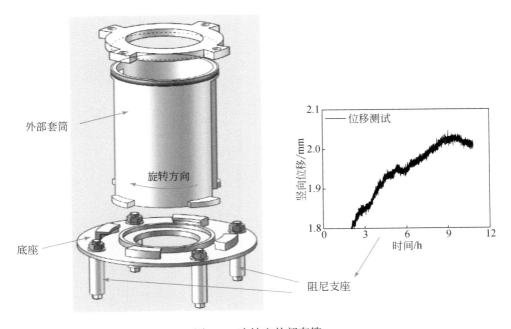

图 3-5 冻结室外部套筒

3.2.3　温度控制方法与模块

3.2.3.1　温度传感器的选择与标定

膨胀土冻融试验的温度范围无须很大，一般设计为 -30 ~ 30℃即可。测试土体中任意时刻的温度值均要求瞬态获取，避免采样时间带来的误差，本研究中采用接触式 NTC 热敏电阻，其特点是具有高度非线性，电阻温度系数范围宽、灵敏度高，3 ~ 5s 即可获得测试物体的温度值。本研究中使用长度 2cm 的针状 NTC 热敏电阻外壳，其中后段 1cm 处于冻结室侧壁中，前段 1cm 中设有 NTC 热敏电阻丝，由环氧树脂胶固，在保证与土体充分接触的情况下不对试样结果产生明显影响。温度传感器经多次使用后容易产生温度漂移，试验前需重新标定，以得到精确的温度计算回归公式，NTC 热敏电阻的标定方法具体如下。

NTC 热敏电阻的电阻温度特性具有强非线性，见图 3-6。其电阻温度特性计算公式如下：

$$R_{NTC} = A e^{(B/T_{Kelvin})} \tag{3-1}$$

式中，R_{NTC} 为 NTC 热敏电阻阻值（Ω）；T_{Kelvin} 为被测物体温度（K）；A、B 为拟合参数。

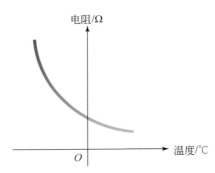

图 3-6　NTC 热敏电阻温度特性

对式（3-1）等号两侧取自然对数：

$$\ln(R_{NTC}) = \ln(A) + B/T_{Kelvin} \tag{3-2}$$

在 $1/T_{Kelvin} \sim \ln(R_{actual})$ 坐标系中，B 是斜率，$\ln(A)$ 是在 $\ln(R_{actual})$ 轴上的截距，计算可得 T_{Kelvin} 公式如下：

$$T_{Kelvin} = B/[\ln(R_{actual}) - \ln(A)] \tag{3-3}$$

采用热敏电阻非线性拟合回归公式[12]，根据式（3-1）~ 式（3-3）的热敏电阻温度特性公式，明确其物理意义，表达式如下：

$$T = P_3 \cdot T_{Celsius}^2 + P_4 \cdot T_{Celsius} + P_5 \tag{3-4}$$

$$T_{Celsius} = T_{Kelvin} - 273.15$$

$$T_{Kelvin} = P_2 \big/ [\ln(R_{actual}) - \ln(P_1)] \tag{3-5}$$

式中，T 为 NTC 热敏电阻非线性拟合温度数值（℃）；T_{Celsius} 为二等标准温度计测量得到的温度值（℃），用于 NTC 热敏电阻非线性拟合；T_{Kelvin} 为二等标准温度计测量得到的温度值（K），用于 NTC 热敏电阻温度特性公式的拟合；R_{actual} 为 NTC 热敏电阻的真实阻值（Ω），即表头实际测量得到的电阻阻值 R 与导线电阻 R_{d} 的差值，即 $R_{\text{actual}} = R - R_{\text{d}}$；$P_1$ 和 P_2 是根据式（3-3）拟合得到的参数，P_1 相当于 A，P_2 相当于 B；P_3、P_4 和 P_5 是根据式（3-4）得到的参数。

试验中采用高精度冷浴槽、国家二等标准温度计（量程为 $-30 \sim 20$℃，精度为 0.1℃）、6 位半的安捷伦 34970A 数字万用表，基于上述方法对 NTC 热敏电阻进行标定，见图 3-7。

(a)恒温液浴槽

(b)NTC热敏电阻

(c)二等标准温度计

图 3-7　NTC 热敏电阻标定

标定温度下各 NTC 热敏电阻阻值见表 3-1。在线性回归分析中，回归系数初值范围的确定关系到预测的鲁棒性和精度。根据式（3-2），对上述数据在 $1/T_{\text{Kelvin}} \sim \ln(R_{\text{actual}})$ 坐标系下拟合（图 3-8），确定其参数 P_1 和 P_2，作为式（3-4）中拟合参数的初值，P_1 和 P_2 具有明确的物理意义，P_2 可认为是热敏电阻的标称组值。P_4 初值取 1，各传感器 P_1、P_2 和 P_4 的初值汇总于表 3-2。

表 3-1　标定温度下各 NTC 热敏电阻阻值

标定温度 T		NTC 热敏电阻阻值 R_{actual}/Ω					
K	℃	No. 101	No. 102	No. 103	No. 104	No. 105	No. 106
275.75	3	6671.94	6714.52	6695.13	6688.77	6696.22	6720.04
272.65	−0.5	7776.45	7833.37	7806.65	7810.42	7827.58	7849.88
269.55	−3.6	9153.87	9214.92	9194.51	9175.93	9190.97	9225.48
267.85	−5.3	10232.90	10305.03	10269.14	10250.66	10269.47	10308.75

标定温度 T		NTC 热敏电阻阻值 R_{actual}/Ω					
K	℃	No. 101	No. 102	No. 103	No. 104	No. 105	No. 106
262. 85	−10. 3	13518. 83	13612. 57	13563. 58	13516. 50	13575. 01	13614. 36
260. 95	−12. 2	15050. 98	15162. 20	15120. 44	15099. 01	15153. 05	15187. 39

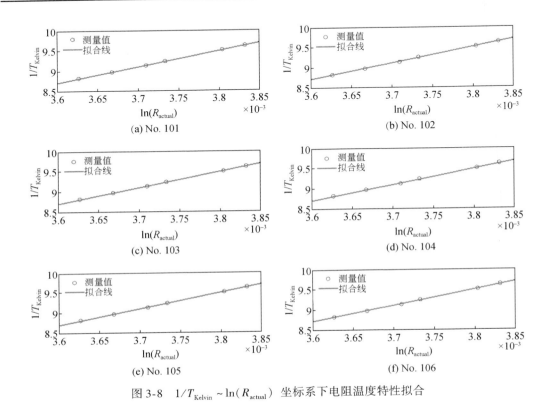

图 3-8　$1/T_{Kelvin} \sim \ln(R_{actual})$ 坐标系下电阻温度特性拟合

表 3-2　拟合参数初值

NTC 热敏电阻编号	P_1	P_2	P_4
No. 101	−5. 667	3989	1
No. 102	−5. 672	3992	1
No. 103	−5. 672	3991	1
No. 104	−5. 636	3982	1
No. 105	−5. 685	3995	1
No. 106	−5. 664	3991	1

　　采用信赖域算法，基于式（3-4）和式（3-5），对各 NTC 热敏电阻阻值和温度进行拟合，结果见图 3-9。拟合效果良好，各传感器性能基本一致。各个电阻的非线性拟合回归

公式系数 P_1、P_2、P_3、P_4、P_5 汇总于表 3-3。

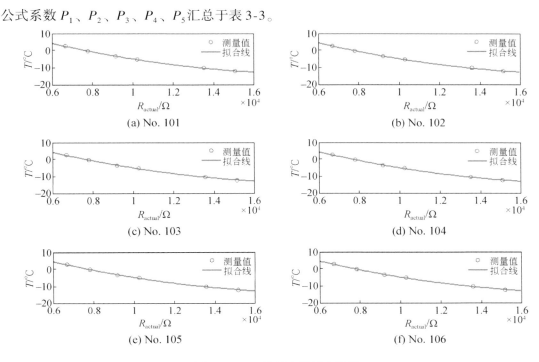

(a) No. 101　　　　　　　　　　　　(b) No. 102

(c) No. 103　　　　　　　　　　　　(d) No. 104

(e) No. 105　　　　　　　　　　　　(f) No. 106

图 3-9　NTC 热敏电阻拟合结果

表 3-3　NTC 热敏电阻非线性拟合回归公式系数

NTC 热敏电阻编号	P_1	P_2	P_3	P_4	P_5
No. 101	−5.696	3999	0.001728	1.018	−0.1403
No. 102	−5.712	3993	0.001715	1.025	0.7252
No. 103	−5.621	3981	0.001679	1.012	−0.2534
No. 104	−5.632	3972	0.001876	1.023	0.6094
No. 105	−5.758	3964	0.002127	1.054	3.632
No. 106	−5.724	3961	0.001843	1.045	3.238

　　标定方法的优点在于，根据捕捉到的 NTC 热敏电阻的瞬态阻值和对应温度，即可进行拟合，并且标定试验只需 5 组试验数据。在花费较少时间成本且温控设备稳定性较一般的情况下可取得不错的标定结果。

3.2.3.2　系统温度控制设计

　　温度控制系统包括边界温度控制装置、测试土体上端和下端的循环液恒温端头（即冷板和暖板）、环境温度控制箱、冻结室和管路保温控制。该试验装置为模拟自然发生的自地面向下的降温冻胀过程、升温融沉过程，确定测试土体的上端为升温降温端、下端为恒温正温端。采用两台 BH8105 恒温冷浴作为边界温度控制装置，温度控制精度为±0.05℃，分别对测试土体的上端在恒定温度下降温或升温、下端恒定为某一较低的正温，冷板和暖板均为铜制。进入冷板和暖板腔体的制冷液沿着预制的 U 形弯曲管路流动，以确保测试土体两端的热量传递在整个接触面内尽可能均匀。管路的入口、出口分别与边界温度控制装置中的循环液出入口直接相连，管径 20mm。

图 3-10 是冷板和暖板的温控测试结果。图 3-10（a）是冷板和暖板连接管路为 2m 时的温控曲线，可见阶梯式降温效果良好，在 –10 ~ –5℃温控范围内该设备的制冷效果最好，能够保证较高的温度控制稳定性。图 3-10（b）和（c）是冷板和暖板在稳定阶段的设定值和测试值，可见冷板和暖板的实测值均低于设定值。随着冷板设定温度的降低和暖板设定温度的增加，温度误差会不断增大且并无线性关系，这是循环液管路热损耗的必然结果。减小循环液管路长度，降低管路保温材料导热系数，将比例积分微分（proportional integral derivative，PID）控制中监测和反馈温度信号的传感器置于冷板和暖板内部可减小误差。冷媒的选择对较低温度冻胀试验的温控效果影响较大，采用低温防冻液作为冷媒时，随着温度的降低，防冻液的黏度会显著增大，在 –15℃左右时会对其流动产生影响，制冷效率显著下降，而在确定安全性的前提下，采用无水乙醇溶液是较优的选择，在 –20℃或更低温度下，无水乙醇溶液仍可保持良好的流动性。

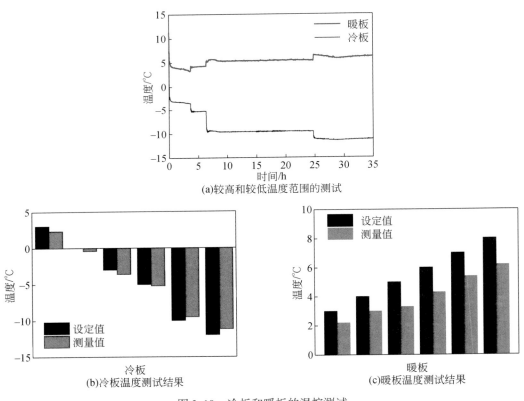

图 3-10　冷板和暖板的温控测试

环境温度控制采用 BH8215-F 土体冻融循环试验环境箱，控制精度为 0.5℃，可容纳 1 个试样及其配套装置进行试验，环境温度控制箱的空间约 0.36m³，冷板和暖板与箱体内部的热交换会对环境温度产生一定影响。图 3-11 是冷板温度分别为 –10℃和 –5℃时，在冻结稳定阶段（50~70h），环境温度的控制情况，可见环境温度呈周期性变化，均值和幅度较稳定，冷板温度降低会影响冻结稳定期的环境温度均值，这一现象在集约的密闭实验空间内无法避免。此外，为减小仪器中试样侧向保温层厚度且保证试样内部具有线性温度梯度，需采用较低的环境温度以减少试样的侧向换热。考虑到冷板温度对环境温度的影响，需注意防止水分补给管路冻结。试验中环境温控箱内部平均温度维持在 2~3℃，同时处于环境温度控制箱内的水分补给管路应当在全范围内包裹 1cm 厚橡塑保温卷材。

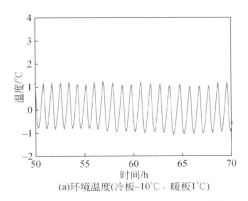 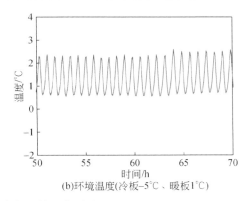

(a)环境温度(冷板-10℃、暖板1℃)　　　　　(b)环境温度(冷板-5℃、暖板1℃)

图 3-11　冻胀试验中的环境温度测试

　　冻结室的侧向保温对于研究冻结试样的冷生构造十分关键。一些研究工作为了观察冷生构造的变化过程不得不暴露部分冻结室侧壁，或采用中空有机玻璃冻结室侧壁，这些方式将对冷生构造的发展产生不利影响[13]。图 3-12（a）是采用中空有机玻璃冻结室侧壁的试验情况，可见侧向保温效果欠佳，产生球面状的层状冰镜体。本研究中侧重准确地研究膨胀土的冻胀、膨胀及其耦合效应，不对试样冷生构造和膨胀作用变化过程进行直接观察，因而采用橡塑保温材料对冻结室进行全封闭保温。经大量试验总结可知，最低 4cm 厚度的各类常规保温材料即可满足冻结室侧向保温需求，获得水平状冷生构造，且不会占据较大的环境箱空间，见图 3-12（b）。此外，冻结室中还存在轻微的"冷桥"效应，即持续的冷板制冷会通过冻结室侧壁影响暖板的温度控制，使其在试验过程中有微幅降低且随冷端温度的降低而加剧。在暖板初始温度为 0.9℃、冷板稳定温度为-9.7℃的情况下，24h 后"冷桥"效应导致暖板温度降低为 0.37℃，见图 3-13。

(a)冻结室保温不足的情况　　　　　　　　(b)冻结室保温层厚度4cm

图 3-12　冻结室的保温

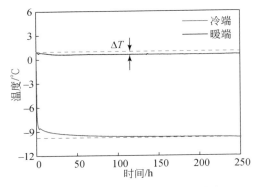

图 3-13　冻结室中的"冷桥"效应

3.2.4　系统开放与水分给排模块

　　膨胀土的冻胀、融沉与膨胀、干缩均是因"水"而起。水分给排系统需要实现膨胀土冻融试验与胀缩试验过程中系统的自由给水、排水过程。补水系统主要包括马氏补水瓶无压补水装置、补水槽及其进出口、铜基球形粉末透水板、透明软管、球阀、液位调节装置等（图 3-1）。补水槽置于暖板之上，以保证补给水分在进入测试土体前具有和暖板相同的温度，其上为直径 100mm、厚度 3mm 的铜基球形粉末透水板，补水槽中布置不锈钢立柱，增强铜基球形粉末透水板的抗弯性能，防止较大荷载作用下多孔透水板发生变形。橘黄软管用于冲刷排出透水板底部气体，并兼顾补水槽排水使用。在该分系统中，马氏补水瓶是其关键部件。

　　马氏补水瓶用于控制测试土样无压力补水液面的高度，其原理见图 3-14，图中系统处于平衡状态。在平衡水位线 1 处，水分补给管的 A 点和大气连接管的 B 点总水头相等，假定平衡水位线 1 处的位置水头为 0，可知：

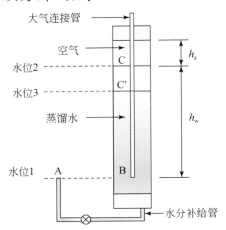

图 3-14　马氏补水瓶原理图

h_a 为水位以上段空气的高度

$$\frac{P}{\rho_{\mathrm{w}}g}+h_{\mathrm{w}}=\frac{P_{\mathrm{a}}}{\rho_{\mathrm{w}}g} \tag{3-6}$$

式中，P_{a} 为大气压强；P 为马氏瓶内的气体压强；h_{w} 为马氏瓶内 B 点和 C 点之间的液体高度；ρ_{w} 为水的密度；g 为重力加速度。

当水分通过水位 1 处的 A 点和铜基球形粉末透水板向测试土样内补水时，马氏补水瓶中的液面由 C 点下降到 C′点，同时气体通过大气连接管由 B 点进入瓶体内部，使瓶内液体达到新的平衡态，即

$$\frac{P'}{\rho_{\mathrm{w}}g}+h_{\mathrm{w}}'=\frac{P_{\mathrm{a}}}{\rho_{\mathrm{w}}g} \tag{3-7}$$

式中，P' 为马氏补水瓶内新平衡态下的气体压强；h_{w}' 为马氏补水瓶内 B 点和 C′点之间的液体高度。

在马氏补水瓶中，大气连接管下部末端 B 点的位置决定土体中无压平衡水位的位置，调节 B 点的位置即可灵活调节控制水位，使膨胀土冻融–胀缩试验中试样饱和、水位调节等操作易于实施。研制一款基于静水压力监测的无压补水系统（图 3-15），包括两端封闭的量筒、储液槽、排气管（管 1）、大气连接管（管 3）、补水/排水管（管 4）、水分补给管（管 2）、球阀和透明软管若干。采用量筒作为马氏补水瓶的瓶身，量程 100mL。考虑到冻胀试验的实际补水体量，在保证测量精度的前提下，最大量程不宜超过 1L。储液槽对其结构形式无特殊要求，安置位置须高于马氏补水瓶。马氏补水瓶顶部排气管（管 1）、大气连接管（管 3）均为直径 3mm 有机玻璃管，补水/排水管（管 4）、水分补给管（管 2）则采用直径 8mm 的透明软管并通过快速接头连接，方便在试验前检查和排出管内气

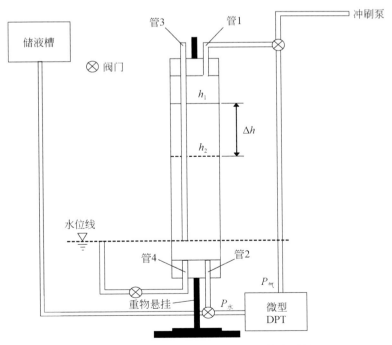

图 3-15　基于静水压力监测的无压补水系统

h_1 为 t_1 时刻的水位线高度；h_2 为 t_2 时刻的水位线高度；Δh 为高度差

泡，保证补排水通畅，避免补水和排水量的测量误差。补水系统管路和快速接头的使用寿命不超过 1 年，顶部排气管与冲刷泵连接，以待测试膨胀土体的补水端口为出口，对整个水分给排系统进行清洗。

试验中，通过记录马氏补水瓶内因水位高度变化而引起的压差变化，推算出水分给排量。在图 3-14 所示马氏补水瓶的基础上，在管 1 和管 2 之间连接高精度差压传感器，即微型 DPT（图 3-15）。差压传感器一端的压强为马氏补水瓶内上部气压 $P_气$，另一端为瓶内液面高度到传感器端部的静水压强 $P_水$ 与瓶内气压 $P_气$ 之和，差压传感器的输出端即瓶内液体变化产生的压强变化值。在液面下降或上升的过程中，瓶内上部气体的压强始终在发生变化，这种连接方式可有效消除 $P_气$ 不断变化的影响。高精度微型 DPT 传感器可以捕捉到冻融试验过程中水分迁移的微小波动。同时，这种基于 DPT 的测试方法可通过增加瓶体长径比的方式，在不改变 DPT 性能的情况下，显著提高水分给排测试系统的灵敏度。

此外，配备的液位调节装置对准确控制开放系统冻融试验中的无压水头位置非常关键，通常仅仅 1mm 的水位差就会降低试验的可重复性。同时，在基于静水压力监测的无压补水系统中，马氏补水瓶给排水数据获取的准确度与其瓶体的垂直度息息相关。因此，为确保精确控制水位位置和马氏补水瓶瓶体垂直度，需要围绕液位调节装置开展优化设计。

图 3-16（a）为水分给排系统提供的固定式升降台装置。图 3-16（b）为该分系统提供的另一种基于悬挂法的液位调节装置。固定式升降台装置包括手动机械模式和电机传动模式两种，马氏补水瓶瓶体固定在升降台之上。其优点在于位移控制精确，缺点在于升降台水平度和马氏补水瓶垂直度调整烦琐。因此，可配合瓶体摄像方式使用（图 3-17），通过双摄像头立体成像，进行畸变校正与立体校正。

(a)固定式升降台装置　　(b)基于悬挂法的液位调节装置

图 3-16　液位调节装置

液位调节装置中，在对称布置马氏补水瓶管路且在瓶体下方施加配重后，将马氏补水瓶悬挂安装于图 3-16（b）中所示双圆环区域内，通过悬垂保证马氏补水瓶的垂直度，采用螺纹调节的方式精确控制液位，精度在 0.1mm 量级，该装置的整体水平度和垂直度无须考虑，每次试验时不必反复调节，缩短了试验调节时间。在整个试验过程中，要求测试土体补水水位极为接近土单元下底面而又不浸泡其下端，这是一种理想状态但不易实现，且这种临界状态会受到透水板孔隙张力的影响，看似液面在同一位置，但水的状态并不自由。因此，试样中通常浸泡试样底部 2~3mm，不宜过多，以达到自由补水的状态，较高

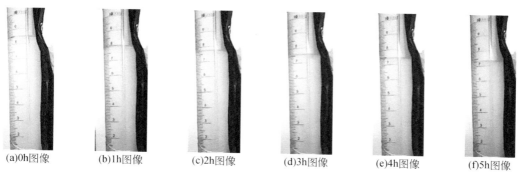

(a)0h图像　　(b)1h图像　　(c)2h图像　　(d)3h图像　　(e)4h图像　　(f)5h图像

图 3-17　拍照法测量补水量

的初始试样底部水位会增加试样初始条件的稳定时间，并增大对试样的非必要扰动，这一现象在膨胀土试验中尤其显著。

研究中，微型 DPT 采用的是 Rosemount 3051 差动式电容膜盒传感器[14]，具有 0.04% 的范围参考精确度，工作温度为-40℃。在受到压力变化时，中心测量膜片产生一定位移形成电容差信号，转换为二线制直流信号，范围为 4~20mA，见图 3-18。经对基于静水压力监测的无压补水系统标定，可知输出电流增量与累计补水量的关系，如图 3-19 所示，得到其标定系数为 33.16mL/mA，测量精度达到 0.01mL，线性度良好。由图 3-20 可知，相比于水位拍照监测估算补水量的方法，静水压力监测对水位变化的识别精度更高。

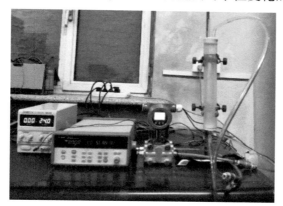

图 3-18　基于静水压力监测的无压补水系统标定试验

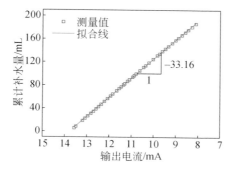

图 3-19　改进的马氏补水瓶的标定

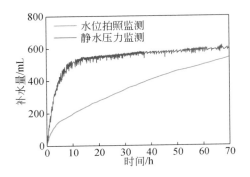

图 3-20　水位拍照监测和静水压力监测测试结果

3.2.5　宽范围单向加载方式与模块

宽范围单向加载系统包括配重加载模式和气压加载模式。在上覆荷载较小时，采用配重加载装置；在上覆荷载较大时，采用气压加载装置。配重加载架包括横梁和竖杆（直径为 8mm），横梁在保证抗弯刚度的前提下尽可能减重，以满足低荷载作用时的加载需求，横梁悬臂的中部设置限位圆孔，通过固定在上盖板上的竖杆对其限位，提高了加载架的整体稳定性，见图 3-1 和图 3-21。单个配重块的质量为 0.5kg、1.0kg、2.0kg 和 3.0kg 等若干种规格，最大加载质量为 60kg。配重加载装置的优点在于长期加载状态十分稳定，但加载量级较小且路径单一。气压加载装置包括小型压力体积控制器 1 套、气泵及储气罐 1 套、置于冷板之上的气压加载腔 1 个。图 3-22 是自制压力体积控制器实物图和其结构大样，压力量程为 1MPa，体积量程为 200cm³，可对荷载进行较精确控制，实现在试样顶部施加任意大小荷载，该装置荷载水平大于 50kPa 时稳定性更优。

图 3-21　配重加载装置

(a)气压加载装置实物图

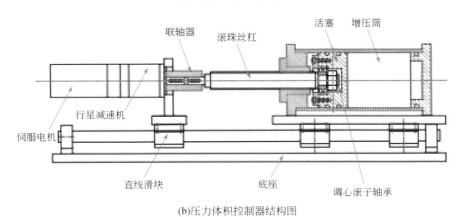

(b)压力体积控制器结构图

图 3-22　气压加载装置

3.2.6　数据采集与分析处理模块

　　数据采集与分析系统主要用于膨胀土试样断面温度、竖向位移、水分给排的数据采集和分析。整个数据采集与分析系统由供电系统、信号采集集成系统、信号分析处理系统、上位机终端组成。供电系统由可变直流电源构成，通常采用 12V 或 24V，AC/DC 转换器的稳定性直接决定数据采集的准确性。信号采集集成系统包括 NTC 热敏电阻传感器、京海泉 LVDT 位移传感器、Rosemount 3051 差压传感器，以及 M 系列 6289 PCI 板卡和 SCB-68A 接线模块，对试样的温度、竖向变形、水分补给情况进行跟踪动态采集。在上位机中，基于 LabVIEW 平台搭建信号分析处理系统，见图 3-23。试验数据采集频率设计为 5 ~ 15min/次，对于膨胀土胀缩试验，前 30min 内，采集频率为 5 ~ 10s/次，之后采用 5 ~ 15min/次即可。

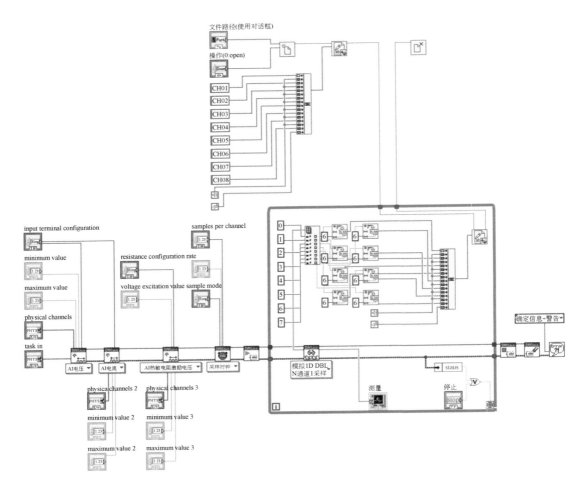

图 3-23　LabVIEW 平台控制与分析

3.3　膨胀土冻融–胀缩耦合试验步骤与若干要点

针对本研究中研制的开放系统膨胀土冻融–胀缩试验系统，提出一套具有可操作性的膨胀土冻胀融沉试验和膨胀收缩试验步骤，简述如下：

1）通过分层击实法制样后饱和 24h 以上制备饱和土试样。非饱和土试样需将土样完全烘干，碾磨均匀，分层雾化加湿，避免较大结块，配制完成后密封养护 24h，测量其含水率直到满足试验需求为止，进而再通过分层击实法制样。虽然试样体积较大的膨胀土在击实制样时十分费时，但是仍不建议采用压力机制样，因为压力机制样易使膨胀土土样在卸荷时产生 1 ~ 2mm 的回弹变形，使试样具备超固结特性，影响冻融试验结果，尤其对有荷载作用下的融化固结试验影响很大。试样制备完成后，测量试样初始高度、直径和质量，置于恒温恒湿箱内存放养护。待试样安装时迅速取出并快速安装，对于膨胀土试样不可在冻结室以外的室温环境中暴露超过 5min。

2）安装底部冻结室圆环，注意底部密封。调整马氏补水瓶的整体装置高度，使大气连接管的底部与试样底部处于同一水平面。调平完成的判断方法有以下三种：①观察底座透水板孔隙中水珠的情况，若在光源照射下有均匀的多处水珠反光，则高度合适；②在底座透水板上放置一片滤纸，若自行吸水且浸润后补水瓶中不再出现气泡，则高度合适；③直接观察马氏补水瓶内的气泡产生速率，若气泡出现的速率小于 1min/个，则高度合适。在试验操作中可同时采用上述三种方式快速判断和调整试样初始水位。调平操作完成后，关闭马氏补水瓶与暖板处补水槽之间的阀门。打开马氏补水瓶的排气阀，以及瓶体与储水槽之间的阀门，进行补液。对于直径 102mm、高度 100mm 的膨胀土试样，饱和试样的建议水量为 100mL，非饱和试样的建议水量为 500mL。

3）开展冻融试验时，冻结室侧壁均匀涂抹凡士林，底部放置滤纸，装入试样，逐环安装冻结室侧壁，安装冻结室外部套筒，沿试样高度方向等间距布设各类内部传感器，放置试样上部滤纸，再依次安装冷板、配重、位移传感器、保温层等。对于膨胀土的饱和试样，需打开马氏补水瓶的排气阀或提高大气连接管位置使底部高于试样表面，试样在水头作用下饱和浸泡 24h，饱和度能达到 85% 以上。之后，开启冷暖板的恒温液浴循环装置，恒温 12h。待试样内部温度均匀稳定时，调节冷板温度至试验设定温度。在开放系统试验中打开补水阀门，在封闭系统试验中则保持关闭。在以研究多物理场特性和观察冷生构造为主要研究目标的试验中，冻结试验时长须大于 72h，可确保出现分凝冻结区或层状冰镜体等重要物理特征。冻融试样采样频率为 10min/次即可满足大多数试验工况的需求。

4）开展膨胀土胀缩试验时，仅使用底层冻结室的圆环区域，依据《标准》中有关膨胀率的试验方法制备试样，在底部透水板之上依次放置底层滤纸、试样、顶层滤纸、上部透水板、位移传感器。膨胀试验完成后，可将水位降至透水板平面以下，关闭补水阀门，开始自然干缩，并通过冷暖板控制干缩试验的环境温度。试样中记录竖向位移和环向位移，采样频率为 5s/次。

5）试验结束后，需采用烘干法对测试土样的含水率进行测定。在冻胀融沉试验中，将土样切成 1cm 或 2cm 的薄片，分别测试；在胀缩试验中，对整个试样进行烘干测试。注意，在研究膨胀土问题时，宜对烘干后试样薄片或试样整体的裂纹发展情况予以关注。

目前，世界范围内的冻胀融沉试验规程中，美国材料与试验协会的《土壤冻胀和降低溶解敏感性的标准试验方法》在实用性和完备性方面较好，原因在于其提出了具体的适用条件、试验装置、试验方法，并针对特定试验过程的冻胀试验和融化 CBR 试验提出了相应的冻胀敏感性分类标准。我国《土工试验方法标准》（GB/T 50123—2019）中提出的冻胀量试验和冻土融化压缩试验方法较笼统，在工程特点与试验方式、试验结果与评价指标选取方面较为模糊，基本是采用一种特定工况的冻融试验结果，同时评价地基基础、水工建筑或是边坡工程等构筑物岩土体的冻胀敏感性。另外，《土工试验方法标准》对冻胀敏感性的分类多是从冻胀量或冻胀率的角度划分的，并不涉及明确的试验方式，而对于同样的试样对象，试验方式的不同将得到迥异的冻胀量或冻胀率结果，这使得设计时对冻胀敏感性评价的选择存在歧义。结合《土工试验方法标准》的问题，针对季节冻土区膨胀土这一兼顾"湿胀干缩"特性与"冻胀融沉"特性的特殊土体，采用符合实际场地条件的水热边界条件开展单向冻融试验。参考《建筑地基基础设计规范》（GB 50007—2011）中对黏性土冻胀敏感性分类的规定，建议当冻结期间地下水位距冻结面的最小距离 h_w 大于 1.5m 时，采用封闭系统单向冻融试验，反之采用开放系统单向冻融试验。同时，鉴于非饱和膨胀土的冻胀试验中存在较大的膨胀变形，将非饱和膨胀土冻胀变形总量，即冻胀量与膨胀量之和用于计算平均冻胀率，并进行冻胀等级分类。关于冻胀变形总量，较保守的做法是先使膨胀土充分吸水膨胀，记录膨胀变形量，再对饱和膨胀土开展冻胀试验，进而得到冻胀变形量，最终以两阶段得到的膨胀变形量和冻胀变形量之和计算平均冻胀率。

3.4　结论与总结

基于对现有冻胀试验仪器和试验方法优点与不足的认识，本章研制了一种适用于冻融膨胀土多物理场试验研究的开放系统冻融-胀缩试验系统，优化冻结室、温控系统、给排系统、加载系统、数据采集与分析系统等主要模块，并对膨胀土冻融-胀缩试验流程予以评价。主要工作和认识如下：

1）研制的可伸缩环形冻结室可有效降低膨胀土冻融试验中冻结和膨胀约束效应。明确温度传感器非线性拟合标定方法参数的物理意义，提高拟合方法的稳定性。研制采用悬挂法液位调节装置的基于静水压力实时监测的马氏补水瓶。发明配重加载与气压加载相结合的宽范围单向加载系统。

2）提出一套可操作性强的膨胀土冻融-胀缩试验操作流程和试验方法，且认为在确定膨胀土冻胀率评价指标时，应当同时考虑冻胀变形量与膨胀变形量的贡献。

参 考 文 献

[1] HOOPER F P, MARR W A, DREFUS R B, et al. Freeze- thaw effects and gas permeability of utility line backfill [J]. Journal of ASTM International, 2004, 1 (6): 13.

[2] 马宏岩. 季节性冻土地区饱和路基粉质黏土冻胀变形的试验研究 [D]. 哈尔滨：哈尔滨工业大学，2015.

[3] HERMANSSON A, GUTHRIE W S. Frost heave and water uptake rates in silty soil subject to variable water table height during freezing [J]. Cold Regions Science and Technology, 2005, 43 (3): 0-139.

[4] KONRAD J M, Morgenstern N R. A mechanistic theory of ice lens formation in fine- grained soils [J]. Canadian Geotechnical Journal, 1980, 17 (4): 473-486.

[5] 于琳琳. 不同人工冻结条件下土的冻胀试验研究 [D]. 哈尔滨：哈尔滨工业大学，2006.

[6] ZHOU J, WEI C, WEI H, et al. Experimental and theoretical characterization of frost heave and ice lenses [J]. Cold Regions Science and Technology, 2014, 104-105: 76-87.

[7] 周扬. 冻土冻胀理论模型及冻胀控制研究 [D]. 徐州：中国矿业大学，2009.

[8] KONRAD J M, MORGENSTERN N R. The segregation potential of a frozen soil [J]. Canadian Geotechnical Journal, 2011, 18 (4): 482-491.

[9] HERMANSSON A. Laboratory and field testing on rate of frost heave versus heat extraction [J]. Cold Regions Science and Technology, 2004, 38 (2/3): 137-151.

[10] SARSEMBAYEVA A, Collins P. Evaluation of frost heave and moisture/chemical migration mechanisms in highway subsoil using a laboratory simulation method [J]. Cold Regions Science and Technology, 2017,

133：26-35.

［11］中国工业机械工业联合会.《液压气动用 O 形橡胶密封圈尺寸系列及公差》GB/T 3452.3–2005 ［S］.北京：中国标准出版社，2005.

［12］刘继民，沈颖，赵淑萍. 高精度热敏电阻温度传感器的技术改进及使用特点 ［J］. 冰川冻土，2011，（4）：765-771.

［13］AKAGAWA S . Experimental study of frozen fringe characteristics ［J］. Cold Regions Science and Technology，1988，15（3）：209-223.

［14］罗斯蒙特 . Rosemount 3051 压力变送器 ［OL］. https：//www. emerson. cn/zh- cn/automation/rosemount ［2023. 2. 25］.

第4章　开放系统非饱和膨胀土冻结水热效应与冻胀特性

4.1　概　　述

膨胀土中含有大量黏土矿物，以蒙脱石、伊利石为主，黏土矿物能吸附丰富的 Na^+、K^+、H^+、Ca^{2+}、Mg^{2+} 等阳离子，膨胀土孔隙水在较高含量黏土矿物和阳离子电荷作用的影响下，冻结点和结晶成核的作用异于非膨胀土，在非饱和状态下，土水收缩膜的作用效应将加剧这种差异，孔隙水的温度效应特征对其冻胀特性有重要影响。膨胀土固有的胀缩特性，造成冻胀、胀缩，以及二者间的耦合效应，使膨胀土的冻胀特性与其他黏性土、粉质黏土的冻胀特性存在较大差异。因此，本章以延吉膨胀土为试验对象，采用冻结温度试验和差示扫描量热（differential scanning calorimetry，DSC）试验，基于物理化学理论和热分析动力学理论，研究膨胀土中孔隙水冻结点和结晶动力学特性。开展开放系统下的冻胀试验，系统研究初始含水率、初始干密度、边界温度、上覆荷载、水分补给条件等因素对膨胀土冻胀特性的影响，探讨冻结过程温度场的时空变化，冻胀变形与冻结锋面的发展，水分迁移与冷生构造的特点，冻结状态路径等特点。

4.2　非饱和膨胀土冻结孔隙水温度效应

4.2.1　非饱和膨胀土孔隙水冰点及预测模型

4.2.1.1　试验概况

在膨胀土冻结温度试验中，试样直径为 39.1mm，高度为 80mm，NTC 热敏电阻探针置于试样轴心，试样侧面包裹橡塑保温材料，采用的冷浴槽温度控制精度为 ±0.05℃，试验工况见表 4-1，试验流程见图 4-1（a）～（c）。图 4-1（d）是土体典型降温曲线，以冻结土体经历过冷温度后，在相变热全部释放时测得的温度为冻结温度。通常试验中试样的降温速率不宜过大。

表 4-1　冻结温度试验工况

土体类型	初始含水率 $w/\%$	试样初始温度 $T_i/℃$	环境冻结温度 $T_a/℃$
延吉膨胀土	16.95、22.95、28.80、34.68	1.5	-5 或 -10
哈尔滨粉质黏土	17.20、20.65、22.60		

(a)制样装置

(b)试样保温

(c)试样恒温冻结

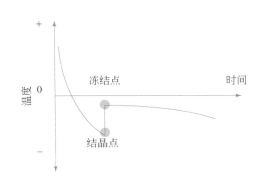

(d)土体典型降温曲线

图 4-1　冻结温度试验

4.2.1.2　试验结果

图 4-2 是延吉膨胀土和哈尔滨粉质黏土的冻结温度试验结果。由图 4-2（a）可知，随初始含水率的变化延吉膨胀土冻结温度的变化较大，在较低初始含水率的情况下，其孔隙水成核作用较难发生，使得冻结点接近-4℃。当初始含水率进一步降低且接近缩限时，孔隙水成核作用和结晶放热效应并不显著，因此在试验中并未出现相应的过冷现象。而对于哈尔滨粉质黏土，由图 4-2（b）可知，其冻结温度随初始含水率的变化幅度较小，基本在-0.5℃以内。由图 4-2（c）可知，通过饱和度这一指标可以更直观地反映出，在相同饱和度下，延吉膨胀土的冻结点更低，并且两者的差距随饱和度的降低而加剧。

针对膨胀土冻结点较低这一特点，对初始饱和度为 64.6% 的延吉膨胀土进行两阶段降温冻结。如图 4-3 所示，在阶段 1，环境温度降低至-3℃，未发生放热反应。在阶段 2，随着环境温度进一步降低，结晶与放热反应的初始温度为-3.97℃（过冷温度，T_{sc}），结束温度为-3.4℃（冻结点，T_f），达到动态平衡。可见，非饱和延吉膨胀土在较高饱和度下的确具有较低的冻结点，且成核作用的发生与热历史无较大关系。

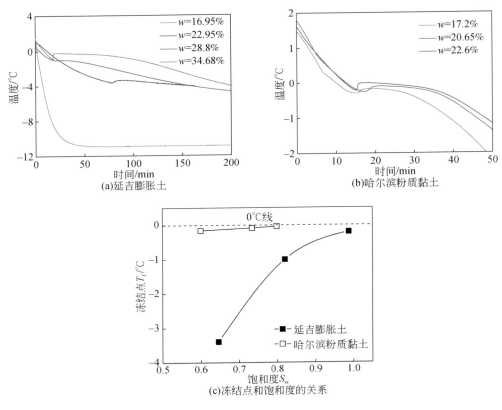

(a)延吉膨胀土　　　　　　(b)哈尔滨粉质黏土

(c)冻结点和饱和度的关系

图 4-2　冻结温度试验结果

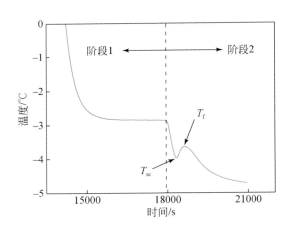

图 4-3　饱和度为 64.6% 时膨胀土的降温曲线

当土体温度降至 0℃ 以下的冻结点时，随潜热的释放，孔隙水会发生结晶成核作用，一般来说接近饱和状态的细粒土其冻结点略低于 0℃，并且只有当细粒土足够干燥时，冻结点会变得很低。然而对于膨胀土，在较高饱和度的情况下，其冻结点会低于 0℃ 很多，该现象可以从未冻水的存在状态去理解。未冻水可分为大孔隙毛细水和微孔隙吸附水，土体中黏土矿物含量在很大程度上决定着吸附水层的厚度，控制微孔隙中未冻结水分含量[1]。由于膨胀土中蒙脱石的含量远大于粉质黏土或黏性土，在饱和度相同的情况下，粉质黏土或黏性土的大部分孔隙水处于毛细水状态，而膨胀土中大部分孔隙水依然保持吸附水状态，见图 4-4[2,3]。当存在较多吸附水时，宏观上易表现出较低的冻结点。

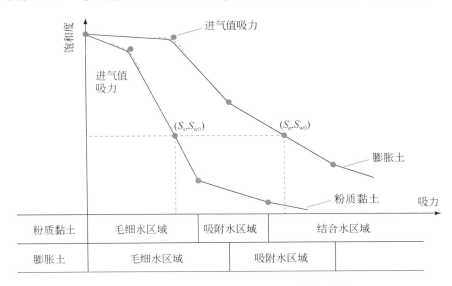

图 4-4　典型膨胀土和粉质黏土的土水特征曲线

S_s 为粉质黏土吸力；S_e 为膨胀土吸力；S_{w0} 为对应的饱和度

4.2.1.3　冻结点预测模型

由上述试验结果可知，膨胀土的冻结点随其含水率或饱和度变化较大，这一特点会使延吉膨胀土在冻胀过程中出现特有的 SCS 阶段（在第 4.3.2 节冻结温度场时程中予以讨论），对膨胀土的冻胀特性有显著影响，因此针对冻结膨胀土中孔隙水（或未冻水）状态的讨论十分必要。为此引入"水活度"的概念以表征孔隙水的存在状态，在这里可认为孔隙水在非饱和土孔隙收缩膜（与细颗粒含量有关）或孔隙水离子成分的复杂影响下，其"活度"在不断变化，而这种"活度"的变化会改变孔隙水成核结晶的难易程度。水活度的定义如下：

$$a_w = \frac{u_v}{u_v^*} \tag{4-1}$$

式中，u_v 表示部分孔隙蒸汽压力（kPa）；u_v^* 为相同温度下在纯水平面之上的饱和蒸汽压（kPa）。

当孔隙水和孔隙冰在孔隙压力为 p（kPa）、系统温度为 T（kPa）的环境下保持相对平衡状态时，可知孔隙冰和孔隙水的化学势相等，如下：

$$\mu_w(T, p, a_w, n) = \mu_i(T, p, n) \tag{4-2}$$

式中，μ_w 为孔隙水的化学势（kJ/mol）；μ_i 为孔隙冰的化学势（kJ/mol）；n 为物质的量

（mol）。

在孔隙压力 p 和物质的量 n 恒定不变时，由式（4-2）的全微分可知[4]：

$$\left(\frac{\partial \mu_w}{\partial T}\right)_{p,a_w,n} dT + \left(\frac{\partial \mu_w}{\partial a_w}\right)_{p,T,n} da_w = \left(\frac{\partial \mu_i}{\partial T}\right)_{p,n} dT \qquad (4-3)$$

孔隙冰和孔隙水的化学势在孔隙压力 p 和物质的量 n 一定的情况下与温度 T 存在如下关系：

$$\left(\frac{\partial \mu_w}{\partial T}\right)_{p,a_w,n} = -S_{mw}$$

$$\left(\frac{\partial \mu_i}{\partial T}\right)_{p,n} dT = -S_{mi} \qquad (4-4)$$

式中，S_{mw} 为水的偏摩尔熵（kJ/K）；S_{mi} 为冰的偏摩尔熵（kJ/K）。

此外，在非饱和膨胀土中，其孔隙水和孔隙蒸汽保持相平衡状态，则

$$\mu_w = \mu_v = \mu_v^* + RT\ln\left(\frac{\mu_v}{\mu_v^*}\right) = \mu_v^* + RT\ln a_w \qquad (4-5)$$

式中，μ_v 为孔隙蒸汽的化学势（kJ/mol）；μ_v^* 为纯水平面之上孔隙蒸汽的化学势（kJ/mol）；R 为普适气体常数 [8.3145J/（mol·K）]。

因此，将式（4-4）和式（4-5）代入式（4-3），可得

$$\frac{RT}{a_w} da_w = (S_{mw} - S_{mi}) dT \qquad (4-6)$$

对于孔隙水的冰水相变过程，存在如下关系：

$$S_{mw} - S_{mi} = \frac{\Delta_i^w H_m}{T} \qquad (4-7)$$

式中，$\Delta_i^w H_m$ 为冰水相变摩尔熵（6.008kJ/mol）。

因此，将式（4-7）代入式（4-6）并积分，可得

$$\ln a_w = \frac{\Delta_i^w H_m}{R}\left(\frac{1}{T_f^*} - \frac{1}{T_f}\right) \qquad (4-8)$$

式中，T_f^* 为纯水的冻结点（K）；T_f 为非饱和土孔隙水的冻结点（K）。

基于热力学中土壤吸力和孔隙水蒸汽压力的关系[5]：

$$\phi = -\frac{RT_0}{\nu_{w0}\omega_v}\ln\left(\frac{\mu_v}{\mu_v^*}\right) = -\frac{RT_0}{\nu_{w0}\omega_v}\ln(a_w) \qquad (4-9)$$

式中，ϕ 为总吸力（kPa）；T_0 为参考温度（293.15K）；ν_{w0} 为水的比体积（$1/\rho_w$），（m³/kg），其中 ρ_w 为水的密度（998kg/m³）；ω_v 为水的摩尔质量（18.016kg/kmol）。

将式（4-8）代入式（4-9），可得

$$T_f = \frac{1}{\dfrac{1}{T_f^*} + \dfrac{\nu_{w0}\omega_v}{\Delta_i^w H_m T_0}\phi} \qquad (4-10)$$

根据 3.3.1 节 VG 模型，式（4-10）可改为冻结点和未冻水饱和度的关系，即

$$T_{\mathrm{f}}=\cfrac{1}{\cfrac{1}{T_{\mathrm{f}}^{*}}+\cfrac{\nu_{\mathrm{w}0}\omega_{\mathrm{v}}}{\beta T_{0}\Delta_{\mathrm{i}}^{\mathrm{w}}H_{\mathrm{m}}}\left[\left(\cfrac{S_{\mathrm{w}}-S_{\mathrm{r}}}{1-S_{\mathrm{r}}}\right)^{-\frac{1}{m}}-1\right]^{\frac{1}{n}}}\tag{4-11}$$

式中，S_{w} 为孔隙水饱和度；S_{r} 为残余含水率饱和度；β、m、n 均为经验参数，对于膨胀土这一类的黏性土，可认为 $m=1-1/n$。

采用单点测量法可以提高上述计算方法的预测准确度[6,7]。由式（4-11）可知，需调整的拟合参数有三个，分别是 S_{r}、β、n。图 4-5 是采用单点测量法得到的延吉膨胀土冻结点预测结果，图中实心方点可用于提高预测准确度，每条红线表示冻结点和饱和度之间的预测关系，且均对应着一个试验测量值。不难看出，当选取的用于提高预测准确度的试验值为低饱和度下的冻结点时，预测曲线的精度较好，基本能够达到所有试验点的准确预测。

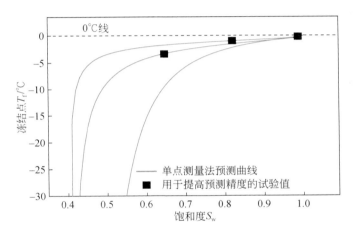

图 4-5　基于单点测量法的延吉膨胀土冻结点预测

4.2.2　非饱和膨胀土孔隙水热特性及结冰动力学模型

4.2.2.1　试验概况

采用 METTLER TOLEDO DSC 3 差示扫描量热分析仪（图 4-6）[8]，温度控制范围为 $-150\sim700$℃，采用液氮降温，温度精度为 ±0.02℃，升温速率为 $0.02\sim300$℃/min，降温速率为 $0.02\sim50$℃/min，最大样品质量为 35mg，称重精度为 0.1μg，量热灵敏度为 0.04μW，精度为 $\pm0.05\%$。对于土体等湿润颗粒状测试材料，宜采用较大的样品质量，设备基本可满足 200 目以下膨胀土颗粒的热分析测试。

试验中，由于膨胀土颗粒细密，比表面积大，与水不易混合均匀，因此采用 VORTEX QL-902 旋涡混合器对试样进行振动拌匀。测试样品取样在 15mg 左右，使用氧化铝坩埚，并做密封处理，具体操作见图 4-7，其中振动混合是非常关键的步骤，对实验结果影响较大。

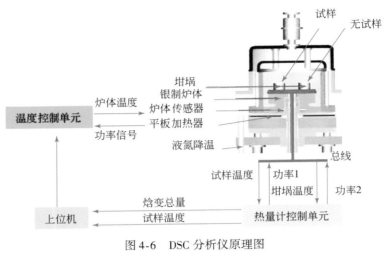

图 4-6　DSC 分析仪原理图

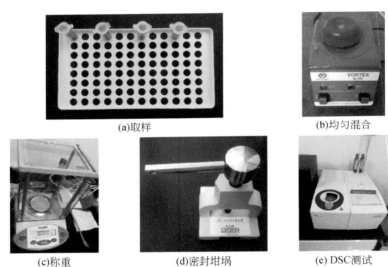

(a)取样　　　　　　　　　　　　　　(b)均匀混合

(c)称重　　　　　(d)密封坩埚　　　　　(e) DSC测试

图 4-7　延吉膨胀土 DSC 试验流程

　　试验主要研究不同含水率情况下，膨胀土孔隙水在冻结过程中的结晶成核生长特性，具体试验工况见表 4-2。值得一提的是，对于黏土矿物的低温 DSC 试验，其降温和加热速率均不宜超过 1℃/min。

表 4-2　延吉膨胀土 DSC 试验工况

工况	初始含水率/%	样品质量/mg	制冷速率/(℃/min)	冻结温度/℃
D1	27	12.9		
D2	37	13.5	1.0	−20 ~ 10
D3	47	12.4		
D4	57	16.2		

4.2.2.2　试验结果

图 4-8 是典型的 DSC 试验数据，图中 $\mathrm{d}H/\mathrm{d}t$ 是单位质量的吸收或放热率（mW/mg），T_i 是相对结晶度所对应的温度（K），相对结晶度 α 定义如下：

$$\alpha = \frac{\displaystyle\int_0^{T_i} (\mathrm{d}H/\mathrm{d}t)\,\mathrm{d}T}{\displaystyle\int_0^{\infty} (\mathrm{d}H/\mathrm{d}t)\,\mathrm{d}T} \tag{4-12}$$

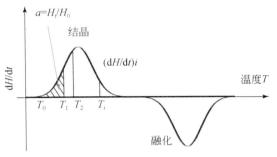

图 4-8　典型的 DSC 试验数据

i 为系列指数，表示 0，1，2，…，i

图 4-9 是不同初始含水率下延吉膨胀土冻结过程 DSC 试验结果，图中为 $\mathrm{d}H/\mathrm{d}t$ 与温度

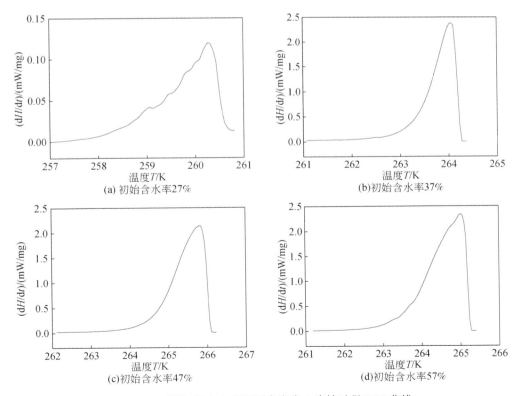

图 4-9　不同初始含水率下延吉膨胀土冻结过程 DSC 曲线

T 的关系。由图可知，膨胀土孔隙水在不同含水率下其放热峰形式基本一致。随孔隙含水率的增加，放热峰峰值增大。含水率超过 37% 以后，放热峰高度变化趋于稳定，宽度有所增加。相对结晶度 α 与温度 T 的测试结果见图 4-10，随着孔隙水含量的增加，初始结晶温度有所升高，结晶发展速率不断加快。

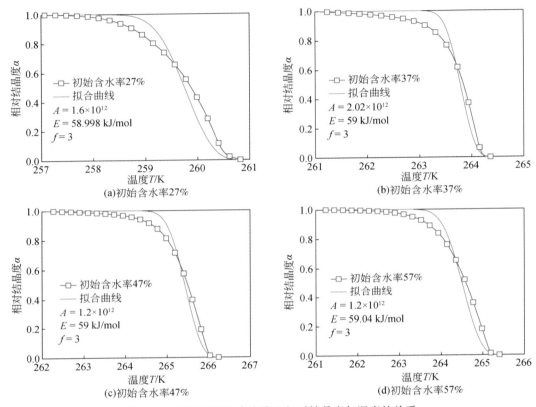

图 4-10　冻结过程延吉膨胀土相对结晶度与温度的关系

4.2.2.3　孔隙水结晶动力学模型

基于 DSC 试验，采用热分析方法，可以建立膨胀土孔隙水冻结过程的热动力学模型。经典的热动力学分析方法很多[9-12]，包括微分方法、积分方法等。19 世纪以来，Wilhelmy 建立起始动力学方程，Guldberg 和 Waage 提出质量作用定律，Van't Hoff 提出反应级数概念，Arrhenius 提出速率常数关系式，进而等温热动力学模型基本建立，具体形式如下[13]：

$$\frac{\mathrm{d}\alpha}{\mathrm{d}t} = k(T)f(\alpha) \quad \text{（微分形式）}$$

$$G(\alpha) = \int_0^\alpha \frac{1}{f(\alpha)}\mathrm{d}\alpha \quad \text{（积分形式）}$$

$$(4\text{-}13)$$

式中，α 为相对结晶度；t 为时间；$k(T)$ 为结晶速率常数的温度函数；$f(\alpha)$ 为反映结晶过程的动力学模式函数；$G(\alpha)$ 为动力学模式函数的积分形式。

当通过等温 DSC 法测定结晶动力学参数时，由于严格的定温条件难以实现，试验存在一定的局限性，因此通过非等温 DSC 试验方法予以克服。非等温法相比于等温法的优点是可包含并替代多条定温曲线的信息。Valler 提出在动力学方程中进行如下关系置换，得到非等温结晶动力学模型如下[13]：

$$\frac{d\alpha}{dt} = \frac{d\alpha}{dT} \cdot \frac{dT}{dt} = \frac{d\alpha}{dT} \cdot V = k(T)f(\alpha) \tag{4-14}$$

式中，V 为升温或降温速率（K/min）。

为获得可靠的热动力学方程，关键问题是如何确定速率常数 $k(T)$ 和动力学模式函数 $f(\alpha)$ 或 $G(\alpha)$。对于速率常数，Arrhenius 提出速率常数与温度关系式，称为 Arrhenius 速率常数，其使用广泛，具体如下：

$$k(T) = A \cdot e^{-\frac{E}{RT}} \tag{4-15}$$

式中，A 为指前因子；E 为活化能；T 为热力学温度；R 为普适气体常数，取 8.3145J/（mol·K）。

对于动力学模式函数，基于 Avrami 模型，具体形式如下：

$$f(\alpha) = [-\ln(1-\alpha)]^m(1-\alpha) \quad \left(m = 1 - \frac{1}{f}\right) \tag{4-16}$$

式中，m 为模式函数参数，与成核方式和结晶体生长几何相关；f 为 Avrami 指数。

因此，根据 Avrami 理论得到微分形式结晶动力学模型如下：

$$\frac{1}{[-\ln(1-\alpha)]^m(1-\alpha)}d\alpha = \frac{A}{V} \cdot e^{-\frac{E}{RT}}dT \quad \left(m = 1 - \frac{1}{f}\right) \tag{4-17}$$

对式（4-17）两端进行积分，可得到如下相对结晶度和温度的关系[13]：

$$\alpha(T) = 1 - \exp\left\{-\left[\frac{A}{fV} \cdot F(T)\right]^f\right\} \tag{4-18}$$

其中，$F(T)$ 称为温度积分，计算式如下：

$$F(T) = \int_T^{T_0} e^{-\frac{E}{RT}}dT \tag{4-19}$$

采用 Frank-Kameneskii 近似式[14]替代温度积分 $F(T)$，该近似式是温度积分的分部积分表达式的第一项，因而在追求较简易的温度积分表达式时，拟合结果必定与实测数据存在微小差距，其相对结晶度和温度的近似关系如下：

$$F(T) \approx \frac{RT_0^2}{E}e^{-\frac{E}{RT_0}} - \frac{RT^2}{E}e^{-\frac{E}{RT}} \tag{4-20}$$

式中，T_0 为初始结晶温度（K）。

因此，延吉膨胀土的结晶动力学方程可定义如下：

$$\alpha(T) \approx 1 - \exp\left\{-\left[\frac{A}{fV} \cdot \left(\frac{RT_0^2}{E}e^{-\frac{E}{RT_0}} - \frac{RT^2}{E}e^{-\frac{E}{RT}}\right)\right]^f\right\} \tag{4-21}$$

图 4-10 是不同含水率下延吉膨胀土相对结晶度与温度的关系，预测结果基本一致。由表 4-3 可知，在不同初始含水率下，结晶动力学参数中的指前因子 A、活化能 E、Avrami 指数 f 等的变化量相对于各自的数量级而言均不大，受初始含水率的影响较小，而初始结晶温度 T_0 随含水率有一定的变化规律，大体上是含水率越高初始结晶温度越高。综上所述，膨胀土孔隙水结晶的发展过程受土体孔隙水含量和黏土矿物含量的影响较小，

而初始结晶温度却与孔隙初始含水率和孔隙环境之间存在较大关联。由于膨胀土孔隙水结晶动力学模型中的 Avrami 指数 f 为 3，可推断孔隙水在冰水相界面处发生异相成核作用，孔隙冰的生长类型为三维生长，且表现为球状晶体。

表 4-3　延吉膨胀土结晶动力学模型拟合参数

工况	初始含水率/%	A	$E/(kJ/mol)$	f	T_0/K
D1	27	1.6×10^{12}	58.998	3	260.82
D2	37	2.02×10^{12}	59	3	264.36
D3	47	1.2×10^{12}	59	3	266.23
D4	57	1.2×10^{12}	59.04	3	265.40

4.3　非饱和膨胀土基本冻胀特性

4.3.1　非饱和膨胀土冻胀试验概括

冻胀试验采用第 3 章研制的膨胀土冻融–胀缩耦合试验装备，膨胀土冻胀试验中的基本情况详见图 4-11。以延吉膨胀土为研究对象，根据试验工况设定的含水率，将膨胀土与

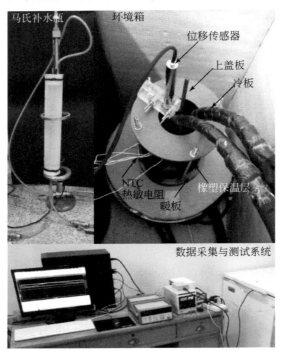

图 4-11　膨胀土冻胀试验中的基本情况

定量的蒸馏水充分混合，由于膨胀土在低含水率下制样时极易结块，为得到均匀且含水率准确的土样，恒温密封时间不少于 24h，且不超过 72h。冻胀试验试样的设计高度为100mm，直径为冻结室的内径 102mm，分 5 层压实。对于饱和状态的膨胀土试样，击实法制样后装入冻结室内进行水头饱和，饱和过程中限制试样的竖向位移。试验中使用的膨胀土和作为参照的粉质黏土的物理性质指标汇总于表 4-4。

表 4-4　试验土体物理性质汇总

物理性质指标	符号	单位	数值	
			延吉膨胀土	哈尔滨粉质黏土
最大干密度	$\rho_{d,max}$	kg/m³	1660	1910
颗粒密度	G_s	—	2.63	2.75
液限	ω_L	%	53.4	29.8
塑限	ω_P	%	38.4	18.2
塑性指数	P_I	%	15	11.6
自由膨胀率	F_s	%	60	0

针对某典型季节冻土区膨胀土工程现场开展调研，由图 4-12 和图 4-13 可见膨胀土边坡坡体和抗滑桩桩体侧壁有明显的渗水迹象，来自降雨或融雪作用下的地下水渗流，可见东北地区季节冻土区场地具备富水且地下水埋深浅的主要特点。

图 4-12　膨胀土路基–边坡渗水　　　　　图 4-13　膨胀土场地抗滑桩桩体侧壁渗水

依据上述典型季节冻土区高铁工程膨胀土场地特点，开展开放系统膨胀土冻胀试验。试验中影响因素的选取侧重于对膨胀土湿胀干缩特性影响较大的那些因素，包括土体类型、冷暖端边界温度、初始含水率、初始干密度、上覆荷载与冻融循环等，表 4-5 是延吉膨胀土单向冻胀试验的各类工况条件。

表 4-5　延吉膨胀土单向冻胀试验工况

| 工况编号 | 土样尺寸（高度×直径，mm） | 初始含水率 w_i/% | 边界温度控制 | | 初始温度 T_i/℃ | 干密度 ρ_d/(g/cm³) | 冻结周期/h | 上覆荷载/kPa | 边界水分补给条件 |
			暖端温度 T_w/℃	冷端温度 T_c/℃					
Y1	100×102	21	+0.7	−5.0	+0.7		80	0	开放
Y2	100×102	21	+0.7	−10.0	+0.7		254	0	开放
Y3	100×102	21	+1.8	−5.0	+1.8	1.41	90	0	开放
Y4	100×102	27	+1.8	−5.0	+1.8		90	0	开放
Y5	100×102	21	+1.8	−5.0	+1.8	1.33	90	0	开放
H1	100×102	21	+1.8	−5.0	+1.8	1.41	73	0	开放
YS1	100×102	饱和	+1.8	−10.0	+1.8	1.41	68	0	开放
P1	100×102	21	+2.5	−4.2	+2.5	1.41	72	11	开放
P2	100×102	21	+2.5	−4.2	+2.5	1.41	72	27	开放
P3	100×102	21	+2.5	−4.2	+2.5	1.41	72	67	开放
FT1	100×102	21	+2.8	−4.2	+2.8	1.41	72（冻结）12（融化）	0	开放
FT2	100×102	21	+2.8	−10.0	+2.8	1.41	72（冻结）12（融化）	0	开放
FT3	100×102	27	+2.8	−4.2	+2.8	1.41	72（冻结）12（融化）	0	开放

　　工况 H1 是哈尔滨粉质黏土，与工况 Y3 进行对比，用于分析膨胀土与非膨胀土之间的冻胀性差异。工况 Y1、Y2 和 Y3 用于比较不同冷暖端温度对膨胀土冻胀特性的影响。工况 Y3 和 Y4 用于研究不同初始含水率的影响，而工况 YS1 用于对比研究饱和与非饱和膨胀土的冻胀特性，程旭东[15]于 2015 年系统研究饱和膨胀土的冻胀特性，其试验结果表明饱和膨胀土与黏性土的冻胀特性尚无较大差异。工况 Y3 和 Y5 用于研究不同初始干密度的影响。工况 P1、P2、P3 用于研究不同上覆荷载的影响。工况 FT1、FT2、FT3 为延吉膨胀土 1 次冻融循环试验，旨在对膨胀土冻结过程状态路径的分析予以佐证，并用于水分迁移规律的分析。除了工况 H1，其余工况都将用于膨胀土水分迁移规律相关问题的分析。所有试验的冻结阶段均在开放系统条件下进行，而在恒温阶段试样处于封闭系统中，恒温时长为 12h。对于各个试验工况，所有传感器的采样时间间隔均设置为 5min。

4.3.2　非饱和膨胀土冻胀试验结果

4.3.2.1　冻结温度场变化规律

　　图 4-14 是延吉膨胀土和哈尔滨粉质黏土试样中不同位置的温度时程和冷端温度变化速率。根据 Lai 等[16]提出的冻胀阶段分类方法，粉质黏土的温度时程可以分为三个阶段，即

快速冻结阶段（FC）、缓慢冻结阶段（SC）、稳定冻结阶段（SS），见图 4-14（a）。其中，FC 阶段持续时间约 6h，SS 阶段在 22h 后出现。

　　然而，在具有中等膨胀性的延吉膨胀土中，温度时程包括四个阶段，即快速冻结阶段（FC）、缓慢冻结阶段（SC）、稳定冻结阶段（SS），以及一个特殊的过冷状态阶段（SCS），见图 4-14（b）中浅灰色区域。大量的放热反应约发生在离冷端 15mm 处。然后，高潜热向冷端和暖端传导，导致整个样品显著升温。与粉质黏土相比，膨胀土的 FC 阶段较短，约 3.5h，SCS 阶段持续 13.8h，导致 SC 和 SS 阶段的推迟。彭丽云等[17]在针对粉质黏土的冻胀特性研究中也发现类似的过冷状态阶段，其试验研究表明，当冷端温度为−2℃时，在冻结初期土体中有轻微的过冷现象，但是随着冻结速度加快，这种现象越发不明显，甚至不再出现。

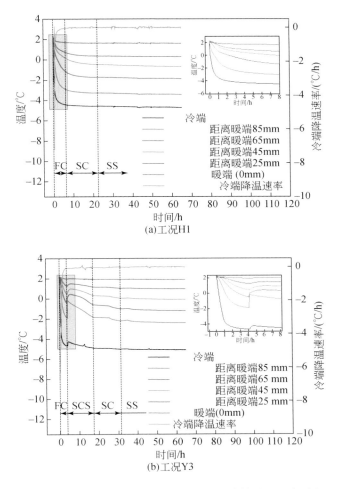

图 4-14　延吉膨胀土和哈尔滨粉质黏土冻结过程温度时程

　　图 4-15 是不同冷端温度下延吉膨胀土试样中不同位置的温度时程和冷端温度变化速率，工况 Y1 的冷端温度为−5℃，工况 Y2 的冷端温度为−10℃，其暖端温度均为 0.7℃。

在较低的冷端温度作用下，FC 阶段的持续时间更短，SCS 阶段发生的时间更早、位置更加靠近试样暖端，且会更快地进入 SS 阶段。FC 阶段和 SCS 阶段的持续时间及两者所占比例会对膨胀土冷生构造的形成和分布形式产生较大影响。

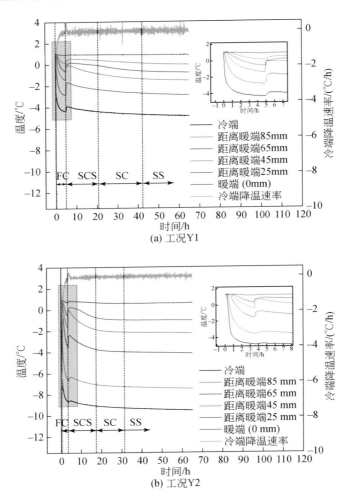

图 4-15　不同边界温度下延吉膨胀土冻结过程温度时程

图 4-14（b）和图 4-16 是不同初始含水率下延吉膨胀土试样中不同位置的温度时程和冷端温度变化速率。如图 4-14（b）和图 4-16（a）所示，通过比较膨胀土在 21% 的较低含水率（工况 Y3）和 27% 的较高含水率（工况 Y4）情况下的温度时程可知，随着膨胀土初始含水率的提高，试样总体的热容在增大，在稳定冻结阶段 SS 之前，FC、SCS 和 SC 阶段的持续时间均有所增长，并且 SCS 阶段的波动幅度有所降低。当含水率趋于饱和时，无明显的 SCS 阶段，如图 4-16（b）所示。因此，SCS 阶段是孔隙水相变热、降温速率、土体导热率和热容等因素的综合表现。

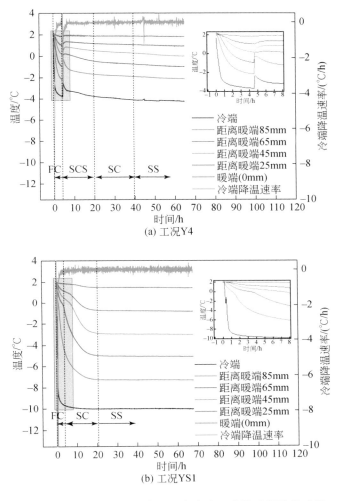

(a) 工况Y4

(b) 工况YS1

图 4-16　不同初始含水率下延吉膨胀土冻结过程温度时程

　　图 4-17 是不同上覆荷载下延吉膨胀土试样中不同位置的温度时程和冷端温度变化速率。研究表明，随着上覆荷载的增加，FC 阶段的持续时间有所降低，这或许是上覆荷载的固结作用使土体更加密实所致。同时，在上覆荷载较大时，SC 阶段与 SCS 阶段发生的先后顺序产生交换，SCS 阶段出现的时间有所推迟，且在 SCS 阶段发生起始时所对应的温度会随上覆荷载的增加而降低，在 11kPa、27kPa、67kPa 时，对应的温度分别为-2.12℃、-2.24℃、-2.27℃。根据 Gilpin[18] 和 Konrad[19] 的相关理论，在土中孔隙温度不变的前提下，随着压力的增加，液态水膜的厚度会随之增加。换言之，在上覆荷载作用增加时，想要达到负温条件下较低上覆荷载作用时相同的水膜厚度，土中孔隙水的冻结温度需要进一步降低，宏观上表现为 SCS 阶段起始冻结点的降低。

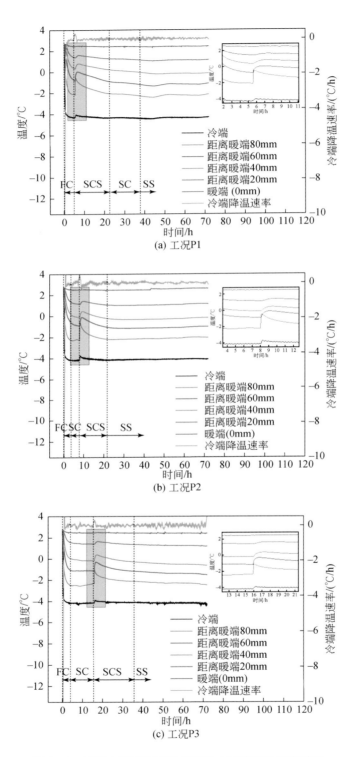

(a) 工况P1

(b) 工况P2

(c) 工况P3

图 4-17　不同上覆荷载下延吉膨胀土冻结过程温度时程

4.3.2.2　冻胀变形和冻结锋面

（1）冻结锋面发展的假设

考虑到非饱和膨胀土孔隙水的冻结点随含水率变化显著，提出开放系统中非饱和膨胀土的冻结锋面迁移假设（图4-18）。图中黑色实线代表可估计出的最接近实际冻结深度的位置与时间的关系曲线（简称 EFP 线），EFP 线始终会受到冻结过程中水分重分布的影响。若要确定实际冻结深度的准确位置，必须知晓试样断面含水率分布的时程信息。本节只能通过确定 EFP 线的走向来表征实际冻结深度的发展趋势，因此定义 EFP 线的上下边界和一些关键点。

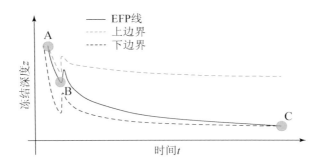

图 4-18　开放系统非饱和膨胀土冻结锋面的假设

上边界（图4-18中的红色虚线）是根据初始含水率对应的冻结温度确定的等温线。下边界（图4-18中的黑色虚线）是根据最终冰透镜体附近未冻结区最终含水率对应的冻结温度确定的等温线。由图4-18可知，A 点是 EFP 线的起点，位于上下边界的起点之间。B 点位于出现 SCS 阶段最强烈的位置，即接近 EFP 线中冻结深度位置升高的起始点。C 点位于下边界和 EFP 线的末端。工况 Y1 的 A、B、C 点在图中记为 A1、B1、C1，其他工况依此约定类推。基于这一假设，对膨胀土在各个工况下的冻胀变形和冻结锋面发展进行分析，具体如下。

（2）土体类型的影响

膨胀土（工况 Y3）和粉质黏土（工况 H1）的初始含水率相同，均为 21%，其对应的土体饱和度分别为 64% 和 83%。因此，在试验初期的原位冻胀中，工况 Y3 的冻胀量应当小于工况 H1。然而，在前 3.4h 内，工况 Y3 的冻胀量达到 2.8mm，见图4-19（a）中的 a 点，而工况 H1 中则出现约 0.36mm 的竖向收缩变形，见图4-19（a）中的 b 点。由此可见，冻结初期非饱和膨胀土的竖向变形增量来源于冻结效应引起水分迁移所带来的未冻结区域的吸水膨胀变形。这一现象表明，膨胀土吸水膨胀、失水收缩的特性对其冻胀过程变形特性的影响值得关注。图4-19（b）是工况 Y3 上下边界和 A3、B3、C3 点的位置。上边界与图4-18中略有不同，这是因为工况 Y3 膨胀土初始冻结点与冷端施加的试验温度非常接近。由图4-19（b）可知，膨胀土试样冻结深度减小的时刻发生在冻结开始后的 4h 左右，冻胀速率随后略有降低，而粉质黏土试样中冻结深度发展曲线并未出现这一现象。

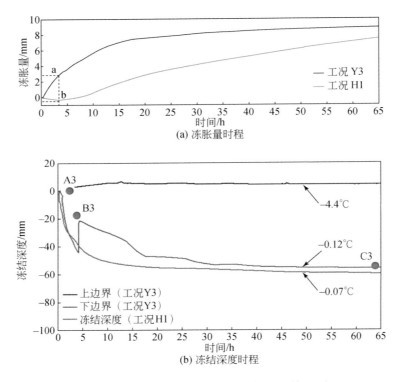

(a) 冻胀量时程

(b) 冻结深度时程

图 4-19　土体类型引起的冻胀特性的变化（工况 Y3 和 H1）

（3）边界温度的影响

图 4-20 和图 4-21 分别为不同冷端温度和暖端温度下的膨胀土冻胀量和冻结深度时程曲线。当温度梯度足够大时，在发生显著的冰透镜体生长现象前，非饱和膨胀土的冻胀量将随温度梯度的增大而减小，见图 4-20（a）和图 4-21（a），这与 Michalowski[20] 的模拟结果相一致。这是因为冻结锋面的迁移速度太快，使最终进入冰分凝区域的水分相对减少。较大的温度梯度会导致土体中较快速率的冻结锋面发展和水分迁移，进而使膨胀土的原位冻胀和膨胀变形量在冻结最初期表现为随温度梯度增大而不断增大的规律，见图 4-21（a）；若温度梯度特别大，则上述规律所对应的时间区域将非常短暂，见图 4-21（a）。由图 4-20（b）和图 4-21（b）可知，随着温度梯度的增大，冻结深度开始减小的时刻有所提前，冻胀速率减缓的时刻也随之提前。

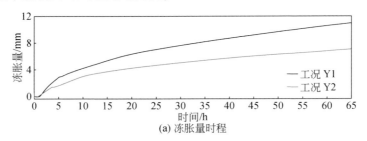

(a) 冻胀量时程

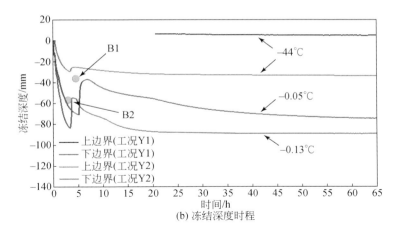

图 4-20　冷端温度引起的冻胀特性的变化（工况 Y1 和 Y2）

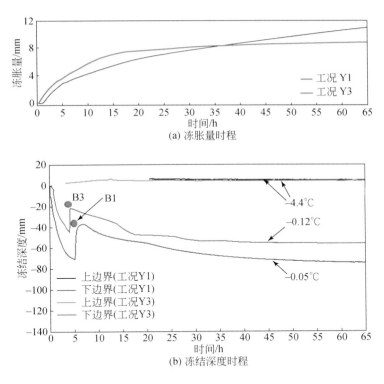

图 4-21　暖端温度引起的冻胀特性的变化（工况 Y1 和 Y3）

（4）初始含水率的影响

图 4-22 是不同初始含水率下膨胀土冻胀量和冻结深度的时程曲线，工况 Y3 的初始含水率为 21%，工况 Y4 的初始含水率为 27%。在冻结开始的前 5h 内，工况 Y3 ［图4-22（a）中 a 点］的冻胀量始终大于工况 Y4 ［图4-22（a）中 b 点］，且两者间的差距在不断加大。

在 5～25h，两者间的差距在不断减小。最终在 25h 后，工况 Y4 的冻胀量超过工况 Y3 [图 4-22（a）中 c 点]。

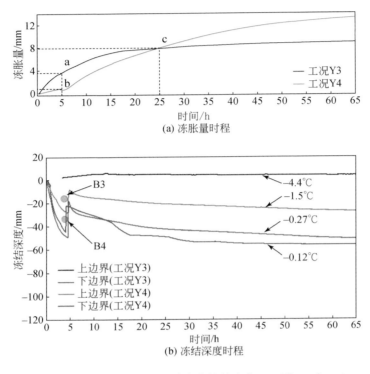

(a) 冻胀量时程

(b) 冻结深度时程

图 4-22　初始含水率引起的冻胀特性的变化（工况 Y3 和 Y4）

由图 4-22 分析可知，在冻结初期，初始含水率较低，膨胀土中黏土矿物具有较高的水分吸附能力，此时蒙脱石黏土矿物吸水膨胀引起的竖向变形在总变形量中占据主导地位。随水分迁移作用的不断发生，未冻结区域的含水率显著增加，膨胀土中蒙脱石黏土矿物的膨胀效应减弱，水分迁移引起的冰分凝作用所带来的冻胀变形在总竖向变形量中占据主导地位。由图 4-22（b）中的 B3 点和 B4 点可知，初始含水率变化对冻结深度减小起始时刻的影响很小。

（5）初始干密度的影响

图 4-23 是不同初始干密度下膨胀土冻胀量和冻结深度的时程曲线。在相同含水率下，干密度越大，孔隙饱和度越高，导致原位冻胀量越大。此外，当试样干密度较大时，其土体渗透性通常较小，且由蒙脱石黏土矿物引起的吸水膨胀量较大。因此，在冻结开始的 30h 内，由于原位冻胀和蒙脱石吸水膨胀起主导作用，试样的总竖向变形量随初始干密度的增大而增大。然而，随着试验时间的推移，膨胀土渗透性的影响对总竖向变形量的发展起主导作用，因此可见图 4-23（a）中，当干密度较高时，总竖向变形量的增长反而减缓。由图 4-23（b）可知，工况 Y3 和 Y5 的 EFP 线彼此非常接近，冻结深度发展曲线受初始干密度的影响较小。

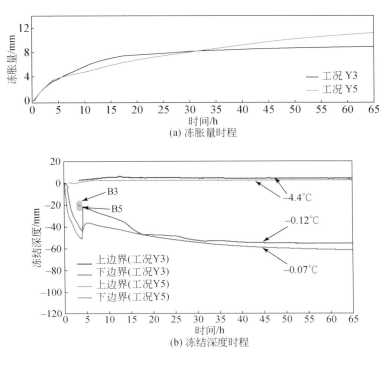

图 4-23　初始干密度引起的冻胀特性的变化（工况 Y3 和 Y5）

（6）上覆荷载的影响

图 4-24 是不同上覆荷载下膨胀土冻胀量和冻结深度的时程曲线。由上述初始含水率为 21% 的工况可知，在较低初始含水率情况下上边界对 EFP 线的估计效果有限，因此在本工况中仅列举 EFP 线的下边界。由图 4-24（a）可知，随上覆荷载的增加，膨胀土试样的总竖向变形量显著降低，且因 SCS 阶段的存在，导致冻胀速率减缓的起始时刻随上覆荷载的增加而推迟。当上覆荷载为 11kPa 和 27kPa 时（即工况 P1 和 P2），在 SCS 阶段，冻胀量发展出现短暂的平台期，而当上覆荷载增加至 67kPa 时，在 SCS 阶段冻胀量出现减小的情况，这是由 SCS 阶段的局部融化压缩现象所致。此外，在高上覆荷载作用下，冻胀量的发展近乎线性。由图 4-24（b）可知，工况 P1、P2 和 P3 的 EFP 线在 FC 阶段和 SS 阶段彼此间非常接近，在 SC 和 SCS 阶段则表现出随上覆荷载增加冻结深度减小时刻不断推迟的情况。

4.3.2.3　水分迁移和冷生构造

图 4-25 是不同工况下冻胀量与水分补给量的比较。由图 4-25（a）可知，饱和冻胀情况下，冻胀量曲线高于水分补给曲线，两条曲线间的距离代表原位冻胀量，原位冻胀量不断增加，在 24h 后达到稳定。而对于非饱和冻胀而言，水分补给曲线的数值远大于冻胀量曲线，不能通过试验数据直接确定原位冻胀量和分凝冻胀量。

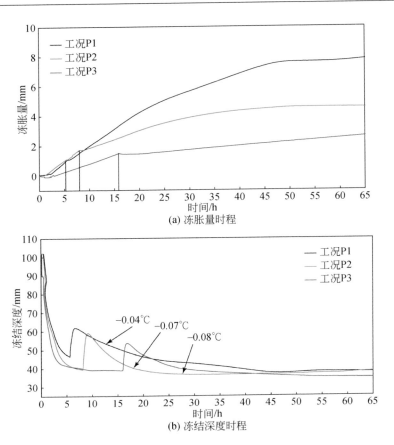

(a) 冻胀量时程

(b) 冻结深度时程

图 4-24　上覆荷载引起的冻胀特性的变化（工况 P1、P2 和 P3）

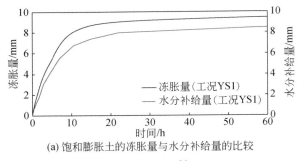

(a) 饱和膨胀土的冻胀量与水分补给量的比较

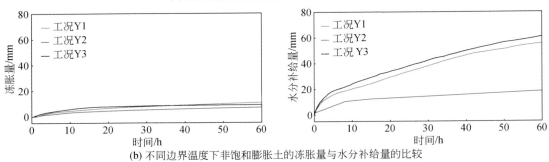

(b) 不同边界温度下非饱和膨胀土的冻胀量与水分补给量的比较

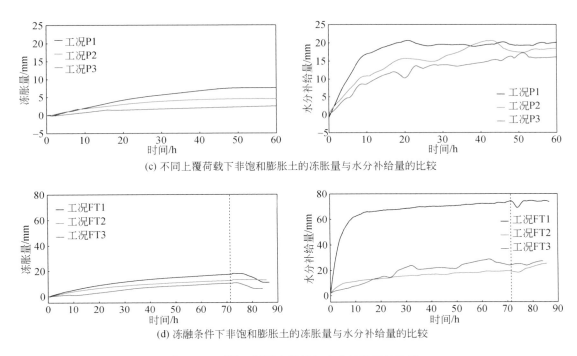

(c) 不同上覆荷载下非饱和膨胀土的冻胀量与水分补给量的比较

(d) 冻融条件下非饱和膨胀土的冻胀量与水分补给量的比较

图 4-25　不同工况下冻胀量与水分补给量的比较

工况 Y1、Y2 和 Y3 的温度梯度分别为 0.57℃/cm、1.07℃/cm、0.68℃/cm。由工况 Y1、Y2 可知，在非常高的温度梯度下，冻结锋面的发展速率很快，大部分土体孔隙在未有大量水分迁移进入前就已完全冻结，使得渗透系数快速降低，进而阻碍水分迁入，该现象与大温度梯度引起较大水分迁移速率的原则并不冲突。由工况 Y1、Y3 可知，当温度梯度较大且并不非常高时，在冻结锋面不断发展且未达到稳定深度前，较高的温度梯度会带来更多的水分补给，相应的冻胀量也越大。随着冻结锋面的发展，高温度梯度试样的冻结锋面提前达到稳定，其水分迁移区域较低温度梯度试样小，在产生冰透镜体之前冻胀速率变小，冻胀量被低温度梯度试样所超越。因此，在非饱和膨胀土试样冻胀过程中，冻胀量不仅由水分迁移量决定，还与各时刻土体的水分分布情况关系密切。由工况 P1、P2、P3 可知，上覆荷载的增加会减少边界水分的迁入，且水对膨胀土的软化效应会因为荷载的增加而变得突出。

由工况 FT1、FT2、FT3 可知，非饱和膨胀土在融化的 12h 内出现短暂的排水现象，之后则表现为持续吸水与水分重分布。同时，孔隙冰融化后，原位孔隙水并不排出，加之持续的吸水膨胀效应，使膨胀土试样在融化初期产生一定程度的融胀变形。

图 4-26 是冻胀试验结束后断面含水率的分布情况。由于初始含水率较低、冻结锋面传播速率快，近冷端试样区域含水率接近初始含水率［图 4-26（a）～（c）］。当温度梯度和干密度较小时，或者含水率较高时，可在冰分凝区汇聚大量水分，尤其在冻结缘附近［图 4-26（a）、（d）、（e）］。在开放系统试验条件下，所有试样的未冻结区域几乎均表现为饱和状态。当经历足够长的冻结过程（254h）且冻结锋面离无压水源较近时，可

形成一个厚度约 10mm 的层状冰镜体 ［图 4-26（b）］。由图 4-26（c）和（f）可知，相比于粉质黏土（工况 H1），膨胀土（工况 Y3）冰分凝区中积聚大量水分，且膨胀土未冻区平均含水率增量是粉质黏土的 8 倍，而冻结锋面附近聚集的水量则远小于粉质黏土。上述研究表明，膨胀土的低冻结点使土体水分的运移通道能在较长时间和较大范围内保持畅通，因此出现冰透镜体生长现象发生较晚或不易发生。图 4-26（g）～（i）是不同上覆荷载下冻结结束时断面含水率的分布情况，研究表明随上覆荷载的增加，试样中各区域的含水率增量均在减小，冰透镜体的生成更难以发生，水分较难迁入土体内部。

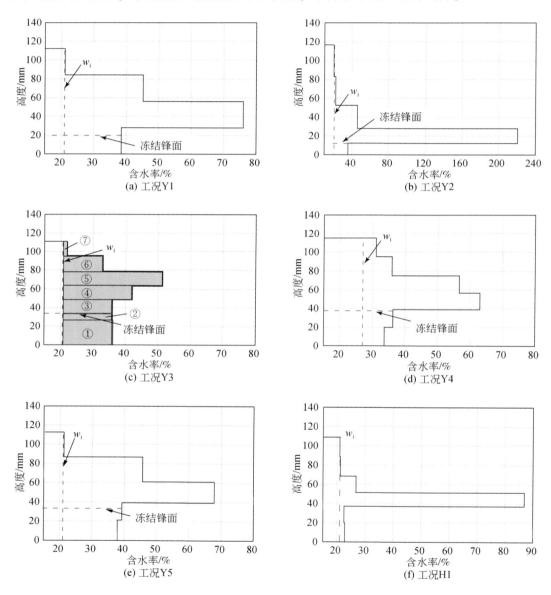

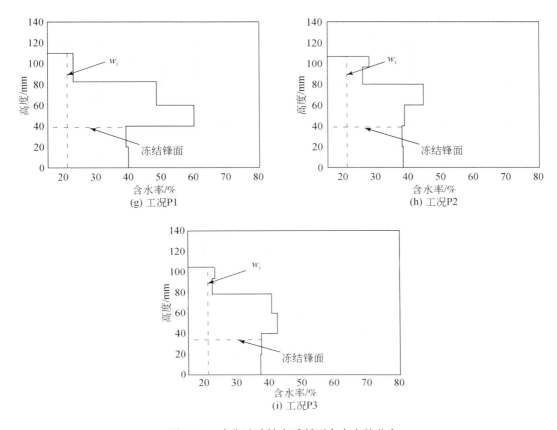

图 4-26　冻胀试验结束后断面含水率的分布

　　综上所述，冻结后水分重分布作用较大的主要原因可归结为较慢的冻结深度发展速率、较大的干密度、较高的初始含水率、较低的上覆荷载，以及膨胀土特有的低冻结点。

　　根据水分重分布特点，结合膨胀土试样和粉质黏土试样冻结完成后的试样断面照片，可将其冷生构造归纳为四个主要区域，即原位冻结区、冰分凝区、冻结缘和未冻结区（图 4-27）。与粉质黏土相比，膨胀土的原位冻结区和冻结缘较小，而冰分凝区较大。在靠近冻结缘的冰分凝区中，膨胀土中的水平裂缝（即层状冰透镜体）不如粉质黏土中发育，这表明较为显著的层状冰透镜体在非饱和膨胀土中不易生长。由图 4-28 可知，饱和膨胀土中（工况 YS1）的层状冰透镜体生长同样并不显著。结合图 4-26 中膨胀土试样的断面含水率分布情况，不难发现冰分凝区和冻结缘范围内的含水率增量并不小，因此可以推断膨胀土的冻胀变形主要包括较大的原位冻胀、迁移冻胀、黏土矿物膨胀，以及较小的冰透镜体生长带来的体积变化。图 4-29 是非饱和膨胀土冻胀试验中的一个较特殊工况（工况 Y2），其冻结时间达到 254h，冻结锋面与水位线距离接近，图中冰透镜体厚约 10mm，靠近水位线，同时在冻结锋面以上的范围内未见显著的层状冰透镜体，这也进一步佐证了上述对膨胀土冻胀变形的认识。

(a)工况Y3 (膨胀土)　　　　(b)工况H1 (粉质黏土)

图 4-27　非饱和膨胀土（工况 Y3）和粉质黏土（工况 H1）的冷生构造

图 4-28　饱和膨胀土（工况 YS1）的冷生构造[15]

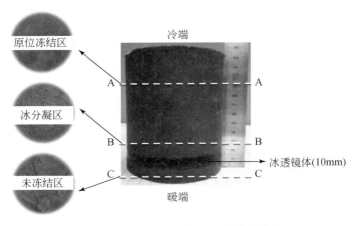

图 4-29　膨胀土（工况 Y2）的冷生构造

2017 年，通过对季节冻土区某膨胀土场地的取样发现，自地表向下 2m 范围内，土体含水率呈现先大后小的趋势，地表以下 1.5m 深度处的土体最为湿润，地表土体最为干燥（图 4-30）。由钻孔取样获得的冻结土柱可知，原位冻结膨胀土中并未出现显著的层状冰。因此，可认为上述膨胀土冻胀试验得到的冻胀规律符合典型季节冻土区实际场地膨胀土的冻胀情况。

(a) 取样

(b) 冻结深度范围内地层情况

(c) 冻结膨胀土柱

图 4-30　某场地存在的冻结膨胀土取样（埋深 1.5m）

4.3.2.4　冻结膨胀土状态路径

状态路径可以表征膨胀土冻结前后含水率、干密度、饱和度的变化特点，是对其冻结前后内部状态的一种反映，为获得状态路径，需对冻胀试样进行切片分析。在各膨胀土试样冻结完成后，对其进行切片、烘干，得到断面含水率分布情况，详见图 4-26。每个切片 j 中由冻结引起的迁移水量可按下式计算[21]：

$$\Delta V_{uj} = (w_f - w_i)\rho_d h_j A \tag{4-22}$$

式中，w_f 为冻结后含水率（%）；w_i 为初始含水率（%）；h_j 为切片 j 厚度（cm）；A 为试样截面积（cm^2）；ρ_d 为冻结前干密度（g/cm^3）。

ρ_{df} 是最终冻结锋面以上土体的干密度[21]，计算如下：

$$\rho_{df} = \frac{\rho_d}{1+h/X} \qquad\qquad (4\text{-}23)$$

式中，h 为冻胀量（cm）；X 为冻结锋面以上土体的厚度（cm）。

以图 4-26（c）中的工况 Y3 为例，计算冻结完成时的含水率变化量。根据式（4-22）计算可得，切片 1～7 含水量的变化分别为 44.8mL、36.1mL、14.8mL、6.6mL、68.7mL、18.6mL 和 2.1mL，总计 191.7mL。该计算水量与试验监测到的暖端水分补给量测量值190mL 基本一致。据此可以计算得到冻结锋面以上土体的平均含水率和平均饱和度。

图 4-31 是不同工况下非饱和膨胀土试样冻结过程的状态路径。图中空心符号对应初始状态，实心符号对应冻结后的最终状态。由试验可知，冻结前后平均含水率显著增加，冻结锋面以上膨胀土体的平均饱和度超过80%，在某些情况下甚至达到100%，如工况 Y1和 Y2。较低的冻结锋面迁移速率和较长的冻结时间可使土体达到较高的平均饱和度。由工况 Y3 和 Y5 可知，较低的干密度会使平均含水率发生较大变化。工况 Y4 表明，对于初始饱和度接近80%的高含水率试样，其冻结前后试样的干密度显著降低，平均饱和度变化不大。值得注意的是，由于土体冻结时孔隙中的未冻含水率远小于初始含水率，且平均含水率在冻结后显著增大，因此在试样融化时土体含水率变化幅度比图 4-31 中更大。在融化过程中，膨胀土中的蒙脱石黏土矿物必然会发生吸水膨胀，产生短暂但不可忽视的融胀变形。

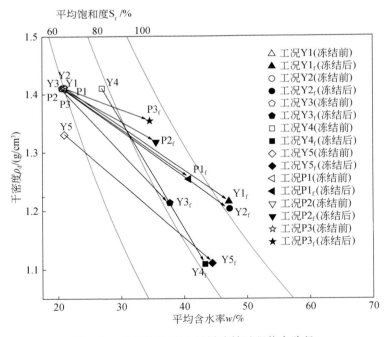

图 4-31　非饱和膨胀土试样冻结过程状态路径

图 4-32 是工况 Y1 膨胀土的不同区域烘干切片，图中清晰可见膨胀土烘干后产生的收缩裂纹，尤其是冰分凝区中的富冰区域。对于实际工程场地，据上述研究可推断，在经历

漫长冻结期内的冻胀作用，以及春融期的融胀、融化固结作用后，在大气影响深度范围内土体会发生较未冻结前更大的胀缩变形，地层持续扰动效应更大且作用过程复杂。在季节冻土区，较大的土体扰动深度常处于地表以下约 2m 范围内，且影响区域远大于最大冻结深度。因此，对于膨胀土场地的冻害防控深度较现有措施施加范围应当更大，具体有待进一步研究。

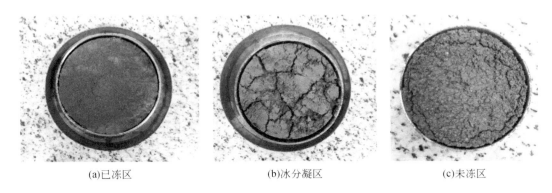

(a)已冻区　　　　　　　(b)冰分凝区　　　　　　　(c)未冻区

图 4-32　工况 Y1 膨胀土的不同区域烘干切片

4.4　结论与总结

本章针对与膨胀土冻结息息相关的孔隙水，以延吉膨胀土为研究对象，开展膨胀土孔隙水温度效应特征以及季节冻土区非饱和膨胀土的冻胀特性研究。主要工作和认识如下：

1）膨胀土孔隙水冻结点随初始含水率变化较大，在较高饱和度下仍具有较低的冻结点。

2）膨胀土孔隙水结晶的发展过程受孔隙水含量、黏土矿物含量影响较小，而初始结晶温度的大小却与孔隙含水率存在较大关联。膨胀土孔隙水在冻结过程中相界面处发生异相成核作用，孔隙冰的生长类型为球状晶体三维生长。

3）提出基于水活度概念的膨胀土冻结点物理经验预测方法，以及描述膨胀土孔隙水冻结过程的结晶动力学模型。

4）冻结非饱和膨胀土温度时程包括 4 个阶段，分别是快速冻结阶段、过冷状态阶段、缓慢冻结阶段、稳定冻结阶段，饱和膨胀土不包含过冷状态阶段。

5）膨胀土的"湿胀干缩"特性对其冻胀变形特性有显著影响。非饱和膨胀土冻结可引起较大区域内的水分重分布现象，冻结过程中竖向变形量主要为较大冰分凝区内的迁移冻胀和黏土矿物吸水膨胀，原位冻胀并不显著，由冰透镜体持续生长引起的冻胀变形并不常见。

6）在开放系统条件下，膨胀土冻结后可达到较高的平均饱和度。当膨胀土融化时，会产生一定程度的融化膨胀现象，即"融胀"现象。

参 考 文 献

［1］ KONRAD J M. Frost susceptibility related to soil index properties ［J］. Canadian Geotechnical Journal, 1999, 36 (3): 403-417.

［2］ MCQUEEN I S, MILLER R F. Approximating soil moisture characteristics from limited data: empirical evidence and tentative model ［J］. Water Resources Research, 1974, 10 (3): 521-527.

［3］ LU N, LIKOS W J. Unsaturated Soil Mechanics ［M］. New Jersey: Wiley, 2004.

［4］ WAN X, LAI Y, WANG C. Experimental study on the freezing temperatures of saline silty soils ［J］. Permafrost and Periglacial Processes, 2015, 26 (2): 175-187.

［5］ FREDLUND D G, RAHARDJO H. Soil Mechanics for Unsaturated Soils ［M］. New Jersey: John Wiley and Sons, 1993.

［6］ HOUSTON W N, DYE H B, ZAPATA C E, et al. Determination of SWCC using one-point suction measurement and standard curves ［C］. Fourth International Conference on Unsaturated Soils, 2015.

［7］ VANAPALLI S K, CATANA M C. Estimation of the soil-water characteristic curve of coarse-grained soils using one-point measurement and simple properties ［C］. International Symposium on Advanced Experimental Unsaturated Soil Mechanics, 2005.

［8］ METTLER TOLEDO. DSC 3 Product Brochure ［OL］. https://www. mt. com/be/en/home/library/product-brochures/ lab-analytical-instruments/DSC_3_brochure. html［2023. 2. 25］.

［9］ AYEL V, LOTTIN O, POPA E, et al. Using undercooling to measure the freezing points of aqueous solutions ［J］. International Journal of Thermal Sciences, 2005, 44 (1): 11-20.

［10］ KOUSKSOU T, JAMIL A, ARID A, et al. Crystallisation kinetics with nucleation phenomenon: ice slurry system ［J］. International Journal of Refrigeration, 2012, 35 (7): 1921-1930.

［11］ CHÉGNIMONHAN V, JOSSET C, PEERHOSSAINI H. Ice slurry crystallization based on kinetic phase-change modeling ［J］. International Journal of Refrigeration, 2010, 33 (8): 1559-1568.

［12］ AVRAMI M. Kinetics of phase change. I general theory ［J］. Journal of Chemical Physics, 2004, 7 (12): 1103-1112.

［13］ 张志英. 聚合物结晶动力学理论和方法研究 ［D］. 天津: 天津工业大学, 2006.

［14］ 胡荣祖, 史启祯. 热分析动力学 ［M］. 北京: 科学出版社, 2008.

［15］ 程旭东. 饱和膨胀土冻胀特性及冻胀模型 ［D］. 哈尔滨: 哈尔滨工业大学, 2015.

［16］ LAI Y, PEI W, ZHANG M, et al. Study on theory model of hydro-thermal-mechanical interaction process in saturated freezing silty soil ［J］. International Journal of Heat and Mass Transfer, 2014, 78 (11): 805-819.

［17］ 彭丽云, 刘建坤, 田亚护. 粉质黏土的冻胀特性研究 ［J］. 水文地质工程地质, 2009, 36 (6): 62-67.

［18］ GILPIN R R. A model of the "liquid-like" layer between ice and a substrate with applications to wire regelation and particle migration ［J］. Journal of Colloid and Interface Science, 1979, 68: 235-251.

［19］ KONRAD J M. Effects of applied pressure on freezing soils ［J］. Canadian Geotechnical Journal, 2011, 19 (4): 494-505.

［20］ MICHALOWSKI R L. A constitutive model of saturated soils for frost heave simulations ［J］. Cold Regions Science and Technology, 1993, 22 (1): 47-63.

［21］ KONRAD J M. Freezing-induced water migration in compacted base-course materials ［J］. Canadian Geotechnical Journal, 2008, 45 (7): 895-909.

第 5 章 冻结膨胀土力学特性 与结构损伤特性

5.1 概　述

　　土的本构关系在研究土体力学性质的过程中起着至关重要的作用。建立能够准确预测低围压条件下冻结膨胀土应力–应变关系的数学模型对评价高寒深季节冻土区开挖工程的服役性能具有重要意义。目前，针对冻土应力–应变关系的现有模型大多是确定性的，但在工程实践中冻土的力学特性往往表现出极大的不稳定性。因此，从统计学的角度，采用概率与数理统计的方法，从冻土强度满足随机分布假定出发，建立一个可以反映冻结膨胀土力学参数离散性、随机性的本构模型是很有必要的。

　　因此本章选取哈尔滨—佳木斯客运专线沿线地区的膨胀土为研究对象，综合考虑温度、含水率、冻融循环等因素的不利影响，开展相关低温三轴试验工作，并基于试验结果提出考虑温度影响的冻结膨胀土损伤本构模型。

5.2 膨胀土低温三轴试验概况

　　试验采用的膨胀土取自哈尔滨—佳木斯客运专线佳木斯火车站附近路堑边坡处，分别于边坡深度为 2m、4m、8m、12m、16m 处取样。选取的土样呈黄褐色，在天然状态下，处于坚硬及硬、可塑状态，现场取出试样如图 5-1 所示。对重塑土样在实验室内开展基本物理试验研究，测得各项指标见表 5-1。

图 5-1　现场土样

表 5-1　土样基本物理性质指标

土粒相对密度	塑限/%	液限/%	塑性指数	最优含水率/%	最大干密度/(g/cm³)	颗粒组成/%			
						>0.05mm	0.05~0.005mm	<0.005mm	<0.002mm
2.60	20.35	44.17	23.82	21	1.64	34	45.1	20.9	10.2

X 衍射试验分析结果表明，该土样的主要矿物成分为石英（49.1%）、钠长石（32.3%）、蒙脱石（18.50%）和其他成分（0.01%）。热重分析试验判定该土样中仅存在蒙脱石这一种膨胀矿物。根据《铁路工程土工试验规程》（TB 10102—2010）[1]中的相关具体要求，开展膨胀特性试验，测得其自有膨胀率为61.33%，确定其为弱膨胀土。无荷载膨胀率试验结果表明，当含水率为10%时最终无荷载膨胀量达到20%以上，而当含水率为25%时仅为5.8%。

试验采用的主要仪器是 GDS 正负温静动三轴仪（ELCTTS2017），主要设备及功能示意图如图 5-2 所示。制备好的试样如图 5-3 所示。

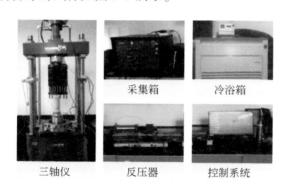

图 5-2　GDS 正负温静动三轴试验系统

图 5-3　试验试样图（非冻结/冻结）

由于佳木斯地区冻结深度为220cm，取试验围压工况为30kPa、45kPa、60kPa；含水率以最优含水率21%为基准，以3%为梯度设计，初始含水率工况分别取18%、21%和

24%；温度则根据实际情况[2,3]，以–4℃为基准，以3℃为梯度设计，分别取–1℃、–4℃、–7℃和–10℃，同时开展一组常温试验进行对比，以研究膨胀土低温力学性能与常温力学性能的差异性；压实度取0.85；试样的冻融循环处理考虑到佳木斯地区的实际气候与地质条件及工程实际需求，选择开展固结不排水三轴试验，具体的试验方案见表5-2。

表5-2   固结不排水三轴试验方案

试样编号	试验温度/℃	含水率/%	冻融循环次数/次	围压/kPa
1#	–1	21	0	30
2#	–4	21	0	30
3#	–7	21	0	30
4#	–10	21	0	30
5#	–1	21	0	45
6#	–4	21	0	45
7#	–7	21	0	45
8#	–10	21	0	45
9#	–1	21	0	60
10#	–4	21	0	60
11#	–7	21	0	60
12#	–10	21	0	60
13#	–4	18	0	45
14#	–4	24	0	45
15#	–4	21	10	30
16#	–4	21	10	45
17#	–4	21	10	60
18#	20	21	0	30
19#	20	21	0	60
20#	20	21	0	90
21#	–4	21	0	150
22#	–4	21	0	250

5.3   冻结膨胀土力学特性

5.3.1   冻结膨胀土应力–应变关系

5.3.1.1   不同温度土体应力–应变关系

土体的应力–应变关系随着应力水平的变化会表现出不同的非线性形式，通常分为应变软化型和应变硬化型[4,5]。图5-4为不同温度、不同围压下，低温三轴剪切试验获得的应力-应变关系曲线。对比分析试样1#～12#的12个试样的应力-应变关系曲线可知：在相同的温度条件下，当温度较高时，低温三轴试验获得的峰值应力随着围压的增大而增加。尤其在-1℃条件下，围压对试样峰值应力的影响表现得尤为显著。但是随着温度的降低，不同围压下的应力-应变曲线变化较小，以-10℃为例，围压影响变得尤为薄弱。分析相同围压条件下膨胀土的应力-应变曲线可知：当温度较高时，应力-应变曲线表现为应变硬化型；而当温度较低时，应力-应变曲线则表现为应变软化型。产生这种差异的原因可能是：当试样温度处于-1℃时，土体中还残存大量的未冻水，含冰量较低，土体的可塑性较强[6]。而随着温度的不断降低，土体中的含冰量将持续增加，致使土体内部的胶结变得十分牢固，从而在宏观上表现为脆性破坏。

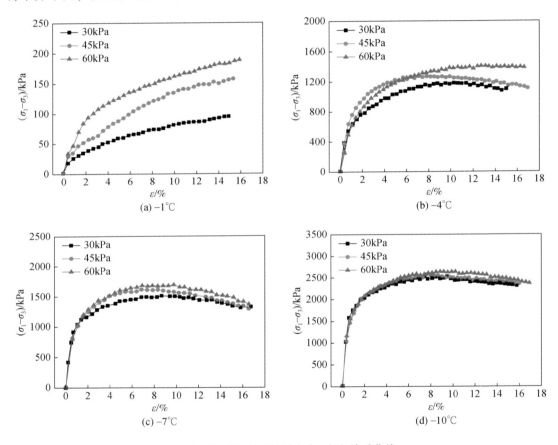

图5-4　不同温度下试样应力-应变关系曲线

$\sigma_1-\sigma_3$ 为偏应力；ε 为轴应变

如图5-5所示，试验结束后所有试样均产生明显的鼓胀变形。-1℃试样可观察到多处竖向裂缝，-4℃、-10℃试样均发现明显的斜裂缝。

(a) −1℃　　　(b) −4℃　　　(c) −7℃　　　(d) −10℃

图 5-5　试验结束后试样裂缝发展情况

5.3.1.2　不同含水率土体应力–应变关系

对比分析试样 6#、13#和 14#在−4℃，45kPa 围压，不同初始含水率下低温三轴试验获得的应力–应变关系曲线（图 5-6）可知，试样的主应力差随着初始含水率的增加而增加。可以推断：试样中初始含水率的增加导致含冰量的增加，进而导致试样强度的上升。此外，试样在含水率较低时应力–应变曲线表现为软化型；而在含水率较高时，表现为硬化型。原因是−4℃时土体中还存在一部分未冻水，因此含水率较高的试样可塑性更强，表现出硬化型。

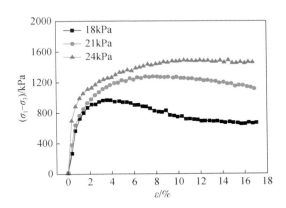

图 5-6　不同初始含水率下试样应力–应变曲线

5.3.1.3　冻融循环作用后土体应力–应变关系

对比分析试样 2#、6#、10#和 15#、16#、17#在−4℃冻融循环 0 次和冻融循环 10 次冻结膨胀土低温三轴试验获得的应力–应变关系曲线（图 5-7）可知，冻融循环后试样的强度基本与未冻融试样持平，可见负温条件下影响冻土强度的主要因素是温度和初始含水率。但从图中可以看出，经历过冻融循环的试样在达到峰值应力后随着应变增加强度下降速度明显高于未冻融试样，表现出更强的脆性破坏现象，同时试样对围压变化的敏感性增加，可见冻融循环对试样微观结构造成了一定损伤。

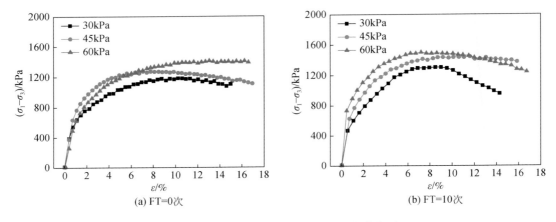

(a) FT=0次　　　　　　　　　　(b) FT=10次

图 5-7　冻融循环 0 次和 10 次应力–应变曲线对比

5.3.2　冻结膨胀土累积体应变特性

结合工程实际围压条件，以 45kPa 围压为固结条件针对获得的体变试验数据展开分析。不同温度下试样的体应变–轴向应变（ε_v-ε_1）关系曲线如图 5-8 所示。

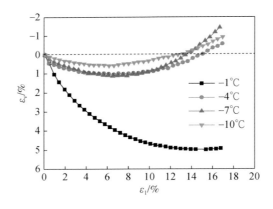

图 5-8　围压为 45kPa 时不同温度下试样体应变–轴向应变关系图

分析图 5-8 可发现如下现象：冻结膨胀土在较高温度和较低温度状态下，体应变呈现出两种不同的发展规律。温度较高时，试样体应变随着轴向应变的增加而快速增加（即体积压缩），当体变量达到 5% 左右时逐渐趋于稳定；而当温度较低时，体应变则随着轴向应变的增加呈现出先压缩后膨胀的特性。通过试样的三轴剪切过程，我们可以推测，产生这种现象的原因可能是对于脆性较强的试样，其内部可能存在无数细小的微裂纹。这种微裂纹在剪切变形的过程中不断发展，产生错动，从而疏散土颗粒之间的接触，进而导致体积的增加。

冻结膨胀土在不同温度下的偏应力及体应变随轴向应变发展过程如图 5-9 所示。分析脆性发展最为显著–10℃的试样可知：当试样温度较低时，冻结膨胀土在剪切过程中经历四个阶段：第 I 阶段，弹性阶段。偏应力与轴向应变近似呈线性相关关系，试样体积被压缩。其间，体应变与轴向应变同样近似呈线性关系，冻土变形模量基本保持稳定。第 II 阶段，塑性剪缩阶段。冻土内部出现裂痕，体积仍然表现为收缩。但其收缩速度不断降低并逐渐趋于零。第 III 阶段，塑性剪胀阶段。冻土内部裂痕进一步增加，试样体积由压缩变为膨胀，偏应力逐渐趋于峰值强度，偏应力–轴向应变曲线的切线斜率逐渐减小。第 IV 阶段，破坏阶段。当偏应力达到峰值应力后，偏应力–轴向应变曲线的斜率变为负值，冻土进入破坏阶段。由于试样颗粒间仍存在机械咬合力，因此冻土强度不会迅速下降，仍然具有一定的承载力，试样的体应变继续减小（即体积膨胀）。然而对于环境温度为–1℃的高温冻土，当轴向应变较小时，试样偏应力–轴向应变曲线可以大致看作线性段，即试样处于弹性阶段，在这一阶段试样体应变迅速减小；之后，试样开始进入黏塑性阶段，试样刚度逐渐衰减，偏应力–轴向应变曲线呈现硬化性塑性特征，试样体应变进一步增加，并最终趋于稳定。

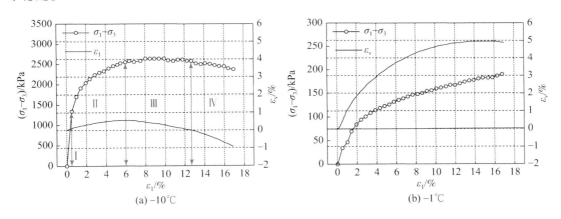

图 5-9　不同温度下偏应力和体应变与轴向应变关系曲线

5.3.3　冻结膨胀土弹性模量和泊松比

根据 Lee 等、曲娜[7,8]的研究成果，冻土弹性模量 E 可取应力–应变曲线上 $\varepsilon = 0.2\%$ 处对应点与坐标原点连线的斜率来表示，泊松比 μ 可以简单地由下式得到：

$$\mu = \frac{1}{2}\left(1 - \frac{\Delta\varepsilon_v}{\Delta\varepsilon_1}\right) \tag{5-1}$$

不同温度下冻结膨胀土的弹性模量及泊松比见表 5-3，泊松比与温度之间没有明显的相关性；弹性模量随温度的降低而增大，呈现较好的线性相关性（图 5-10），弹性模量 E 与温度 T 的线性拟合方程（ $R^2 = 0.94$ ）为

$$E = -38.96T - 46.12 \tag{5-2}$$

表 5-3　不同温度下冻结膨胀土的弹性模量及泊松比

项目	-1℃	-4℃	-7℃	-10℃
弹性模量 E/MPa	14.53	94.00	192.03	371.16
泊松比 μ	0.20	0.18	0.14	0.15

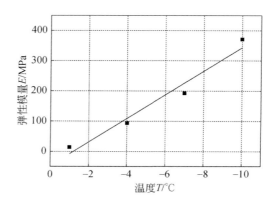

图 5-10　冻结膨胀土温度-弹性模量关系曲线

5.4　冻结膨胀土统计损伤模型

　　土体具有无序性和非均质性的特点，但是如果所有相关随机场的有效特性不依赖于空间位置，在宏观尺度上可以将土体看作是统计上均质的。损伤过程会逐渐改变土体的微观结构，增加土体的非均质性，当土体的损伤密度达到临界损伤密度时，将在统计上从均质性转变为非均质性。此时，土体的响应往往呈现出高度的分散性和变异性，表现为三轴试验中土体峰值主应力差和破坏点的离散性以及随机性。因此，当材料的损伤分布对其各个方向上的性能影响存在较小差异时，可以将其归纳为相对简单的各向同性损伤问题[9,10]。

　　此时，损伤可以定义为微团中某一截面上已受损的面积 δ_{S_D} 与该截面面积 δ_S 的比值[11]，损伤变量可以用标量 D 来表示：

$$D = \frac{\delta_{S_D}}{\delta_S} \tag{5-3}$$

由损伤变量的定义可知，标量 D 的变化范围是 $0 \leqslant D \leqslant 1$，结合低温、低围压条件下冻结膨胀土三轴试验全过程曲线，可以将冻结膨胀土的损伤过程分为以下三个阶段[12,13]：

　　1）无损伤阶段：损伤变量 $D \approx 0$，这一阶段冻土内部几乎没有产生新的裂隙及破损；

　　2）损伤阶段：冻结膨胀土逐渐受力屈服，内部微小裂隙逐渐扩展，损伤迅速积累，应力-应变曲线进入非线性阶段，此时损伤变量 D 由 0 向 1 发展；

3）破坏阶段：损伤变量 D 趋近于 1，冻结膨胀土内部微小裂隙逐渐贯通并形成较大裂缝，此时无法假定内部裂缝为随机分布，冻结膨胀土也无法近似看成连续体。

在损伤力学中，Lemaitre 应变等效原理[14]是指：有效应力在材料无损部分上产生的应变值与名义应力 σ 作用在全部材料上产生的应变值等效，即

$$\varepsilon = \frac{\tilde{\sigma}}{E} = \frac{\sigma}{E(1-D)} \tag{5-4}$$

其中有效应力 $\tilde{\sigma}$ 是指材料在相对无损面积上所承受的实际应力，计算公式为 $\tilde{\sigma} = \sigma \frac{\delta_S}{\delta_S - \delta_D}$。

5.4.1　统计损伤模型构建假定

提出的统计损伤模型将基于如下假设：

1）冻结膨胀土单元在细观上包含损伤（裂纹、孔洞等），但在宏观上是一种各向同性、均质、连续材料。

2）冻结膨胀土各细观单元在损伤前均服从线弹性本构假设，即胡克（Hooke）定律。在发生损伤后，冻结膨胀土单元中未损伤的部分仍然具有线弹性性质，即有效应力–应变关系满足 Hooke 定律：

$$\begin{cases} \varepsilon_1 = \frac{1}{E}[\tilde{\sigma}_1 - \mu(\tilde{\sigma}_2 + \tilde{\sigma}_3)] \\ \varepsilon_2 = \frac{1}{E}[\tilde{\sigma}_2 - \mu(\tilde{\sigma}_3 + \tilde{\sigma}_1)] \\ \varepsilon_3 = \frac{1}{E}[\tilde{\sigma}_3 - \mu(\tilde{\sigma}_1 + \tilde{\sigma}_2)] \end{cases} \tag{5-5}$$

式中，ε_1、ε_2、ε_3 为三个主方向上的应变；σ_1、σ_2、σ_3 为三个主方向上的有效应力。

3）冻结膨胀土的损伤在变形过程中不断发展，细观单元的失效也在逐步累积。

4）损伤变量 D 从宏观上定义为已破坏细观单元数目 N_f 与总单元数目 N 之比，即

$$D = \frac{N_f}{N} \tag{5-6}$$

已破坏细观单元数目 N_f 可由下式计算：

$$N_f(F) = \int_0^F NP(y)\,\mathrm{d}y \tag{5-7}$$

式中，F 为单元得到的应力水平；$P(y)$ 为材料的损伤随机分布概率密度函数。

5）冻结膨胀土内部损伤的分布遵循韦布尔（Weibull）分布规律，其概率密度函数为

$$P(F) = \begin{cases} \frac{m}{F_0}\left(\frac{F}{F_0}\right)^{m-1}\exp\left[-\left(\frac{F}{F_0}\right)^{m-1}\right] & F > 0 \\ 0 & F \leq 0 \end{cases} \tag{5-8}$$

式中，F_0 为平均应力值；m 为形状参数，表征材料的不均匀性。

结合式（5-6）～式（5-8），可得冻结膨胀土损伤变量 D 的演化方程为

$$D = 1 - \exp\left[-\left(\frac{F}{F_0}\right)^m \right] \tag{5-9}$$

5.4.2 统计损伤模型理论框架

5.4.2.1 应力水平函数确定

根据冻结膨胀土三轴试验中边界条件 $\sigma_2 = \sigma_3$，联立式（5-3）、式（5-4）和式（5-8）可得如下关系式：

$$\sigma_1 = E\varepsilon_1 \exp\left[-\left(\frac{F}{F_0}\right)^m \right] + 2\mu\sigma_3 \tag{5-10}$$

广义上，材料的破坏准则可用如下形式表示：

$$f(\tilde{\sigma}_f) = k \tag{5-11}$$

式中，f 为应力状态函数；σ_f 为材料破坏时的有效应力水平应力；k 为强度参数。

当应力较低时，描述冻土强度变化可用德鲁克－普拉格（Drucker-Prager）屈服准则[15,16]。根据 Drucker-Prager 屈服准则，冻结膨胀土应力水平函数 F 可由下式表示：

$$F = f(\tilde{\sigma}) = \alpha I_1 + \sqrt{J_2} \tag{5-12}$$

式中，α 为材料常数；I_1 为第一应力不变量；J_2 为第二应力不变量。

5.4.2.2 损伤应变阈值的界定

冻土的损伤过程是不断演化的，具体表现为细观单元逐渐破坏。当施加的荷载相对较小、产生的变形也相对较小时，冻土内部几乎不会产生损伤，只有应力、应变达到相应的损伤阈值才会发生损伤。由式（5-3）和式（5-4）变形可得

$$D = 1 - \frac{\sigma_1 - 2\mu\sigma_3}{E\varepsilon_1} \tag{5-13}$$

由式（5-13）可知，当 σ_1、σ_3、ε_1、E、μ 已知时，即可求得对应的损伤值。根据低温三轴试验数据求得的损伤变量 D 如图 5-11 所示，定义损伤变量 $D = 0$ 时对应的应变为损伤应变阈值。

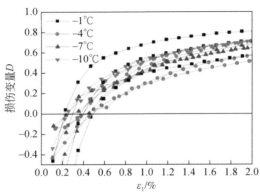

图 5-11 损伤变量试验值

由图 5-11 可知，不同温度的应变损伤阈值变化不大，在 $0.29\% \sim 0.41\%$ 。因此，对于不同温度选择应变损伤阈值平均值作为 ε_{1ND} ，即取 $\varepsilon_{1ND} = 0.35\%$ 。

5.4.2.3　损伤模型推导过程

综上，依据轴向应变，损伤值被分为两个阶段：

$$\begin{cases} D = 0 & \varepsilon_1 < \varepsilon_{1ND} \\ D > 0 & \varepsilon_1 \geqslant \varepsilon_{1ND} \end{cases} \tag{5-14}$$

对于 $D=0$ 无损伤阶段，应力–应变关系可直接由 Hooke 定律表示：

$$\sigma_1 = E\varepsilon_1 + 2\mu\sigma_3 \quad \varepsilon_1 \leqslant \varepsilon_{1ND} \tag{5-15}$$

对于 $D>0$ 损伤阶段，轴向应力可表示为无损伤阶段应力阈值 σ_{1ND} 与损伤阶段应力增量 σ_{1D} 之和。同理，应变可以表示为无损伤阶段应变阈值 ε_{1ND} 与损伤阶段应变增量 ε_{1D} 之和，数学表述如下：

$$\begin{cases} \sigma_1 = \sigma_{1ND} + \sigma_{1D} \\ \varepsilon_1 = \varepsilon_{1ND} + \varepsilon_{1D} \end{cases} \quad \varepsilon_1 \geqslant \varepsilon_{1ND} \tag{5-16}$$

综上，冻土的统计损伤名义应力–应变关系可表述为

$$\begin{cases} \sigma_1 = E\varepsilon_1 + 2\mu\sigma_3 & \varepsilon_1 < \varepsilon_{1ND} \\ \sigma_{1D} = E(\varepsilon_1 - \varepsilon_{1ND})\exp\left[-\left(\dfrac{F_D}{F_0}\right)^m\right] + 2\mu\sigma_3 + \sigma_{1ND} & \varepsilon_1 \geqslant \varepsilon_{1ND} \end{cases} \tag{5-17}$$

式中，F_D 为损伤后的应力值。

5.4.2.4　模型参数确定

冻结膨胀土统计损伤模型的参数由两类组成：一种是反映土体本身特性的参数 α 和 k；另一种是统计学参数 m 和 F_0。根据峰值点法，基于上述关于材料破坏准则的基本假定，以峰值点作为损伤边界条件对统计参数进行求解[8]可得

$$\begin{cases} m = \dfrac{1}{-\ln\left[\dfrac{(\sigma_{uD} - 2\mu\sigma_3)}{(E\varepsilon_{uD})}\right]} \\ F_0 = \sqrt[m]{m}\, F_D(\varepsilon_{uD}, \sigma_{uD}) \end{cases} \tag{5-18}$$

式中，σ_{uD} 为损伤状态下峰值点的应力；ε_{uD} 为损伤状态下峰值点的应变。

将试验数据代入式（5-18），弹性模量由式（5-2）计算得到，统计损伤模型中的各项参数见表 5-4。

表 5-4　冻结膨胀土统计损伤模型参数

温度/℃	围压/kPa	α	m	F_0
-4	30	0.19	0.43	1048.36
	45		0.53	1577.71
	60		0.43	1313.84

续表

温度/℃	围压/kPa	α	m	F_0
−7	30	0.19	0.36	686.85
	45		0.39	1002.69
	60		0.40	1162.08
−10	30	0.20	0.33	817.41
	45		0.35	993.12
	60		0.33	890.87

5.4.3　统计损伤模型可靠性验证

图 5-12 为各种工况下低温三轴试验值与模型预测值的对比结果。

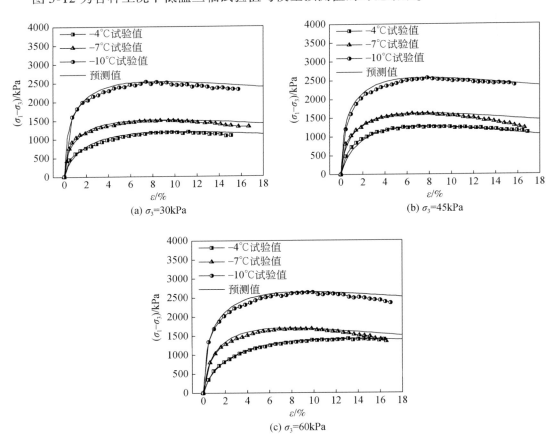

图 5-12　各种工况下低温三轴试验值与模型预测值对比图

由图 5-12 可知，基于连续损伤理论的统计损伤模型可较好地预测和描述冻结膨胀土在不同温度下的力学特性。此外，图 5-13 为考虑损伤阈值与不考虑损伤阈值的模型预测值对比图，可以看出不考虑损伤阈值的统计损伤模型在应变较小时，模型应力值与试验值差别较大，原因是冻结膨胀土变形破坏过程中不存在初始弹性阶段的基本假定与较低应力水平下存在线弹性变形行为的客观实际不符。而这种基本假定的存在，将导致模型的预测值相对试验值偏小。通过将损伤阈值的概念引入到模型中，可实现应力–应变模型预测曲线与试验值更好地吻合。

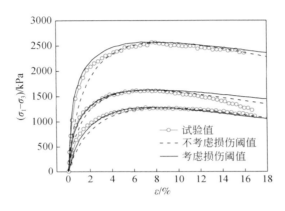

图 5-13　不同预测模型对比图

5.5　结论与总结

依托哈尔滨–佳木斯客运专线高速铁路工程，在总结国内外冻土力学性能及本构关系最新研究成果的基础上，以佳木斯膨胀土为研究对象开展低温三轴试验。基于连续损伤理论并借鉴 Drucker-Prager 屈服准则，建立适用于高温冻结膨胀土的统计损伤模型，得到以下结论：

1）随着温度、含水率的降低，膨胀土试样的应力–应变曲线由弱硬化型或硬化型转化为软化型；–4℃冻融循环后试样静强度基本与未冻融试样差别不大，但是经历过冻融循环的试样会表现出更强的脆性，同时试样对围压变化的敏感性也增加。

2）冻结膨胀土在温度较高时，试样体应变在增加，呈现出单调压缩特性，而当温度较低时，试样的体积变形则随着轴向应变的增加呈现出先压缩后膨胀的特性。

3）根据低温三轴试验结果，借鉴国内外最新研究成果，参考 Drucker-Prager 屈服准则，基于连续损伤理论和 Weibull 分布理论，通过连续损伤变量 D 考虑细观损伤对试样力学特性的不利影响，推导出考虑温度影响的高温冻土统计损伤模型，并验证该模型的有效性。

参 考 文 献

[1] 中华人民共和国铁道部. 铁路工程土工试验规程（TB 10102—2010）[S]. 北京：中国铁道出版

社，2010.

[2] TANG L, CONG S Y, GENG L, et al. The effect of freeze-thaw cycling on the mechanical properties of expansive soils [J]. Cold Regions Science and Technology, 2018, 145: 197-207.

[3] LUO J, TANG L, LING X Z, et al. Experimental and analytical investigation on frost heave characteristics of an unsaturated moderately expansive clay [J]. Cold Regions Science and Technology, 2018, 155: 343-353.

[4] 孔令伟，周葆春，白颢，等. 荆门非饱和膨胀土的变形与强度特性试验研究 [J]. 岩土力学，2010, 31 (10): 3036-3042.

[5] TANG L, CONG S Y, LING X Z, et al. A unified formulation of stress-strain relations considering micro-damage for expansive soils exposed to freeze-thaw cycles [J]. Cold Regions Science and Technology, 2018, 153: 164-171.

[6] 李兆宇，张滨. 冻结膨胀土应力–应变关系试验研究 [J]. 冰川冻土，2014, 36 (4): 902-906.

[7] LEE W, BOHRA N C, ALTSCHAEFFL A G, et al. Resilient modulus of cohesive soils [J]. Journal of Geotechnical and Geoenvironmental Engineering, 1997, 123 (2): 131-136.

[8] 曲娜. 高寒区膨胀土特性及变形损伤研究 [D]. 哈尔滨：哈尔滨工业大学，2019.

[9] 卢再华，陈正汉，蒲毅彬. 原状膨胀土剪切损伤演化的定量分析 [J]. 岩石力学与工程学报，2004, (9): 1428-1432.

[10] 杨明辉，孙龙，赵明华，等. 基于统计损伤理论的非饱和土简易本构模型 [J]. 水文地质工程地质，2015, 42 (3): 43-48, 58.

[11] 李向东，罗晓辉. 非饱和土损伤模型与应用 [J]. 岩土力学，2009, 30 (S2): 114-118.

[12] 赵顺利，邓伟杰，路新景，等. 基于自然应变损伤模型的膨胀土冻融损伤分析 [J]. 岩土工程学报，2020, 42 (S1): 127-131.

[13] 程明书，汪时机，张雅倩，等. 膨胀土损伤变量不同表征方法评价的试验研究 [J]. 岩土力学，2015, 36 (10): 2892-2898.

[14] 余寿文，冯西桥. 损伤力学 [M]. 北京：清华大学出版社，1997.

[15] 周永强，盛谦，刘芳欣，等. 一种修正的 Drucker-Prager 屈服准则 [J]. 岩土力学，2016, 37 (6): 1657-1664.

[16] 文畅平，任晓遐. 基于 Lade 模型的生物酶改良膨胀土双屈服面本构关系 [J]. 吉林大学学报（工学版），2021, 51 (5): 1716-1723.

第 6 章　非饱和膨胀土水–热–变形耦合冻胀模型

6.1　概　　述

关于土体水–热耦合模型、冻胀预测模型的研究最早是针对饱和土开展的。目前，在非饱和冻土多物理场耦合研究方面，则以水–热耦合模型研究为主，冻胀预测模型的研究成果尚且不多。非饱和土冻胀预测模型发展较慢的主要原因在于，土颗粒、未冻水、冰、气共存的多相间相互作用尚不清晰，且当前并无较好的测试手段去深入分析非饱和冻土四相介质的孔隙环境。在非饱和土冻胀模型的研究中，许多基本假设均基于饱和土冻胀模型的研究经验，因此目前尚无针对非饱和膨胀土的冻胀计算模型。

基于此，根据第 4 章试验研究中得到的膨胀土冻胀特性基本规律，本章提出用于描述膨胀土冻胀过程的冻结–胀缩牵连机制。同时，基于冻结过程水–热–变形耦合分析方法、非饱和土力学理论、结晶动力学理论，参考饱和冻土水–热耦合、水–热–变形（力）耦合模型计算框架，建立并开发验证非饱和膨胀土水–热–变形耦合冻胀模型 FH_ ex_ Model，该模型充分考虑膨胀土孔隙水冻结点随含水率变化显著而对冻胀过程产生的明显影响，以及膨胀土的"湿胀干缩"特性对其冻胀特性的影响。

6.2　非饱和膨胀土冻结–胀缩牵连机制

由第 4 章膨胀土单向冻胀试验研究可知，非饱和膨胀土的冻胀变形以原位冻胀、黏土矿物膨胀、冰分凝区内的迁移冻胀为主，冰分凝区内冰透镜体的生长并不显著。因此，冻结膨胀土土体孔隙变化过程可归纳为 4 个主要阶段，即未冻结阶段（阶段Ⅰ）、孔隙冰少量出现和黏土颗粒大量膨胀阶段（阶段Ⅱ）、孔隙冰大量增长和黏土颗粒少量膨胀阶段（阶段Ⅲ），以及冰透镜体持续生长阶段（阶段Ⅳ），见图 6-1。在阶段Ⅱ和阶段Ⅲ中，黏土颗粒的膨胀源于冻结引起的水分迁移，而黏土颗粒的收缩则源于冻结区未冻水含量的减少。上述胀缩变化均源自冻结土体中孔隙水的迁移和膨胀土的湿胀干缩。在第二冻胀理论中，普遍认为冰透镜体暖端和冻结锋面之间存在冻结缘，对于孔隙冰的分凝和抑制水分迁移进入上层已冻土具有重要影响，但由 4.3.2.3 节膨胀土冷生构造和冻结结束时的试样断面含水率分布情况可知，在非饱和膨胀土冻结过程中较难确定冻结缘的准确位置，并且在膨胀土的非饱和状态下，冻结缘的存在与否尚有争议。因此，在出现层状冰透镜体之前，冻结锋面以上一定范围内的孔隙冰生长如何考虑是一个关键问题。

Bronfenbrener[1] 提出"相变动力区"的概念（图 6-2），即在土体中相变温度对应位置之上（即冻结锋面位置）存在相变动力区，根据孔隙晶体生长理论，采用非平衡相变一级动力学模型,对该区域所发生的结晶过程予以描述。因此,在非饱和膨胀土冻胀问题中,在冰透镜体生长并不显著的情况下,可认为在冻结锋面之上同样存在一个较为活跃的相变动力区,该区域对非饱和膨胀土中水分的迁移、冻融胀缩变形、水-热-变形耦合效应具有重要影响。

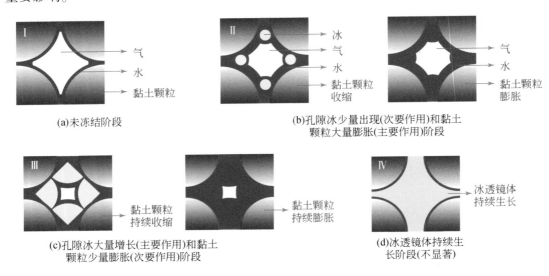

(a)未冻结阶段

(b)孔隙冰少量出现(次要作用)和黏土
颗粒大量膨胀(主要作用)阶段

(c)孔隙冰大量增长(主要作用)和黏土
颗粒少量膨胀(次要作用)阶段

(d)冰透镜体持续生
长阶段(不显著)

图 6-1　膨胀土不同冻胀阶段的孔隙环境

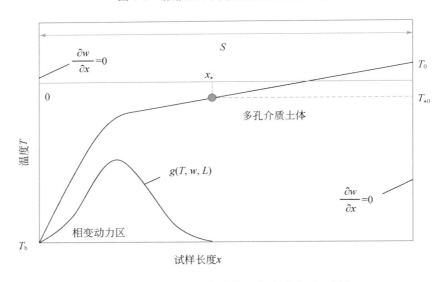

图 6-2　Bronfenbrener 提出的"相变动力区"概念

S 为试样点长度;T_{*0} 为相变初始温度;x_* 为温度为 T_{*0} 时开始的相变坐标;T_0 为系统温度;w 为含水率;L 为潜热

根据上述对非饱和膨胀土孔隙变化特点和相变动力区的认识,归纳出膨胀土的冻结-胀缩牵连机制,以图 6-3 中示例进行说明。图中所示是非饱和膨胀土在开放系统冻结条件下不同时刻试样断面的温度、孔隙水压力、变形变化过程,①、②、③代表非饱和膨胀土冻结过程中的三个主要阶段，红色区域为相变动力区所在位置。在非饱和膨胀土冻结过程温度变化方面，土体中孔隙水的冻结点，即 T_{f1}、T_{f2}、T_{f3}。随着非饱和膨胀土冻结过程的发展，孔隙水的冻结点逐渐升高且趋于饱和膨胀土的冻结点。在膨胀土孔隙水压力变化方面，冻结锋面以上孔隙水压力为负值且越来越小，而试样暖端的孔隙水压力趋向于 0。基于温度场和水分场的变化情况，在开放系统条件下，冻结区域内未冻水含量迅速减少，膨胀土体产生少量的收缩变形，而受限于孔隙冰的存在，这种收缩变形小于相同含水率变化情况下未冻结非饱和膨胀土的体积变化。而在未冻结区域内，随着含水率的不断增加，膨胀土不断吸水膨胀，但是这种膨胀作用随着冻结过程的发展在逐渐减弱。当冻结锋面发展至已吸水膨胀的未冻结区域时，新冻结的土体会同时发生较大的冻胀和微弱的收缩。因此，在开放系统膨胀土冻结过程中，土体各个区域不断经历膨胀、冻胀、收缩等综合作用，导致土体的应力状态十分复杂。

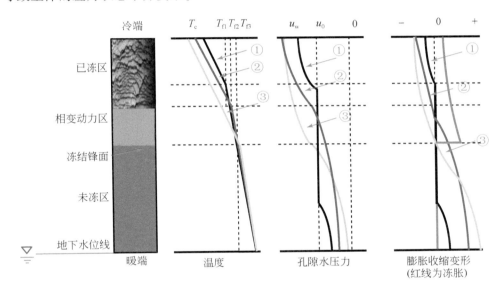

图 6-3　开放系统非饱和膨胀土冻结与膨胀收缩机制

T_c 为冷端温度；u_w 为试验土样冷端孔隙水压力；u_0 为试验土样内部孔隙水压力

6.3　非饱和膨胀土水−热−变形耦合冻胀模型

6.3.1　水−热−变形耦合冻胀模型构建假定

针对复杂季节冻结环境作用下近地表范围内中、弱膨胀土，考虑膨胀土的孔隙水温度效应特征和非饱和膨胀土冻胀特性，尤其是考虑 6.2 节中所归纳的非饱和膨胀土冻结−胀缩耦合牵连机制，提出如下九点基本假设：

1）孔隙气相是连续的且与大气相互连通，即孔隙气压力等于大气压力；

2）忽略膨胀土冻胀过程中未冻结区全区域的固结变形；

3）不考虑温度变化引起的土骨架变形；

4）在非饱和膨胀土冻胀阶段，冻结缘的存在与否有待考量，在此通过结晶动力学模型对相变动力区的结晶变化予以考虑，当饱和度超过85%时发生起始冻胀，在高饱和度状态下不考虑冰透镜体的判别与生长；

5）冻结膨胀土的渗透系数类比非饱和膨胀土渗透系数且考虑冰的阻碍效应；

6）未冻区的水分迁移遵循达西定律，不考虑已冻土区的水分迁移和土体孔隙中的气态水运移；

7）忽略非饱和膨胀土孔隙水滞回效应对土水特征曲线和体积变形的影响；

8）考虑冻结-胀缩耦合牵连机制，认为冻结土体中同一位置不会同时发生冻胀和膨胀效应，会存在同时发生的冻胀和收缩效应；

9）膨胀土土体为各向同性，且表现为非线弹性。

6.3.2　水-热-变形耦合冻胀模型控制方程

6.3.2.1　质量守恒方程

在考虑体积分数概念限制的混合物理论中，多孔介质的描述是基于宏观物体的，既不考虑孔隙结构的几何描述，也不考虑单个组分的确切位置。通常假定宏观物体中相互约束的各种成分在控制域内是"弥散的"，即孔隙呈统计分布，并且在参考和实际位置中，任意体积单元均由实际构成要素的体积单元组成。

本节基于体积分数混合物理论，将非饱和膨胀土考虑为由土颗粒、未冻水、孔隙冰、孔隙气构成的四相介质（图6-4），不计入孔隙气的质量，各组分的密度定义如下：

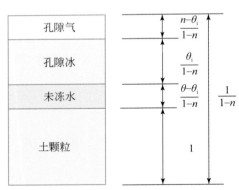

图6-4　四相多孔介质的平均体积单元与各相的体积分数

$$\rho_s(x,t) = (1 - n)\rho^s$$
$$\rho_w(x,t) = (\theta - \theta_i)\rho^w$$
$$\rho_i(x,t) = \theta_i\rho^i$$

$$\rho_a(x,t) = 0 \tag{6-1}$$

式中，ρ_s、ρ_w、ρ_i 和 ρ_a 分别为非饱和膨胀土各相的体积密度；ρ^s、ρ^w、ρ^i 分别为非饱和膨胀土各相的真实密度；n 为孔隙率；θ 为孔隙冰和未冻水的总体积含量；θ_i 为体积含冰率。

因此，非饱和膨胀土的总体积密度可定义如下：

$$\rho = \rho_s + \rho_w + \rho_i + \rho_a = (1-n)\rho^s + (\theta - \theta_i)\rho^w + \theta_i\rho^i \tag{6-2}$$

相对于 α 相的运动质点，任一可微函数 f_α (x, t) 时间导数的空间描述为

$$\frac{\mathrm{d}^\alpha f_\alpha}{\mathrm{d}t} = \frac{\partial f_\alpha}{\partial t} + V_j^\alpha \frac{\partial f_\alpha}{\partial x_j} \tag{6-3}$$

式中，f_α 为与 α 相有关的函数；V_j^α 为土颗粒和 α 相的速度；x_j 中 x 为函数 f 的自变量，j 为无量纲的系列指数。

对于任意量的体积积分而言，有如下关系：

$$\frac{\mathrm{d}^\alpha}{\mathrm{d}t}\left(\int_{\Omega_t} f_\alpha \mathrm{d}\Omega_t\right) = \int_{\Omega_t}\left[\frac{\partial f_\alpha}{\partial t} + \frac{\partial(f_\alpha V_j^\alpha)}{\partial x_j}\right]\mathrm{d}\Omega_t \tag{6-4}$$

式中，Ω_t 为平均体积单元的计算域。

根据质量守恒定律，在 Δt 时间内，平均体积单元内存在两种作用，一是由于冰水相变作用引起的密度变化，二是冰水迁移作用对平均体积单元的影响。因此，在不考虑土骨架变形的情况下，平均体积单元中对未冻水相和冰相分别满足如下关系：

$$\frac{\mathrm{d}^w}{\mathrm{d}t}\left(\int_{\Omega_t}\rho_w \mathrm{d}\Omega_t\right) = -\dot{m}_{w\to i}$$
$$\frac{\mathrm{d}^i}{\mathrm{d}t}\left(\int_{\Omega_t}\rho_i \mathrm{d}\Omega_t\right) = \dot{m}_{w\to i} \tag{6-5}$$

式中，$\dot{m}_{w\to i}$ 为水相变成冰的质量转化率。

因此，由式（6-5）中两式求和并根据式（6-4），可得到下式：

$$\int_{\Omega_t}\left[\frac{\partial \rho_w}{\partial t} + \frac{\partial \rho_i}{\partial t} + \frac{\partial(\rho_w V_j^w)}{\partial x_j} + \frac{\partial(\rho_i V_j^i)}{\partial x_j}\right]\mathrm{d}\Omega_t = 0 \tag{6-6}$$

式中，V_j^w 为水的迁移速率；V_j^i 为冰的迁移速率。

进而得到质量守恒方程的局部形式如下：

$$\frac{\partial \rho_w}{\partial t} + \frac{\partial \rho_i}{\partial t} + \frac{\partial(\rho_w V_j^w)}{\partial x_j} + \frac{\partial(\rho_i V_j^i)}{\partial x_j} = 0 \tag{6-7}$$

刚性冰模型中考虑冰的迁移速率 V_j^i，而在其他大多数冻胀模型中，由于冰与土颗粒的相对速度相对于未冻水与土颗粒的相对速度而言极小，不在一个数量级上，常认为冰的迁移速率 V_j^i 为 0。因此，取 V_j^i 为 0，记 $\theta_u = \theta - \theta_i$，并将式（6-1）代入式（6-7）得到下式：

$$\rho^w\frac{\partial \theta_u}{\partial t} + \rho^i\frac{\partial \theta_i}{\partial t} + \frac{\partial(\rho_w V_j^w)}{\partial x_j} = 0 \tag{6-8}$$

由质量守恒定律可知：

$$\rho_w V_j^w = \rho^w v_j^w \tag{6-9}$$

式中，v_j^w 为欧拉（Euler）坐标系下孔隙水的渗流速率。

因此，式（6-8）可改写为

$$\frac{\partial \theta_u}{\partial t} + \frac{\rho^i}{\rho^w}\frac{\partial \theta_i}{\partial t} + \frac{\partial v_j^w}{\partial x_j} = 0 \tag{6-10}$$

基于 6.3.1 节的基本假定，孔隙水的运移遵从达西定律且土体满足各向同性：

$$v^w = -K_H(\theta_u)\frac{\partial z'}{\partial x} \tag{6-11}$$

式中，z' 为孔隙水压力水头，在非饱和膨胀土中，当总吸力仅考虑基质吸力影响时，取 $z' = u_a - u_w$（u_a 为孔隙气压力；u_w 为孔隙水压力），当孔隙气压力等于大气压力时，$z' = -u_w$；$K_H(\theta_u)$ 为非饱和膨胀土渗透系数。

因此，式（6-10）即为

$$\frac{\partial \theta_u}{\partial t} + \frac{\rho^i}{\rho^w}\frac{\partial \theta_i}{\partial t} = \frac{\partial}{\partial x_j}\left(K_H(\theta_u)\frac{\partial z'}{\partial x_j}\right) \tag{6-12}$$

Taylor 和 Luthin[2] 建议冻土的渗透系数应当是与其未冻水含量相同的未冻土渗透系数与阻抗因子的乘积（阻抗因子是体积含冰率的函数），以此模拟冻土渗透系数随孔隙冰增长而急剧降低的现象。Taylor 和 Luthin 认为冰的阻抗因子 I 可以按照下式计算：

$$I = 10^{-10\theta_i} \tag{6-13}$$

Hansson[3] 在 Hydrus 模型中对冰的阻抗效应采用相似的形式：

$$I = 10^{-\Omega_i \frac{\theta_i}{\theta-\theta_r}} \tag{6-14}$$

式中，Ω_i 为阻抗系数；θ_r 为残余体积含水率；θ_i 为体积含冰率。

Guymon 等[4] 提出的 FROSTB 模型中采用与式（6-13）相似的形式，如下：

$$I = 10^{-E\theta_i} \tag{6-15}$$

其中，参数 E 的定义如下：

$$E = \frac{5}{4}(K_s - 3)^2 + 6 \tag{6-16}$$

式中，K_s 为饱和膨胀土渗透系数（cm/h）。

非饱和膨胀土水–热–变形耦合冻胀模型中采用式（6-15）的基本形式，则式（6-12）可改写为

$$\frac{\partial \theta_u}{\partial t} + \frac{\rho^i}{\rho^w}\frac{\partial \theta_i}{\partial t} = \frac{\partial}{\partial x_j}\left(10^{-E\theta_i} \cdot K_H(\theta_u)\frac{\partial z'}{\partial x_j}\right) \tag{6-17}$$

6.3.2.2　能量守恒方程

在膨胀土冻结过程中，热传导是其主要热量传递形式，非饱和膨胀土水–热–变形耦合冻胀模型中不考虑气相对流热和源汇相等的影响。由于土颗粒、冰、水相的动能相对于系统的其他能量而言极其微小，在此不作考虑。同时，质量守恒方程中未考虑孔隙冰的迁移，因此在能量守恒方程中同样不考虑与孔隙冰迁移相关的热通量。此外，不考虑土骨架的改变。基于上述假设，对于土颗粒–未冻水–冰相系统而言，能量守恒关系如下：

$$\frac{d^s}{dt}\left(\int_{\Omega_t}\rho_s e_s d\Omega_t\right) + \frac{d^w}{dt}\left(\int_{\Omega_t}\rho_w e_w d\Omega_t\right) + \frac{d^i}{dt}\left(\int_{\Omega_t}\rho_i e_i d\Omega_t\right) = \int_{\Omega_t}\left(\Delta e^{w\to i} + \frac{\partial q_j^w}{\partial x_j}\right)d\Omega_t \tag{6-18}$$

式中，e_s、e_w 和 e_i 分别为土颗粒、未冻水、孔隙冰的比内能；$\Delta e^{w \rightarrow i}$ 为水相变成冰产生的相变热；q_j^w 为孔隙水的热通量。

基于式（6-4），式（6-18）即为

$$\int_{\Omega_t} \left[\frac{\partial \rho_s e_s}{\partial t} + \frac{\partial (\rho_s e_s V_j^s)}{\partial x_j} + \frac{\partial \rho_w e_w}{\partial t} + \frac{\partial (\rho_w e_w V_j^w)}{\partial x_j} + \frac{\partial \rho_i e_i}{\partial t} + \frac{\partial (\rho_i e_i V_j^i)}{\partial x_j} \right] \mathrm{d}\Omega_t$$

$$= \int_{\Omega_t} \left(\Delta e^{w \rightarrow i} + \frac{\partial q_j^w}{\partial x_j} \right) \mathrm{d}\Omega_t \tag{6-19}$$

式中，V_j^s 为土的迁移速率。

因假定 V_j^s 和 V_j^i 为 0，可得到能量守恒方程的局部形式如下：

$$\frac{\partial \rho_s e_s}{\partial t} + \frac{\partial \rho_w e_w}{\partial t} + \frac{\partial \rho_i e_i}{\partial t} + \frac{\partial (\rho_w e_w V_j^w)}{\partial x_j} = \Delta e^{w \rightarrow i} + \frac{\partial q_j^w}{\partial x_j} \tag{6-20}$$

土颗粒、未冻水、孔隙冰的比内能按下式计算：

$$e_s = C^s T$$
$$e_w = C^w T \tag{6-21}$$
$$e_i = C^i T$$

式中，C^s、C^w 和 C^i 分别为土颗粒、未冻水和孔隙冰的质量比热容 $[\mathrm{J}/(\mathrm{kg} \cdot \mathrm{℃})]$；$T$ 为温度。

将式（6-9）和式（6-21）代入式（6-20），可得

$$\left[(1-n)\rho^s C^s + \theta_u \rho^w C^w + \theta_i \rho^i C^i \right] \frac{\partial T}{\partial t} + \rho^w C^w \frac{\partial (T v_j^w)}{\partial x_j} = \Delta e^{w \rightarrow i} + \frac{\partial q_j^w}{\partial x_j} \tag{6-22}$$

体积比热容与质量比热容的关系和冻结土体平均热容如下：

$$C^{vs} = \rho^s C^s$$
$$C^{vw} = \rho^w C^w$$
$$C^{vi} = \rho^i C^i \tag{6-23}$$
$$C_m^v = (1-n)C^{vs} + \theta_u C^{vw} + \theta_i C^{vi}$$

式中，C^{vs}、C^{vw} 和 C^{vi} 为土颗粒、未冻水和孔隙冰的体积比热容 $[(\mathrm{J}/(\mathrm{m}^3 \cdot \mathrm{℃})]$；$C_m^v$ 为冻结土体平均热容。

则可得到：

$$C_m^v \frac{\partial T}{\partial t} + C^{vw} \frac{\partial (T v_j^w)}{\partial x_j} = \Delta e^{w \rightarrow i} + \frac{\partial q_j^w}{\partial x_j} \tag{6-24}$$

水相变成冰产生的相变热 $\Delta e^{w \rightarrow i}$ 定义如下：

$$\Delta e^{w \rightarrow i} = H_f \frac{\partial \theta_i}{\partial t} \tag{6-25}$$

式中，H_f 为单位体积相变热（J/m^3）。

未冻结孔隙水的热传导作用遵从傅里叶定律，因此 q^w 定义如下：

$$q^w = \lambda \frac{\partial T}{\partial x} \tag{6-26}$$

式中，λ 为土体的导热率 $[\mathrm{J}/（\mathrm{cm} \cdot \mathrm{h} \cdot \mathrm{℃}）]$。

对于延吉膨胀土，其导热率可参考式（2-22），或依据各相的体积分数按下式计算。

$$\lambda = \lambda^{\mathrm{s}} \theta_{\mathrm{s}} + \lambda^{\mathrm{w}} \theta_{\mathrm{u}} + \lambda^{\mathrm{i}} \theta_{\mathrm{i}} \tag{6-27}$$

式中，θ_{s} 为饱和体积含水率；λ^{s}、λ^{w}、λ^{i} 为土颗粒、未冻水、孔隙冰的导热率。

通常，基于冻土导热率试验结果拟合得到的经验公式，其准确度相比于体积分数方法更高一些。

将式（6-25）和式（6-26）代入式（6-24），可得能量守恒方程如下：

$$C_{\mathrm{m}}^{\mathrm{v}} \frac{\partial T}{\partial t} + C^{\mathrm{vw}} \frac{\partial（T v_j^{\mathrm{w}}）}{\partial x_j} = H_{\mathrm{f}} \frac{\partial \theta_{\mathrm{i}}}{\partial t} + \frac{\partial}{\partial x_j}\left(\lambda \frac{\partial T}{\partial x_j}\right) \tag{6-28}$$

6.3.2.3 静力平衡方程

在伽利略（Galilean）参考框架下，对于多孔介质平均体积单元，在域 Ω_t 内，各相间满足力矩平衡：

$$\frac{\mathrm{d}^{\mathrm{s}}}{\mathrm{d}t}\left(\int_{\Omega_t} \rho_{\mathrm{s}} V_j^{\mathrm{s}} \mathrm{d}\Omega_t\right) + \frac{\mathrm{d}^{\mathrm{w}}}{\mathrm{d}t}\left(\int_{\Omega_t} \rho_{\mathrm{w}} V_j^{\mathrm{w}} \mathrm{d}\Omega_t\right) + \frac{\mathrm{d}^{\mathrm{i}}}{\mathrm{d}t}\left(\int_{\Omega_t} \rho_{\mathrm{i}} V_j^{\mathrm{i}} \mathrm{d}\Omega_t\right)$$
$$= \int_{\Omega_t} \rho f_j（x_j, t）\mathrm{d}\Omega_t + \int_{\partial\Omega_t} T_j（x_j, t, n_j）\mathrm{d}a \tag{6-29}$$

式中，ρ 为非饱和膨胀土的总体积密度；f_j 为体力密度；T_j 为面力密度；n_j 为斜截面法向余弦。

由式（6-3）可知：

$$a_j^\alpha = \frac{\partial V_j^\alpha}{\partial t} + V_k^\alpha \frac{\partial V_j^\alpha}{\partial x_k} \tag{6-30}$$

式中，a_j^α 为 α 相的加速度；下角 j、k 为无量纲的系列指数。

根据四面体引理和 Cauchy 应力张量[5]，面力密度 T_j 可定义为

$$T_j（x_j, t, n_j） = \sigma_{ij} n_j \tag{6-31}$$

式中，σ_{ij} 为应力张量，i、j 为系列指数，无量纲。

基于式（6-4）和式（6-30），由式（6-29）可得到：

$$\int_{\Omega_t}（\rho_{\mathrm{s}} a_j^{\mathrm{s}} + \rho_{\mathrm{w}} a_j^{\mathrm{w}} + \rho_{\mathrm{i}} a_j^{\mathrm{i}}）\mathrm{d}\Omega_t = \int_{\Omega_t} \rho f_j（x_j, t）\mathrm{d}\Omega_t + \int_{\partial\Omega_t} \sigma_{ij} n_j \mathrm{d}a \tag{6-32}$$

式中，a_j^{s}、a_j^{w}、a_j^{i} 为土颗粒、未冻水、孔隙冰的加速度。根据散度定理，由式（6-32）可得

$$\frac{\partial \sigma_{ij}}{\partial x_j} + \rho f_j（x_j, t） = \rho_{\mathrm{s}} a_j^{\mathrm{s}} + \rho_{\mathrm{w}} a_j^{\mathrm{w}} + \rho_{\mathrm{i}} a_j^{\mathrm{i}} \tag{6-33}$$

此处，不考虑土颗粒、未冻水、孔隙冰的惯性力作用，而在动力作用冻胀问题中需予以考虑（如冒浆问题），式（6-33）即为

$$\frac{\partial \sigma_{ij}}{\partial x_j} + \rho f_j = 0 \tag{6-34}$$

模型中，仅考虑一维重力作用下的冻结非饱和膨胀土应力应变问题，因此可将平衡方程式（6-34）简化如下：

$$\frac{\mathrm{d}\sigma}{\mathrm{d}z} - \gamma(n,\theta,\theta_i) = 0 \tag{6-35}$$

式中，σ 为土体总应力；γ 为土体的单位重度。

土体的单位重度定义如下：

$$\gamma(n,\theta,\theta_i) = \rho g = \left[(1-n)\rho^s + \theta_u\rho^w + \theta_i\rho^i\right]g \tag{6-36}$$

对于未冻结状态，式（6-36）即为

$$\gamma_0(n,\theta) = \rho_0 g = \left[(1-n_0)\rho^s + \theta\rho^w\right]g \tag{6-37}$$

式中，n_0 为初始孔隙率；ρ_0 为未冻结状态下的总体积密度。

非饱和土理论是由饱和土理论演化发展而来的，类比 Terzaghi 提出的饱和土有效应力原理，则非饱和土的 Bishop 有效应力原理常见下式[6]：

$$\sigma = \sigma' - \chi z' \tag{6-38}$$

式中，σ 为土体总应力；σ' 为土体有效应力；z' 为孔隙水压力水头；χ 为孔隙水压力作用的面积分数。

式（6-38）并未考虑非饱和土孔隙冰压力作用，其中孔隙水压力作用的面积分数 χ 按照下式计算[7]：

$$\chi = \frac{z'}{0.4z + 0.6} \tag{6-39}$$

在小应变范围下，基于 Lai 等[8]的方法和 Yin 等[7]的方法，考虑温度对冻土压缩模量的显著影响（即使是非饱和土，其冻结前后压缩模量也有显著变化），可定义非饱和膨胀土的应力–应变关系如下[7,8]：

$$\mathrm{d}\sigma' = -\chi E_{sf}\mathrm{d}\varepsilon_e = -\frac{z'}{0.4z' + 0.6}(a + b\,|T|^m)\mathrm{d}\varepsilon_e \tag{6-40}$$

式中，E_{sf} 为压缩模量；ε_e 为土骨架弹性应变；T 为温度；a、b、m 为压缩模量相关参数。对于冻结粉质黏土，$a=2.8\mathrm{MPa}$，$b=2.6$，当土体温度大于冻结温度时，$b=0$，m 一般取值为 0.6。

在小应变范围下，非饱和膨胀土土结构的应变–位移方程如下：

$$\varepsilon_z = \frac{\partial u_z}{\partial z} = \frac{n - n_0}{1 - n} \tag{6-41}$$

式中，ε_z 为 z 方向的土体总应变；u_z 为土体在 z 方向的位移。

在 z 方向上，膨胀土的总应变 ε_z 由加卸载引起的土骨架弹性应变 ε_e、冻胀融沉应变 ε_{FT}、黏土矿物吸水膨胀失水胀缩应变 $\varepsilon_{swelling/shrinkage}$ 组成：

$$\mathrm{d}\varepsilon_z = \mathrm{d}\varepsilon_e + \mathrm{d}\varepsilon_{FT} + \mathrm{d}\varepsilon_{swelling/shrinkage} \tag{6-42}$$

冻胀量定义为冻结土单元中分凝冰量的总和，因此冻融应变 ε_{FT} 计算如下：

$$\varepsilon_{FT} = \theta_i - (n - \theta_u) \tag{6-43}$$

基于吸力的变形计算方法通常只适用于非饱和土和膨胀势很弱的膨胀土，这里对于延吉膨胀土的胀缩应变 $\varepsilon_{swelling/shrinkage}$ 计算，采用基于含水率的经验方法，参考式（2-26），具体形式如下：

$$\varepsilon_{\text{swelling/shrinkage}} = f_i \frac{\Delta w}{E_w} = f_i \frac{\theta_u - \theta_0}{E_w \rho_d} \tag{6-44}$$

式中，θ_0 为初始体积含水率；f_i 为第 i 层收缩比；E_w 为收缩–膨胀模量；Δw 为含水率的变化量（%）；ρ_d 为干密度。

基于上述，对于土体中任意位置，按照下式计算冻结过程中非饱和膨胀土的竖向（z 向）应变：

$$\frac{n - n_0}{1 - n} = \varepsilon_z = -\frac{\sigma'}{\chi E_{sf}} + \left[\theta_i - (n - \theta_u) \right] + f_i \frac{\theta_u - \theta_0}{E_w \rho_d} \tag{6-45}$$

而静力平衡方程可改写为

$$-\chi(z') E_{sf}(T) \left[\frac{\partial}{\partial z} \left(\frac{n - n_0}{1 - n} \right) - \frac{\partial}{\partial z} (\theta_i - n + \theta_u) - \frac{\partial}{\partial z} \left(f_i \frac{\theta_u - \theta_0}{E_w \rho_d} \right) \right]$$
$$= \frac{\partial [\chi(z')z']}{\partial z} + \left[(1 - n)\rho^s + \theta_u \rho^w + \theta_i \rho^i \right] g \tag{6-46}$$

6.3.2.4 关于未冻水与孔隙冰的说明

式（6-17）、式（6-28）、式（6-46）中的未知变量为孔隙水压力水头 z' 和温度 T，因此对于控制方程中剩余的另两个未知变量未冻体积含水率 θ_u 和体积含冰率 θ_i 需进一步定义。在饱和冻土中，常根据非饱和土和变饱和度冻土的概念类比，通过土水特征曲线方程与广义克拉佩龙方程，建立 θ_u 和 T 的关系。而对于 θ_i，通常建立其与温度 T 的经验关系，或者采用等效热容法并将其与 θ_u 建立联系。上述方法在饱和土冻胀问题的模拟中应用广泛，可行性已被诸多学者验证。而在非饱和冻土问题中，上述理论和经验关系是否成立有待进一步探讨。

对于 θ_u 的补充方程，应当从与未冻水直接相关的非饱和土孔隙内各相之间的关系去考虑。冻结非饱和土中气、水、冰的界面效应是一个复杂的问题。Miller[9] 将毛细理论拓展至非饱和土的冻结问题研究，认为在土体孔隙中同时存在气–水界面、冰–水界面、气–冰界面，且三种界面间保持平衡状态。孔隙水冻结点遵从克拉佩龙方程，界面形状遵从 Kelvin 方程，界面交汇处保持表面张力平衡状态。Miller 通过试验研究分别得到气–水界面张力 δ_{aw} 和冰–水界面张力 δ_{iw} 的比例关系，在无黏性土情况下 $\delta_{aw} : \delta_{iw} = 2.2 : 1$，而对于黏性土两者的比值为 1。因此，可用非饱和土土水特征曲线中的土水势代替冰–水界面冰水势。在 Caicedo[10] 针对非饱和土冻融过程的物理模型试验中，通过克劳修斯–克拉佩龙方程得到的未冻孔隙水水压力和其对应的饱和度之间的数学关系式符合 Gardner 提出的土水特征曲线形式。因此，通过土水特征曲线方程估计非饱和冻土中未冻水含量的方法是可行的。非饱和膨胀土水–热–变形耦合冻胀模型中，根据 VG 模型式（2-2），并对式（6-17）中左侧第一项进行变换，形式如下：

$$\frac{\partial \theta_u}{\partial t} = \frac{\partial \theta_u}{\partial z'} \frac{\partial z'}{\partial t} = (\theta_s - \theta_r) \left[\frac{\alpha m}{1 - m} \Theta_{VG}^{\frac{1}{m} + 1} \left(\Theta_{VG}^{-\frac{1}{m}} - 1 \right)^m \right] \frac{\partial z'}{\partial t} \tag{6-47}$$

对于 θ_i 的补充方程，非饱和膨胀土水–热–变形耦合冻胀模型中采用非饱和膨胀土孔隙冰的结晶动力学方程。基于式（4-12）相对结晶度的计算方法，孔隙冰 θ_i 定义如下：

$$\theta_{\mathrm{i}} = \alpha(T) \cdot (\theta_{\mathrm{u}} - \theta_{\mathrm{r}}) \tag{6-48}$$

6.3.3　水–热–变形耦合冻胀模型控制方程求解与数值离散

6.3.3.1　非耦合计算方法

一维非饱和膨胀土水–热–变形耦合冻胀模型基本方程汇总如下：

$$
\begin{cases}
水分场：\dfrac{\partial \theta_{\mathrm{u}}}{\partial t} + \dfrac{\rho^{\mathrm{i}}}{\rho^{\mathrm{w}}} \dfrac{\partial \theta_{\mathrm{i}}}{\partial t} = \dfrac{\partial}{\partial x}\left[10^{-E\theta_{\mathrm{i}}} \cdot K_H(\theta_{\mathrm{u}}) \dfrac{\partial z'}{\partial x}\right] \\[3mm]
温度场：C_{\mathrm{m}}^{\mathrm{v}} \dfrac{\partial T}{\partial t} + C^{\mathrm{vw}} \dfrac{\partial(Tv^{\mathrm{w}})}{\partial x} = H_{\mathrm{f}} \dfrac{\partial \theta_{\mathrm{i}}}{\partial t} + \dfrac{\partial}{\partial x}\left(\lambda \dfrac{\partial T}{\partial x}\right) \\[3mm]
变形场：-\chi(z')E_{\mathrm{sf}}(T)\left[\dfrac{\partial}{\partial z}\left(\dfrac{n-n_0}{1-n}\right) - \dfrac{\partial}{\partial z}(\theta_{\mathrm{i}} - n + \theta_{\mathrm{u}}) - \dfrac{\partial}{\partial z}\left(f_{\mathrm{i}}\dfrac{\theta_{\mathrm{u}} - \theta_0}{E_{\mathrm{w}}\rho_{\mathrm{d}}}\right)\right] = \dfrac{\partial[\chi(z')z']}{\partial z} + \gamma \\[3mm]
\quad \dfrac{n-n_0}{1-n} = \varepsilon_z = -\dfrac{\sigma'}{\chi E_{\mathrm{sf}}} + \left[\theta_{\mathrm{i}} - (n - \theta_{\mathrm{u}})\right] + f_{\mathrm{i}}\dfrac{\theta_{\mathrm{u}} - \theta_0}{E_{\mathrm{w}}\rho_{\mathrm{d}}}
\end{cases}
\tag{6-49}
$$

由式（6-49）可见，该模型的耦合度很高，变量 z'（或 θ_{u}）、θ_{i} 等对三场均有影响。基于三场全耦合的求解方法虽然能够得到精度很高的计算结果，但是在采用牛顿-拉弗森（Newton-Raphson）算法求解时，模型收敛性较差。因此，对于上述水–热–变形耦合方程，宜采用非耦合计算方法。在绝大多数水–热耦合模型中，对于相变项 $H_{\mathrm{f}}\partial\theta_{\mathrm{i}}/\partial t$ 的处理方法多是采用固相法或等效热容法，这类方法在仅处理温度场问题和较简单的水–热耦合问题时适用性较好。Hromadka 等[11]的研究表明，当考虑冻融土的水–热耦合迁移问题时，等效热容法中的显热容参数会受到一定约束，在接近冻结温度 T_{f} 的一定温度范围内该方法不易收敛，而模型收敛时所需的时间步非常小，这将显著影响耦合模型的计算效率。Matteo 将模型植入 GEOtop 软件中时采用非耦合算法[12]，即首先确定初始体积含水率和初始体积含冰率，再求解 Richard 型水分场控制方程，最后求解温度场方程。Guymon 基于 FROSTB 模型提出另一种非耦合算法[13]，主要包括相变项处理、温度场修正、水分场修正三个主要步骤。非耦合算法在处理多场耦合问题时具有高鲁棒性和低时间成本的优势，且当模型尺度较大时更为显著。

本研究基于 FROSTB 模型，针对季节冻土区膨胀土场地冻胀预测问题，编写一维非饱和膨胀土水–热–变形三场耦合冻胀模型计算程序，命名为 FH_ ex_ Model，其中 FH 表示外部冻结环境，ex 表示中、弱膨胀性土体。FH_ ex_ Model 模型沿用 FROSTB 模型中的非耦合算法思路，并针对膨胀土冻胀特性进行修正，具体步骤如下，计算流程见图 6-5。

1）对于水分场和温度场控制方程，在不考虑孔隙冰项 $\partial\theta_{\mathrm{i}}/\partial t$ 的情况下进行求解，即式（6-50），这大大降低了方程求解难度：

$$
\begin{cases}
\dfrac{\partial \theta_{\mathrm{u}}}{\partial t} = \dfrac{\partial}{\partial x}\left(I \cdot K_H \dfrac{\partial z'}{\partial x}\right) \\[3mm]
C_{\mathrm{m}}^{\mathrm{v}} \dfrac{\partial T}{\partial t} + C^{\mathrm{vw}} \dfrac{\partial(Tv^{\mathrm{w}})}{\partial x} = \dfrac{\partial}{\partial x}\left(\lambda \dfrac{\partial T}{\partial x}\right)
\end{cases}
\tag{6-50}
$$

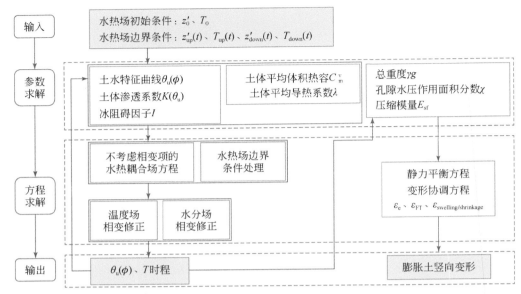

图 6-5　膨胀土冻胀模型非耦合计算方法流程图

水分场方程和温度场方程都属于抛物线型偏微分方程, 可抽象为式 (6-51)。对于水分场和温度场方程, 系数和变量汇总于表 6-1。

$$D_1 \frac{\partial U}{\partial t} = \frac{\partial}{\partial x}\left(D_2 \frac{\partial U}{\partial x}\right) + \frac{\partial}{\partial x}(D_3 U) + \text{B. C.} \tag{6-51}$$

式中, D_1、D_2、D_3 为系数; u 为变量; B. C. 为边界条件。

表 6-1　水热控制方程系数和变量汇总

系数与变量	U	D_1	D_2	D_3
水分场方程	z'	$\dfrac{\partial \theta_u}{\partial z'}$	$I \cdot K_H$	0
温度场方程	T	C_m^v	λ	$-C^{vw}v^w$

根据计算域内孔隙压力和温度在 t 时刻的值为 z'^t 和 T^t, 确定 D_1、D_2、D_3 各系数在 t 时刻的数值, 然后计算水分场方程, 获得 $t+\Delta t$ 时刻的值 $z'^{(t+\Delta t)}$, 随后计算温度场方程, 获得 $t+\Delta t$ 时刻的值 $T^{t+\Delta t}$, 此时求得的 $z'^{(t+\Delta t)}$ 和 $T^{t+\Delta t}$ 并未考虑相变项的影响。

2) 进行相变估计计算, 首先修正温度场。根据式 (4-10) 计算当前土体单元节点 $z'^{(t+\Delta t)}$ 所对应的冻结点 $T_f^{t+\Delta t}$, 将当前温度 $T^{t+\Delta t}$ 与 T_f^t 进行比较, 若小于冻结温度, 则表明已发生冻结, 进而需要根据此时的相变热对节点温度进行修正。在此, 需要计算 Δt 时间步内的两个热量 ΔQ_1 和 ΔQ_2, 具体如下式:

$$\Delta Q_1 = C_m^{v\,(t)}(T_f^t - T^{t+\Delta t})$$
$$\Delta Q_2 = \alpha(T^{t+\Delta t}) \cdot \frac{H_f}{\rho_w}(\theta_u^t - \theta_r) \tag{6-52}$$

式中，$C_m^{v(t)}$ 为 t 时刻土体的总热容；$T^{t+\Delta t}$ 为 $t+\Delta t$ 时刻土体的温度；T_f^t 为根据 z'' 求得的 t 时刻土体冻结点；θ_u^t 为 t 时刻土体的未冻体积含水率；θ_r 为残余体积含水率，即冻结土体中难以被冻结的那部分液态水含量。

若 $\Delta Q_1 > \Delta Q_2$，说明在判断已冻结的情况下，内能变化已大于孔隙水相变引起的最大相变热，因此按照下式对温度进行修正：

$$T_{\mathrm{modify}}^{t+\Delta t} = T_f^t - \frac{\Delta Q_1 - \Delta Q_2}{C_m^{v(t)}} \tag{6-53}$$

式中，$T_{\mathrm{modify}}^{t+\Delta t}$ 为 $t+\Delta t$ 时刻土体温度 $T^{t+\Delta t}$ 的修正值。

若 $\Delta Q_1 < \Delta Q_2$，说明土体单元已发生冻结但还处于相变发生阶段，在 FROSTB 模型中将处于这一温度范围的单元温度统一设定为冻结点，但实际过程中孔隙水的冻结发生在一定温度范围内，式（6-49）中则近似考虑为 $T^{t+\Delta t}$ 时刻的温度。

3）进行水分场修正，考虑相变项对水分场的影响。根据 z'' 值计算土体单元节点的体积含水率数值，并按下式进行修正：

$$\theta_{u(\mathrm{modify})}^{t+\Delta t} = \theta_u^{t+\Delta t} - \frac{\min(\Delta Q_1, \Delta Q_2)}{H_f} \tag{6-54}$$

式中，$\theta_{u(\mathrm{modify})}^{t+\Delta t}$ 为 t 时刻土体未冻体积含水率 $\theta^{t+\Delta t}$ 的修正值。

在变形场的计算方面，Ito 等[14] 提出一种两阶段分析模型，以计算膨胀土在水分迁移作用下的膨胀变形，该模型中包括用于计算土体渗流的土壤–大气耦合模型，该模型可通过计算得到的吸力数据采用 Vu 和 Fredlund[15] 提出的一种基于吸力的位移计算方法进行求解。基于上述两阶段分析模型的思路，根据式（6-50）、式（6-53）、式（6-54）计算得到的 $\theta_u(z')$、T 时程，采用式（6-45）进行计算，式中包括有效应力变化引起的土骨架变形量、孔隙冰引起的冻胀量，以及含水率变化引起的膨胀土胀缩变形量。通常，对于表层土体而言，在无上覆荷载作用时，式（6-45）中右侧第一项由土体重度和吸力改变引起的非线性弹性变形量相比于膨胀土的冻胀量和膨胀量而言是极小的，在水–热–变形计算中可暂不考虑。基于这一假定，忽略土骨架变形量的影响，在两阶段计算方法中，式（6-45）可改写为如下形式：

$$\varepsilon_z^{t+\Delta t} = \left[\theta_i^{t+\Delta t} - (n_0 - \theta_{u(\mathrm{modify})}^{t+\Delta t})\right] + f\frac{\theta_{u(\mathrm{modify})}^{t+\Delta t} - \theta_0}{E_w \rho_d} \tag{6-55}$$

给定模型的初始值和边界条件即可进行求解，包括土体上下边界的孔隙水压力和温度时程、计算域内初始孔隙水压力和初始温度。在式（6-49）中，包含狄利克雷（Dirichlet）边界条件和诺伊曼（Neumann）边界条件两种形式。对于模型上下边界处的孔隙水压力边界，两种模式分别如下：

$$
\begin{aligned}
&z' = z'_{\mathrm{up}} && z = 0 && t > 0 \\
&\frac{\partial z'}{\partial z} = F_{\mathrm{up}} && z = 0 && t > 0 \\
&z' = z'_{\mathrm{bottom}} && z = L && t > 0 \\
&\frac{\partial z'}{\partial z} = F_{\mathrm{bottom}} && z = L && t > 0
\end{aligned}
\tag{6-56}
$$

式中，z'_{up} 和 z'_{bottom} 分别为模型上下边界处的孔隙水压力值；F_{up} 和 F_{bottom} 分别为模型上下边界处的孔隙水压力梯度；$z=0$ 为上边界；$z=L$ 为下边界；L 相当于计算单元的高度。

对于温度边界同样有两种模式，具体如下：

$$
\begin{aligned}
T &= T_{up} & z=0 & \quad t>0 \\
\frac{\partial T}{\partial z} &= G_{up} & z=0 & \quad t>0 \\
T &= T_{bottom} & z=L & \quad t>0 \\
\frac{\partial T}{\partial z} &= G_{bottom} & z=L & \quad t>0
\end{aligned}
\tag{6-57}
$$

式中，T_{up} 和 T_{bottom} 分别为模型上下边界处的温度值；G_{up} 和 G_{bottom} 分别为模型上下边界处的温度梯度。

模型的初始孔隙水压力条件和初始温度条件如下：

$$
\begin{aligned}
z' &= z'_0 & 0<z<L & \quad t=0 \\
T &= T_0 & 0<z<L & \quad t=0
\end{aligned}
\tag{6-58}
$$

式中，z'_0 和 T_0 分别为模型计算域内孔隙水压力和温度的初始值。

6.3.3.2 空间域和时间域离散

采用克兰克–尼科尔森（Crank-Nicolson）隐式有限差分格式对时间域和空间域进行离散。在 Crank-Nicolson 隐式有限差分格式中，对时间域采用向前差分格式：

$$
\frac{\partial U}{\partial t} = \frac{U_i^{j+1} - U_i^j}{\Delta t}
\tag{6-59}
$$

对空间域采用中心差分格式：

$$
\begin{aligned}
\frac{\partial U}{\partial z} &= \frac{U_{i+1}^{j+1/2} - U_{i-1}^{j+1/2}}{2\Delta z} \\
\frac{\partial^2 U}{\partial z^2} &= \frac{U_{i+1}^{j+1/2} - 2U_i^{j+1/2} + U_{i-1}^{j+1/2}}{(\Delta z)^2}
\end{aligned}
\tag{6-60}
$$

其中，$U_{i+1}^{j+1/2}$、$U_i^{j+1/2}$ 和 $U_{i-1}^{j+1/2}$ 分别定义如下：

$$
\begin{aligned}
U_{i+1}^{j+1/2} &= \frac{U_{i+1}^{j+1} + U_{i+1}^j}{2} \\
U_i^{j+1/2} &= \frac{U_i^{j+1} + U_i^j}{2} \\
U_{i-1}^{j+1/2} &= \frac{U_{i-1}^{j+1} + U_{i-1}^j}{2}
\end{aligned}
\tag{6-61}
$$

根据式（6-59）～式（6-61），式（6-51）的离散格式如下，其中令 $r_1 = \dfrac{\Delta t}{(\Delta z)^2}$、$r_2 = \dfrac{\Delta t}{2\Delta z}$，则

$$
D_1(U_i^{j+1} - U_i^j) = r_1 D_2\left[\left(\frac{U_{i+1}^{j+1} + U_{i+1}^j}{2}\right) - 2\left(\frac{U_i^{j+1} + U_i^j}{2}\right) + \left(\frac{U_{i-1}^{j+1} + U_{i-1}^j}{2}\right)\right]
$$

$$+ r_2 D_3 \left[\left(\frac{U_{i+1}^{j+1} + U_{i+1}^{j}}{2} \right) - \left(\frac{U_{i-1}^{j+1} + U_{i-1}^{j}}{2} \right) \right] \tag{6-62}$$

式（6-62）中 D_1、D_2 和 D_3 需根据 j 时刻不同空间位置节点处的水分场 h 和温度场 T 数值进行计算，式（6-62）可改写为

$$(E_1)_{i-1}^{j} U_{i-1}^{j+1} + (E_2)_{i}^{j} U_{i}^{j+1} + (E_3)_{i+1}^{j} U_{i+1}^{j+1} = (F_1)_{i-1}^{j} U_{i-1}^{j} + (F_2)_{i}^{j} U_{i}^{j} + (F_3)_{i+1}^{j} U_{i+1}^{j}$$

$$(E_1)_{i-1}^{j} = - \left[r_1 (D_2)_{i-1}^{j} - r_2 (D_3)_{i-1}^{j} \right]$$

$$(E_2)_{i}^{j} = 2 (D_1)_{i}^{j} + 2 r_1 (D_2)_{i}^{j}$$

$$(E_3)_{i+1}^{j} = - \left[r_1 (D_2)_{i+1}^{j} + r_2 (D_3)_{i+1}^{j} \right]$$

$$(F_1)_{i-1}^{j} = r_1 (D_2)_{i-1}^{j} - r_2 (D_3)_{i-1}^{j}$$

$$(F_2)_{i}^{j} = 2 (D_1)_{i}^{j} - 2 r_1 (D_2)_{i}^{j}$$

$$(F_3)_{i+1}^{j} = r_1 (D_2)_{i+1}^{j} + r_2 (D_3)_{i+1}^{j}$$

$$\tag{6-63}$$

式中，E_1、E_2、E_3、F_1、F_2、F_3 可理解为同类项的系数；i 为空间坐标节点，$i = 2$，3，4，$\cdots$，$N-1$ 是计算域内的坐标节点，$i = 1$ 和 N 是边界处的坐标节点；j 为时间坐标节点。

式（6-63）所示方程体系的矩阵形式如下：

$$AU^{j+1} = BU^{j} + b^{j} \tag{6-64}$$

其中，

$$A = \begin{bmatrix} (E_2)_2^{j} & (E_3)_3^{j} & 0 & \cdots & 0 \\ (E_1)_2^{j} & (E_2)_3^{j} & (E_3)_4^{j} & \vdots & \vdots \\ 0 & 0 & \ddots & 0 & 0 \\ \vdots & \vdots & (E_1)_{N-3}^{j} & (E_2)_{N-2}^{j} & (E_3)_{N-1}^{j} \\ 0 & \cdots & 0 & (E_1)_{N-2}^{j} & (E_2)_{N-1}^{j} \end{bmatrix} \tag{6-65}$$

$$B = \begin{bmatrix} (F_2)_2^{j} & (F_3)_3^{j} & 0 & \cdots & 0 \\ (F_1)_2^{j} & (F_2)_3^{j} & (F_3)_4^{j} & \vdots & \vdots \\ 0 & 0 & \ddots & 0 & 0 \\ \vdots & \vdots & (F_1)_{N-3}^{j} & (F_2)_{N-2}^{j} & (F_3)_{N-1}^{j} \\ 0 & \cdots & 0 & (F_1)_{N-2}^{j} & (F_2)_{N-1}^{j} \end{bmatrix} \tag{6-66}$$

$$b^{j} = \begin{bmatrix} (F_1)_1^{j} U_1^{j} - (E_1)_1^{j} U_1^{j+1} \\ 0 \\ \vdots \\ 0 \\ (F_3)_N^{j} U_N^{j} - (E_3)_N^{j} U_N^{j+1} \end{bmatrix} \quad U^{j+1} = \begin{pmatrix} U_2^{j+1} \\ U_3^{j+1} \\ \vdots \\ U_{N-2}^{j+1} \\ U_{N-1}^{j+1} \end{pmatrix} \quad U^{j} = \begin{pmatrix} U_2^{j} \\ U_3^{j} \\ \vdots \\ U_{N-2}^{j} \\ U_{N-1}^{j} \end{pmatrix} \tag{6-67}$$

由 Crank-Nicolson 差分格式得到的离散方程是隐式格式的，需要对全场联立求解。式（6-49）中针对一维问题，采用高斯（Grauss）消去法进行求解即可。

6.4　非饱和膨胀土水－热－变形耦合冻胀模型应用算例

非饱和膨胀土冻胀模型 FH_ex_Model 为一维有限差分模型。在温度边界条件方面，上边界和下边界温度依照图 6-6，图中所示温度为热敏电阻温度传感器与试样上下表面紧密贴合测得的温度时程。初始温度在试样断面内分布均匀，为 1.8℃。

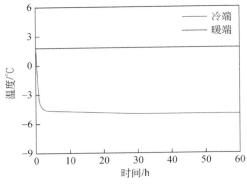

图 6-6　温度边界条件

在孔隙水压力边界条件方面，由于土体表面在试验开始时迅速冻结，可认为其上孔隙水压力边界处的流量为 0，而下孔隙水压力边界处于饱和状态，其吸力值 z' 为 0cm，试样的初始体积含水率为 0.2961，上覆荷载为 0。图 6-7 为一维有限差分计算模型时空网格点，共有 11 个空间网格点，其中 Δt 取值为 0.05h，Δz 为 1.0cm。模型边界条件的示意详见图 6-8，物理参数见表 6-2，变量单位见表 6-3。

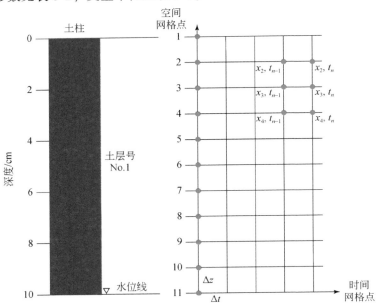

图 6-7　一维有限差分计算模型时空网格点

n 为某一时间点

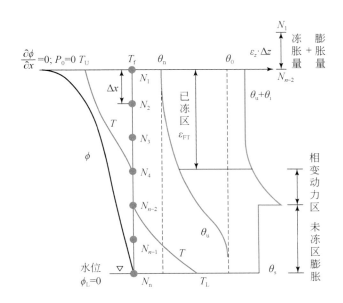

图 6-8　一维模型边界条件示意图

图中左侧黑线表示吸力随试样高度的变化；中间粉线表示各截面试样温度分布；右侧红线表示各截面体积含水率分布；
图中符号含义见表 6-2 和表 6-3，ϕ_L 为下边界吸力，P_0 为上覆荷载，T_U 为上界面温度，T_L 为下界面温度

表 6-2　膨胀土冻胀数值计算的物理参数

计算参数	符号	单位	数值
膨胀土土颗粒密度	ρ^s	g/cm³	2.63
水的密度	ρ^w	g/cm³	1
冰的密度	ρ^i	g/cm³	0.917
膨胀土土颗粒导热率	λ^s	J/(cm·h·℃)	55.43
水的导热率	λ^w	J/(cm·h·℃)	20.15
冰的导热率	λ^i	J/(cm·h·℃)	80.63
膨胀土土颗粒比热容	C^{vs}	J/(cm³·h·℃)	0.42
水的比热容	C^{vw}	J/(cm³·h·℃)	4.18
冰的比热容	C^{vi}	J/(cm³·h·℃)	2.30
冰水相变潜热	L_f	J/g	334.86
土水特征曲线参数 1	α	—	7.598
土水特征曲线参数 2	m	—	3.016
土水特征曲线参数 3	n	—	0.2542
残余体积含水率	θ_r	—	0.247
饱和体积含水率	θ_s	—	0.495
饱和渗透系数	K_s	cm/h	0.3

续表

计算参数	符号	单位	数值
初始孔隙率	n_0	—	0.495
饱和膨胀土冻结温度	T_f	℃	−0.8
结晶动力学参数 1	A	—	$1.2×10^{12}$
结晶动力学参数 2	E	kJ/mol	59.0
结晶动力学参数 3	f	—	3.0
重力加速度	g	m/s^2	9.8

表 6-3　FH_ex_Model 中变量单位

变量	符号	单位
温度	T	℃
吸力	ϕ	cm
空间	z	cm
时间	t	h

在该膨胀土水–热–变形耦合冻胀模型中，针对各主要参数敏感性的初步分析表明，水分、温度、变形物理场的计算结果对初始含水率 θ_0、饱和渗透系数 K_s 的敏感性均很大。水分场计算结果的准确性对节点温度、孔隙冰、冻胀和膨胀变形的计算结果具有很大影响。鉴于膨胀土冻胀试验中试样的渗透系数受制样、冻结等因素的影响，实际渗透系数会和变水头法试验测得的饱和渗透系数存在一定误差，本算例中 K_s 取值为 0.3cm/h。图 6-9 是延吉膨胀土冻结后试样断面含水率分布的试验值和计算值，图 6-10 是延吉膨胀土试样断面未冻结体积含水率和总体积含水率的分布情况。计算结果显示，在稳定冻结阶段，总体积含水率与试验结果基本一致，未冻结水在冻结锋面以上约 12.6mm 处迅速减少，直至达到残余体积含水率。

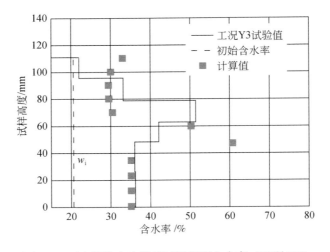

图 6-9　延吉膨胀土冻结后试样断面含水率（工况 Y3）

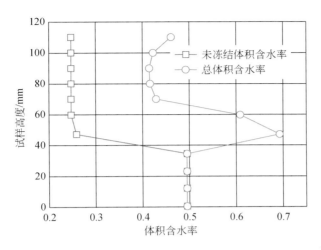

图 6-10　延吉膨胀土试样断面未冻结体积含水率和总体积含水率（工况 Y3）

　　图 6-11 是延吉膨胀土冻胀和膨胀变形的解耦，通过数值计算结果反演出冻胀分量、膨胀分量随冻胀发展的变化情况。在初始含水率较小的情况下（本算例中含水率仅为 21％），在冻结开始后的前 4.25h 内，试样以膨胀量为主，而冻胀量几乎为 0。这一阶段计算膨胀量累计达到 6.09mm（图 6-11 中 a 点），预测结果相比实际值偏大，这是由 Brauid 模型预测值偏大所致。而孔隙水虽然已发生冻结，但由于土体处于非饱和状态，其结晶量不足以引起土体冻胀变形。在 7.5h 以后，膨胀量几乎不发生变化，而冻胀量开始逐步累积（图 6-11 中 b 点），这表明在开放系统下，未冻结区域内的土体饱和已达到较高水平。本算例计算结果显示，在无溶质膨胀土初始含水率较低的情况下，膨胀变形可占总变形量的 50％左右。因此，在实际膨胀土场地的冻胀过程中，膨胀量对总变形量的贡献不容忽视。

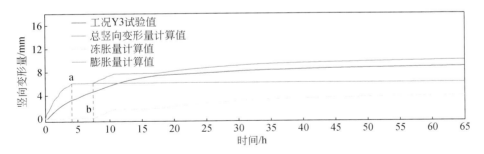

图 6-11　延吉膨胀土冻胀和膨胀变形的解耦（工况 Y3）

6.5　结论与总结

　　本章针对季节冻土区膨胀土的冻胀过程预测问题，结合第 4 章研究分析获得的非饱和膨胀土冻胀特性，提出考虑相变动力区的非饱和膨胀土冻结-胀缩耦合牵连机制。同时，基于冻结过程水-热-变形耦合方法、非饱和土变形计算理论、结晶动力学理论，建立并验证非饱和膨胀土水-热-变形耦合冻胀模型 FH_ex_Model，模型求解采用相变过程非耦合计算方法，模型离散采用 Crank-Nicolson 隐式有限差分格式。FH_ex_Model 模型中主要考虑非饱和膨胀土显著的"湿胀干缩"特性对其冻胀特性的影响，通过数值计算方法解耦出膨胀土冻胀过程中的冻胀变形分量和胀缩变形分量。

参 考 文 献

[1] BRONFENBRENER L. Non-equilibrium crystallization in freezing porous media: Numerical solution [J]. Cold Regions Science and Technology, 2013, 85 (1): 137-149.

[2] TAYLOR G S, LUTHIN J N. A model for coupled heat and moisture transfer during soil freezing [J]. Revue Canadienne de Géotechnique, 1978, 15 (4): 548-555.

[3] HANSSON K. Water and heat transport in road structures: Development of mechanistic models [D]. Uppsala: Uppsala University, 2005.

[4] GUYMON G L, HARR M E, BERG R L, et al. A probabilistic-deterministic analysis of one-dimensional ice segregation in a freezing soil column [J]. Cold Regions Science and Technology, 1981, 5 (2): 127-140.

[5] COUSSY O. Poromechanics [M]. New Jersey: Wiley, 2004.

[6] 蔡国庆. 基于多孔介质理论的土体多场耦合模型及其在非饱和土本构建模中的应用 [D]. 北京: 北京交通大学, 2012.

[7] YIN X, LIU E, SONG B, et al. Numerical analysis of coupled liquid water, vapor, stress and heat transport in unsaturated freezing soil [J]. Cold Regions Science and Technology, 2018, 155 (11): 20-28.

[8] LAI Y, PEI W, ZHANG M, et al. Study on theory model of hydro-thermal-mechanical interaction process in saturated freezing silty soil [J]. International Journal of Heat and Mass Transfer, 2014, 78 (11): 805-819.

[9] MILLER R D. Freezing and heaving of saturated and unsaturated soils [J]. Highway Research Record, 1972, 393: 1-11.

[10] CAICEDO B. Physical modelling of freezing and thawing of unsaturated soils [J]. Géotechnique, 2017, 67 (2): 106-126.

[11] HROMADKA T V, GUYMON G L, BERG R L. Some approaches to modeling phase change in freezing solis [J]. Cold Regions Science and Technology, 1981, 4 (2): 137-145.

[12] MATTEO D A. Coupled water and heat transfer in permafrost modeling [D]. Trento: University of Trento, 2010.

[13] GUYMON G L, II T, BERG R L. A one dimensional frost heave model based upon simulation of simultaneous heat and water flux [J]. Cold Regions Science and Technology, 1980, 3 (2/3): 253-262.

[14] ITO M, AZAM S, HU Y. A two-stage model for moisture-induced deformations in expansive soils [J]. Environmental Systems Research, 2014, 3 (1): 19-30.

[15] VU H Q, FREDLUND D G. The prediction of one-, two-, and three-dimensional heave in expansive soils [J]. Canadian Geotechnical Journal, 2004, 41 (4): 713-737.

第7章　冻融膨胀土流变特性

7.1　概　　述

　　冻融循环下膨胀土流变特性是季节冻土区膨胀土场地建（构）筑物长期稳定性安全评价的基础，这对于深季节冻土区基础建设有着重要的现实意义。本章以室内流变试验为手段，探究膨胀土在非冻融与冻融环境下膨胀土的流变特性。根据流变试验数据分析膨胀土的蠕变与应力松弛特性，侧重于对不同冻融循环次数下蠕变与应力松弛规律的分析。根据前述考虑冻融循环效应的膨胀土流变试验结果，依托扰动状态概念理论，建立考虑冻融循环扰动状态的改进西原模型（Nishihara model），并进行预测计算。

7.2　非冻融膨胀土蠕变试验

7.2.1　非冻融膨胀土蠕变试验方案

　　三轴蠕变试验操作方法参照《铁路工程土工试验规程》（TB 10102—2010）[1]中的具体要求进行操作。选用 SR-20 型土体三轴流变仪进行蠕变试验，见图 7-1。试样规格为 $\Phi 61.8mm \times 125mm$，控制干密度为宾西膨胀土的现场实测干密度 $1.52g/cm^3$，含水率为天

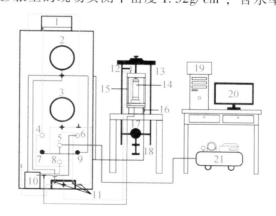

图 7-1　SR-20 型土体三轴流变仪及其示意图

1：水箱；2：σ_3 压力表；3：σ_b 压力表；4：σ_3 进水阀；5：气源阀；6：σ_b 进水阀；7：σ_3 旋钮；8：排气阀门；
9：σ_b 旋钮；10：加压水箱；11：压力传感器；12：位移传感器；13：传力杆；14：蠕变试样；15：压力室；
16：压力传感器；17：配重；18：砝码；19：数据采集仪；20：计算机；21：气泵

然含水率25%。为考虑不同地区、不同含水率以及不同围压下膨胀土的流变特征,设计系列常规蠕变试验,见表7-1。每级荷载持续时间为5000min,共对试样施加6次荷载。

表7-1 膨胀土常规蠕变试验方案

编号	膨胀土质	含水率/%	干密度/(g/cm³)	围压 σ_3/kPa	每级加载/kPa	冻融循环次数 N_{FT}/次
ER-01	宾西膨胀土	25		150		
ER-02	佳木斯膨胀土	25		150		
ER-03	延吉膨胀土	25		150		
ER-04	宾西膨胀土	20	1.52	150	25.84	0
ER-05	宾西膨胀土	30		150		
ER-06	宾西膨胀土	25		100		
ER-07	宾西膨胀土	25		200		

7.2.2 非冻融膨胀土蠕变特性与影响因素

7.2.2.1 不同含水率下蠕变曲线

不同含水率的宾西膨胀土试样的分级加载蠕变试验时间-应变关系图与利用"平移坐标法"处理后的蠕变曲线簇如图7-2~图7-4所示。图中 t 为时间, ε 为试样的轴向应变,阶梯蠕变曲线上的数值为累计加载应力值。

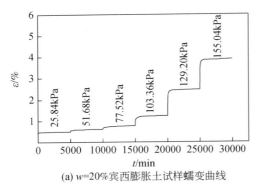
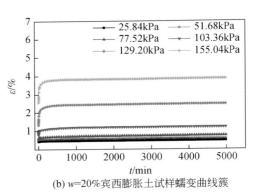

(a) w=20%宾西膨胀土试样蠕变曲线   (b) w=20%宾西膨胀土试样蠕变曲线簇

图7-2 w=20%宾西膨胀土的蠕变曲线与曲线簇

从图7-2~图7-4中可以看出,宾西膨胀土在不同含水率下具有如下蠕变性质:

1)三种不同含水率试样的每一级应力加载,试样都会出现瞬时轴向应变。膨胀土试样的轴向应变随时间在逐渐增大;膨胀土试样的瞬时轴向应变与蠕变总应变均随着加载应力的提高而逐渐增大。

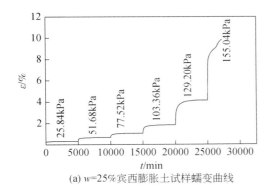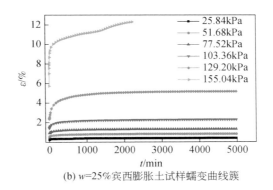

(a) w=25%宾西膨胀土试样蠕变曲线　　　　(b) w=25%宾西膨胀土试样蠕变曲线簇

图 7-3　w=25%宾西膨胀土的蠕变曲线与曲线簇

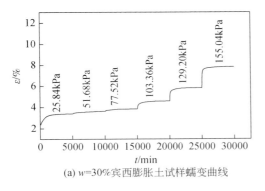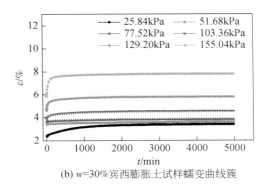

(a) w=30%宾西膨胀土试样蠕变曲线　　　　(b) w=30%宾西膨胀土试样蠕变曲线簇

图 7-4　w=30%宾西膨胀土的蠕变曲线与曲线簇

2）由 $w=25\%$ 试样的蠕变曲线可知，当应力高于某一阈值时，试样表现出加速蠕变破坏。而其他未破坏的试样也出现稳定蠕变速率加快的情况。

3）随着试样应变水平的提高，从开始加载到蠕变稳定的时间逐渐减小，且每级荷载下瞬时应变在蠕变总量中的占比也逐渐增加。

4）随着含水率的提高，前 3 级荷载作用下同级荷载不同含水率试样的蠕变特性各异。第 1 级荷载（偏应力为 25.84kPa）造成的蠕变变形随着含水率增加呈逐渐提高的趋势，$w=30\%$ 试样在第 1 级荷载作用下表现出明显的非线性蠕变特征且蠕变总量远远高于其余两组含水率试样。

绘制不同含水率下时间 t 分别为 500min、1000min、1500min、2000min、2500min、3000min、4000min 和 5000min 时试样蠕变应力应变等时曲线，见图 7-5。由图可见，不同含水率试样的蠕变应力应变等时曲线簇均呈现出非线性特性，非线性流变特性随着含水率的增加愈发明显，向应变坐标轴弯曲的形态愈明显；在第 3 级荷载（77.52kPa）后非线性应力应变特性随着含水率的增加逐渐显现。

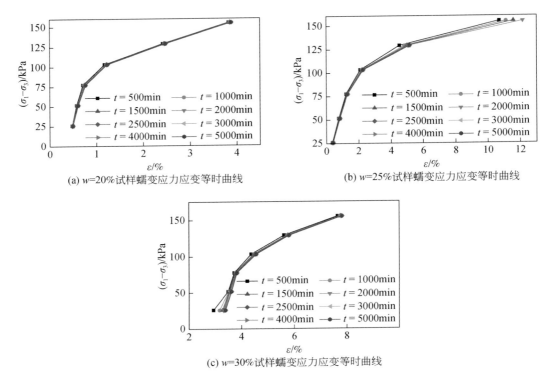

(a) w=20%试样蠕变应力应变等时曲线   (b) w=25%试样蠕变应力应变等时曲线

(c) w=30%试样蠕变应力应变等时曲线

图 7-5   不同含水率试样应力应变等时曲线

7. 2. 2. 2   不同围压下蠕变曲线

宾西膨胀土试样围压 σ_3 为 100kPa、150kPa 和 200kPa 的分级加载蠕变试验时间-应变关系图与蠕变曲线簇见图 7-6 ~ 图 7-8。

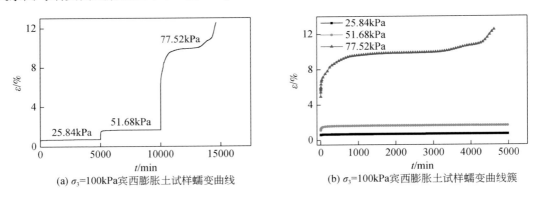

(a) σ_3=100kPa宾西膨胀土试样蠕变曲线   (b) σ_3=100kPa宾西膨胀土试样蠕变曲线簇

图 7-6 σ_3 = 100kPa 宾西膨胀土的蠕变曲线与曲线簇

不同围压下分级加载蠕变曲线呈现出明显的蠕变差异特性,在低围压状态 (σ_3 =

100kPa）下，试样在第 3 级荷载便出现加速蠕变并破坏的现象。

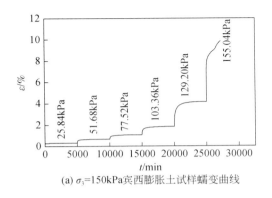

(a) σ_3=150kPa宾西膨胀土试样蠕变曲线

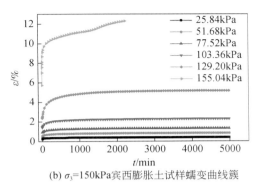

(b) σ_3=150kPa宾西膨胀土试样蠕变曲线簇

图 7-7　σ_3 = 150kPa 宾西膨胀土的蠕变曲线与曲线簇

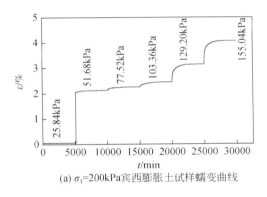

(a) σ_3=200kPa宾西膨胀土试样蠕变曲线

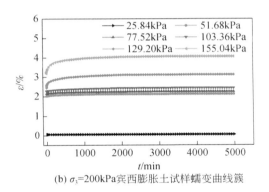

(b) σ_3=200kPa宾西膨胀土试样蠕变曲线簇

图 7-8　σ_3 = 200kPa 宾西膨胀土的蠕变曲线与曲线簇

　　在高围压状态（σ_3 = 200kPa）下，试样的蠕变特征明显减缓，没有出现加速蠕变的情况。对比可知，试样所处应力状态对于蠕变特性影响显著。随着轴向荷载的分级施加，试样在每级荷载下的蠕变总量逐渐增大；随着围压的提高，同一级荷载水平下的蠕变总量及加载瞬时应变逐渐减小。

　　不同围压下试样蠕变应力应变等时曲线见图 7-9。由图可见，围压对膨胀土试样的非线性特性影响显著。随着围压的增大，试样蠕变应力应变曲线的弯曲程度逐渐减小，可知围压越小，膨胀土蠕变变形稳定时间越长，膨胀土的非线性蠕变特性更明显。

7.2.2.3　不同地区膨胀土蠕变曲线

　　不同地区（宾西、佳木斯和延吉），自由膨胀率不同的三种膨胀土在相同制样指标下三轴试样蠕变曲线见图 7-10 ~ 图 7-12。

　　从图 7-10 ~ 图 7-12 可以看出，三种膨胀土的蠕变特性相似，随着荷载的增加，瞬时蠕变量与每级荷载下的总蠕变量均有所增加。三种膨胀土均在荷载为 155.04kPa 时发生较大的蠕变变形。宾西膨胀土在荷载为 155.04kPa 时表现出标准蠕变曲线，先发生衰减蠕变

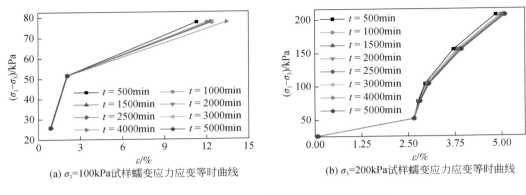

(a) σ_3=100kPa试样蠕变应力应变等时曲线　　　　(b) σ_3=200kPa试样蠕变应力应变等时曲线

图 7-9　不同围压下试样蠕变应力应变等时曲线

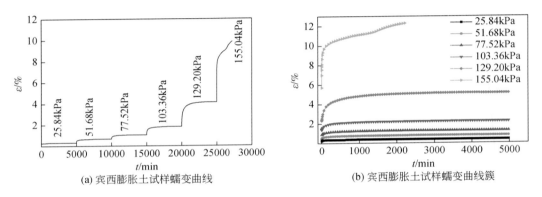

(a) 宾西膨胀土试样蠕变曲线　　　　　　　(b) 宾西膨胀土试样蠕变曲线簇

图 7-10　宾西膨胀土的蠕变曲线与曲线簇

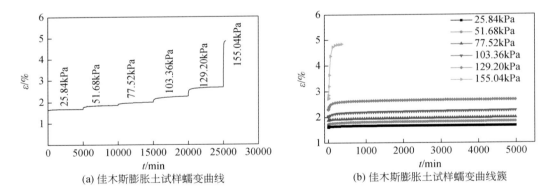

(a) 佳木斯膨胀土试样蠕变曲线　　　　　　(b) 佳木斯膨胀土试样蠕变曲线簇

图 7-11　佳木斯膨胀土的蠕变曲线与曲线簇

之后进入等速蠕变状态最后产生加速蠕变的现象,佳木斯膨胀土呈现相似特征,而延吉膨胀土在施加最后一级分级荷载前应变水平约 1%,而在施加最后一级荷载后直接进入加速蠕变状态至试样破坏。根据应变−时间曲线簇与加载应力绘制的不同膨胀土试样蠕变应力应变等时曲线见图 7-13。

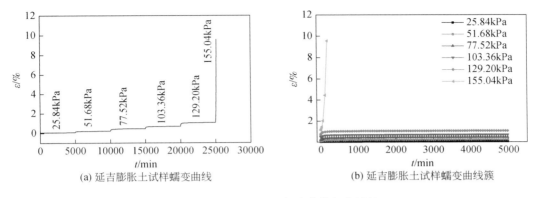

图 7-12　延吉膨胀土的蠕变曲线与曲线簇

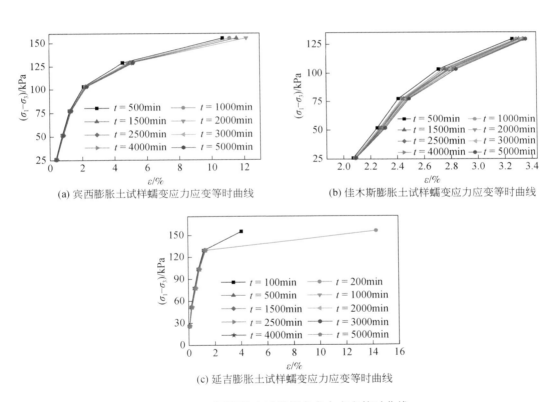

图 7-13　不同膨胀土试样蠕变应力应变等时曲线

由图 7-13 可知，三种膨胀土均呈现出明显的非线性流变特性，如图 7-13（a）所示宾西膨胀土最后一级荷载蠕变特征明显；如图 7-13（c）所示延吉膨胀土施加第 6 级荷载约 4h 后试样即破坏，因此应力应变等时曲线末端出现明显的离散特性。佳木斯膨胀土蠕变非线性程度弱于宾西膨胀土与延吉膨胀土。

7.3　冻融膨胀土蠕变试验

7.3.1　冻融膨胀土蠕变试验方案

考虑冻融循环影响的膨胀土蠕变试验所用三轴仪仍用 SR-20 型土体三轴流变仪。采用 XT5704LT 恒温液浴循环装置实现三轴试样的冻融循环，控温范围为 –35 ~ 90℃，控温精度为 ±0.1℃。冻融循环过程中保证试样在冻融循环前后的含水率保持不变。

结合寒区的气象资料，本次冻融循环温度设置为：冻结温度为 –10℃，融化温度为 10℃，单次冻结与融化的时间取 8h。试样冻融循环试验设计见图 7-14。

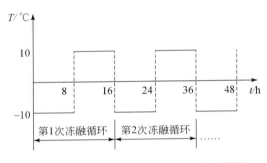

图 7-14　试样冻融循环温度与周期示意图

三轴蠕变试样冻融循环的实现方法如下：冻融循环过程中循环液需要完全没过试样，完成冻融循环后取出试样开始三轴蠕变试验。选取的试样冻融循环次数为 0 次、1 次、3 次、7 次、11 次，其试验方案见表 7-2。

表 7-2　膨胀土冻融循环蠕变试验方案

编号	膨胀土质	含水率/%	干密度/(g/cm³)	围压 σ_3 /kPa	每级加载/kPa	冻融循环次数 N_{FT}/次
ER-01	宾西膨胀土					0
ER-08	宾西膨胀土					1
ER-09	宾西膨胀土	25	1.52	150	25.84	3
ER-10	宾西膨胀土					7
ER-11	宾西膨胀土					11

7.3.2　冻融膨胀土蠕变特性与影响因素

宾西膨胀土经历不同冻融循环次数下的三轴试验结果如图 7-15 ~ 图 7-19 所示。从图中可以看出，低次冻融循环（$N_{FT}=1$ 次、3 次）试样与未经历冻融循环试样相比未出现明显变化，蠕变应变随着应力水平增加，每级荷载下试样蠕变量逐渐增大，而瞬时弹性应变占比逐渐下降。而高次冻融循环（$N_{FT}=7$ 次、11 次）试样在第 3 级荷载（77.52kPa）就开始加速蠕变，加载初期试样变形速率骤增，在短时间内达到规定的破坏应变，而在到达破坏应变之后，试样的变形速率有所下降。试样在三轴压缩过程中因轴向受压致使试样竖向压缩而径向鼓胀变形（图 7-20），施加荷载的实际作用面积增大导致实际偏应力降低，进而导致试样变形速率下降。

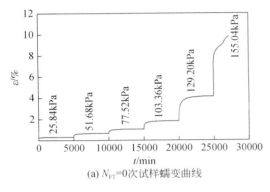
(a) N_{FT}=0次试样蠕变曲线

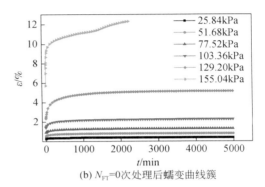
(b) N_{FT}=0次处理后蠕变曲线簇

图 7-15　宾西膨胀土 $N_{FT}=0$ 次时蠕变曲线与蠕变曲线簇

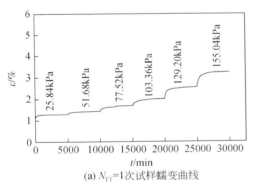
(a) N_{FT}=1次试样蠕变曲线

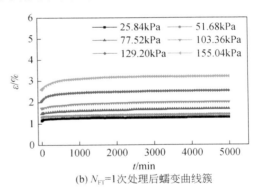
(b) N_{FT}=1次处理后蠕变曲线簇

图 7-16　宾西膨胀土 $N_{FT}=1$ 次时蠕变曲线与蠕变曲线簇

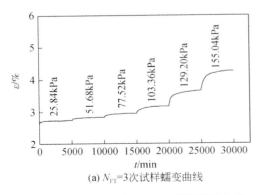
(a) N_{FT}=3次试样蠕变曲线

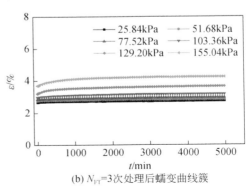
(b) N_{FT}=3次处理后蠕变曲线簇

图 7-17　宾西膨胀土 $N_{FT}=3$ 次时蠕变曲线与蠕变曲线簇

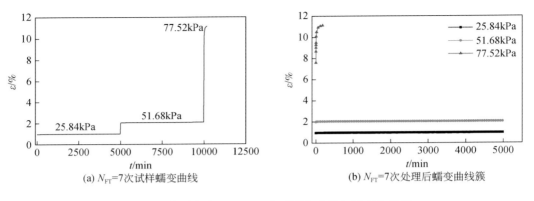

(a) N_{FT}=7次试样蠕变曲线　　　　　　(b) N_{FT}=7次处理后蠕变曲线簇

图 7-18　宾西膨胀土 N_{FT} = 7 次时蠕变曲线与蠕变曲线簇

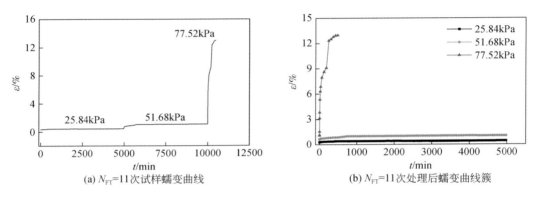

(a) N_{FT}=11次试样蠕变曲线　　　　　　(b) N_{FT}=11次处理后蠕变曲线簇

图 7-19　宾西膨胀土 N_{FT} = 11 次时蠕变曲线与蠕变曲线簇

图 7-20　破坏试样形态（N_{FT} = 7 次）

　　在较高冻融循环次数下，试样加速蠕变的应力水平阈值呈现下降趋势，说明膨胀土的长期强度随着冻融循环次数的增加而衰减，归因于膨胀土在冻融循环作用下致使试样土体内部结构破坏，在长期荷载作用下比未经历冻融循环试样更易滑移错动，直接造成试样在较低的应力水平即可发生破坏。图 7-21 为不同冻融循环次数下宾西膨胀土应力应变等时曲线。

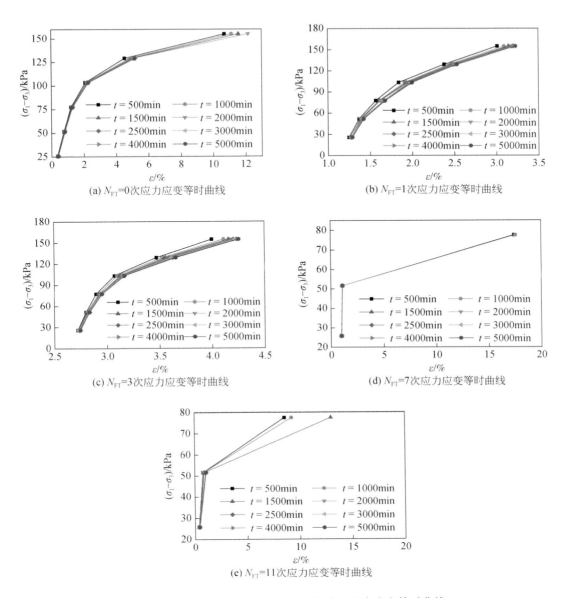

图 7-21　不同冻融循环次数下宾西膨胀土应力应变等时曲线

　　随着冻融循环次数的增加，试样应力应变等时曲线的非线性呈现逐渐增大的趋势，随着时间的推移，曲线逐渐向应变轴弯曲，曲线斜率逐渐降低；同时，试样的应力应变等时曲线峰值连线的渐进线的截距逐渐降低，原因在于试样的长期强度正在逐渐降低，膨胀土体内部结构逐渐遭到冻融破坏。

7.4　非冻融膨胀土松弛试验

7.4.1　非冻融膨胀土松弛试验方案

直剪应力松弛试验采用 $\Phi61.8\text{mm}\times40\text{mm}$ 圆柱形试样（图 7-22），控制干密度为 1.52g/cm^3。开展应力松弛试验研究不同含水率（20%、25% 和 30%）、不同竖向压力（100kPa、150kPa 和 200kPa）以及不同地区膨胀土的应力松弛特征对比分析，常规应力松弛试验方案见表 7-3。

图 7-22　应力松弛试验土样

表 7-3　膨胀土常规应力松弛试验方案

编号	膨胀土质	含水率/%	干密度 /(g/cm³)	竖向压力/kPa	每级剪切 位移 s/mm	冻融循环 次数 N_{FT}/次
SR-01	宾西膨胀土	25				
SR-02	佳木斯膨胀土	25		150		
SR-03	延吉膨胀土	25				
SR-04	宾西膨胀土	20	1.52	150	2.00	0
SR-05	宾西膨胀土	30		100		
SR-06	宾西膨胀土	25		200		
SR-07	宾西膨胀土	25				

试样加载采用对同一个试样进行分级施加应变的方式进行，试样每级施加的剪切位移为 2mm，共施加 4 次，即累计剪切位移 s 为 2mm、4mm、6mm、8mm。本试验中对试样施加剪切位移的速率为 1mm/min，每级持续时间为 1440min，应变加载的示意图见图 7-23。膨胀土的常规应力松弛试验每次在试样即将剪切达到指定位移时，开始记录数据。

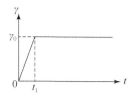

图 7-23 应力松弛试验单次应变加载示意图

t 为时间；γ 为剪切应变；t_1 为一级加载时间；γ_0 为一级加载的剪切应变

7.4.2 非冻融膨胀土松弛特性与影响因素

7.4.2.1 考虑含水率的应力松弛曲线

宾西膨胀土含水率 $w = 20\%$ 、25% 、30% 的直剪应力松弛试验时间–应变关系图与利用 "平移坐标法" 处理后的应力松弛曲线簇见图 7-24 ~ 图 7-26。不同含水率试样应力松弛曲线汇总见图 7-27。图中 t 为时间，τ_s 为试样剪应力值，阶梯状应力松弛曲线上所标数值为累计加载剪切位移值。

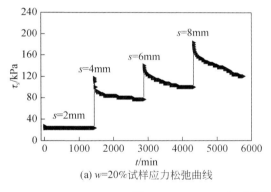

(a) $w = 20\%$ 试样应力松弛曲线

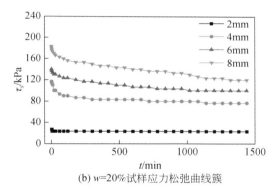

(b) $w = 20\%$ 试样应力松弛曲线簇

图 7-24 $w = 20\%$ 宾西膨胀土的蠕变曲线与蠕变曲线簇

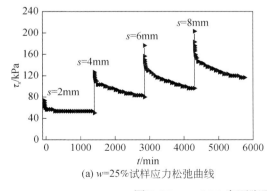

(a) $w = 25\%$ 试样应力松弛曲线

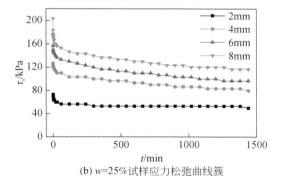

(b) $w = 25\%$ 试样应力松弛曲线簇

图 7-25 $w = 25\%$ 宾西膨胀土的蠕变曲线与蠕变曲线簇

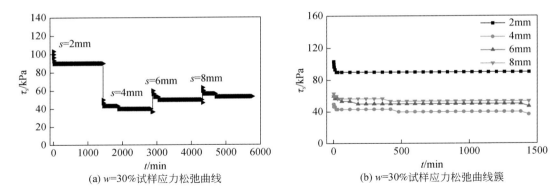

(a) w=30%试样应力松弛曲线　　　　　　(b) w=30%试样应力松弛曲线簇

图 7-26　w=30%宾西膨胀土的蠕变曲线与蠕变曲线簇

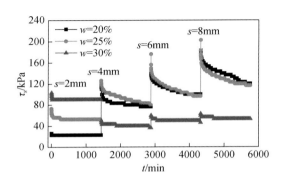

图 7-27　不同含水率试样应力松弛曲线汇总

由图 7-24～图 7-26 可知,试验过程中的剪应力随着时间的增加而衰减,在试样刚剪切完成时,试样剪应力的应力松弛的速度较快,在较短的时间内试样的应力松弛速度即趋于平缓,剪应力逐渐衰减到定值。随着应变水平的提高,宾西膨胀土的松弛特性也有所变化。首先,30% 含水率试样在施加第 2 级剪切位移时出现剪应力值骤降,此时土样已被剪坏;之后两级加载随着剪切应变的增大,试样的瞬时剪切应力与最终应力都逐渐增大。而 20% 与 25% 含水率试样没有出现此现象,均是随应变的施加,瞬时剪应力与最终剪应力均逐渐增大。由图 7-27 可知,含水率为 20% 与 25% 的试样应力松弛在第 1 级剪切位移下有所区别,而在后 3 级加载中应力松弛量与应力松弛速率基本相同,而含水率 30% 的试样其应力松弛量与应力松弛速率均大幅下降。

图 7-28 为不同含水率宾西膨胀土试样的应力松弛应力应变等时曲线。从图中可明显看出,随着试样含水率的增加,应力应变等时曲线越分散,因此其应力松弛特性的非线性特征越显著。高含水率试样的破坏应变也有所降低,如 w=30% 的试样仅在第 1 级加载中即出现应变软化的现象。

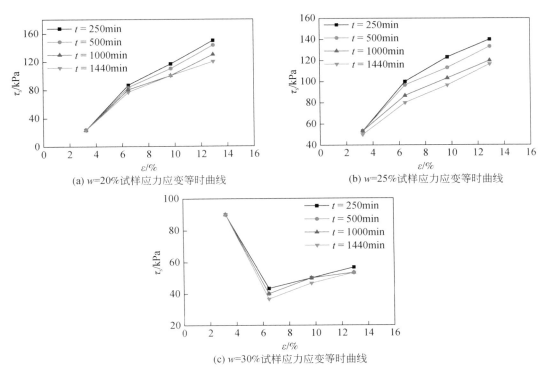

(a) w=20%试样应力应变等时曲线　　　　　(b) w=25%试样应力应变等时曲线

(c) w=30%试样应力应变等时曲线

图 7-28　不同含水率宾西膨胀土试样的应力松弛应力应变等时曲线

7.4.2.2　考虑竖向压力的应力松弛曲线

宾西膨胀土在不同竖向压力作用下的应力松弛曲线及曲线簇见图 7-29 ~ 图 7-32。图 7-33 为宾西膨胀土试样在不同竖向压力下的应力应变等时曲线。

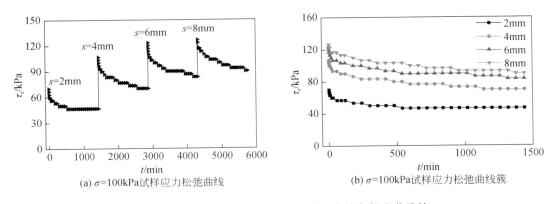

(a) σ=100kPa试样应力松弛曲线　　　　　(b) σ=100kPa试样应力松弛曲线簇

图 7-29　σ=100kPa 宾西膨胀土的蠕变曲线与蠕变曲线簇

由图 7-29 ~ 图 7-31 可知，竖向压力对试样的初始剪切应力、应力松弛速率、每级剪切位移下的应力松弛总量均有较大的影响。随着竖向应力的增大，同一级应变水平下的初

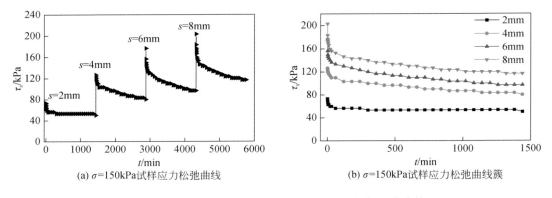

(a) σ=150kPa试样应力松弛曲线　　　　(b) σ=150kPa试样应力松弛曲线簇

图 7-30　σ=150kPa 宾西膨胀土的蠕变曲线与蠕变曲线簇

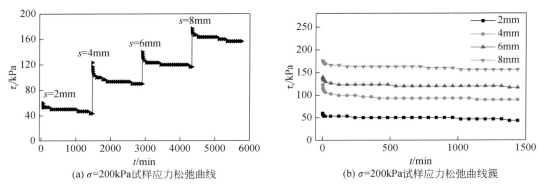

(a) σ=200kPa试样应力松弛曲线　　　　(b) σ=200kPa试样应力松弛曲线簇

图 7-31　σ=200kPa 宾西膨胀土的蠕变曲线与蠕变曲线簇

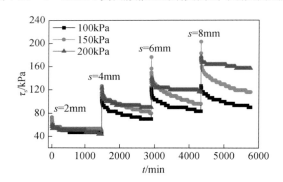

图 7-32　不同竖向压力下试样应力松弛曲线汇总

始剪切应力增大，竖向压力为 100kPa 试样的初始瞬时剪切应力明显低于另外两组，而 150kPa 与 200kPa 竖向压力下试样的初始瞬时剪切应力大致相同。图 7-32 为不同竖向压力下试样应力松弛曲线汇总，在应力松弛速率方面，随着竖向压力的增大，试样的应力松弛速率降低，100kPa 与 150kPa 的应力松弛速率较为接近；处于高围压状态下的试样具有高初始剪应力与较低的应力松弛速率，因此 200kPa 竖向压力下的试样在剪切应变施加完毕后仍然保持较大的剪应力。

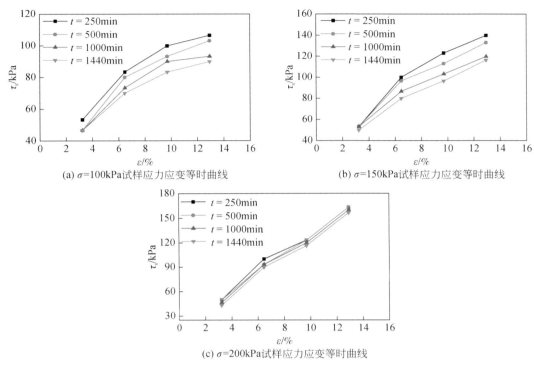

(a) σ=100kPa试样应力应变等时曲线　　　(b) σ=150kPa试样应力应变等时曲线

(c) σ=200kPa试样应力应变等时曲线

图 7-33　宾西膨胀土试样在不同竖向压力下的应力应变等时曲线

从图 7-33 可以看出，试样在受剪时应力应变关系均呈应变硬化特性；随着竖向压力的增大，试样应力应变曲线的硬化特征减弱。由此可知，竖向压力对试样的应力松弛形态具有较大的影响。

7.4.2.3　不同地区膨胀土应力松弛曲线

宾西、佳木斯和延吉三种膨胀土样的直剪应力松弛曲线及曲线簇见图 7-34～图 7-36。图 7-37 为三种膨胀土试样应力松弛曲线汇总。图 7-38 为三种膨胀土试样的应力松弛应力应变等时曲线。

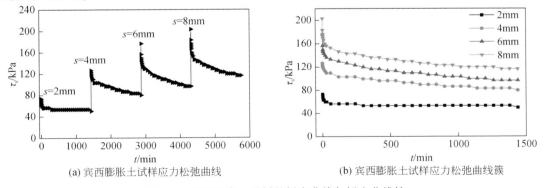

(a) 宾西膨胀土试样应力松弛曲线　　　　(b) 宾西膨胀土试样应力松弛曲线簇

图 7-34　宾西膨胀土试样的蠕变曲线与蠕变曲线簇

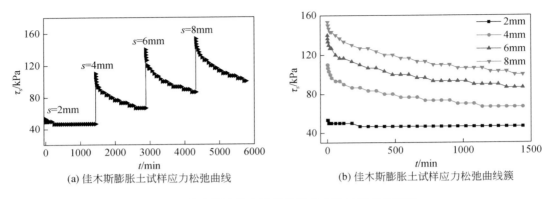

(a) 佳木斯膨胀土试样应力松弛曲线 　　　　　　(b) 佳木斯膨胀土试样应力松弛曲线簇

图 7-35　佳木斯膨胀土试样的蠕变曲线与蠕变曲线簇

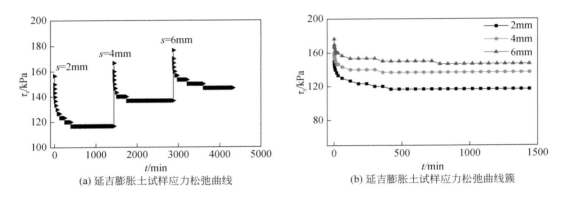

(a) 延吉膨胀土试样应力松弛曲线 　　　　　　(b) 延吉膨胀土试样应力松弛曲线簇

图 7-36　延吉膨胀土试样的蠕变曲线与蠕变曲线簇

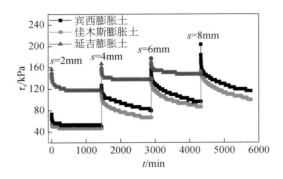

图 7-37　三种膨胀土试样应力松弛曲线汇总

　　由图 7-37 可知，三种膨胀土中，宾西与佳木斯膨胀土试样的应力松弛形态大致相同，而延吉膨胀土试样有较大差异。首先，延吉膨胀土在第 1 级加载时即有较高的初始剪应力，但此后随着剪切应变的增加，剪应力增加较缓；其次，延吉膨胀土的应力松弛特征相较于其他二者，初期应力松弛速度较快，而后松弛速度立即放缓并且快速趋于定值，且应力松弛总量也小于宾西膨胀土与佳木斯膨胀土。另外，延吉膨胀土试样由于设备意外断电，只记录了前 3 级荷载下的应力松弛曲线。

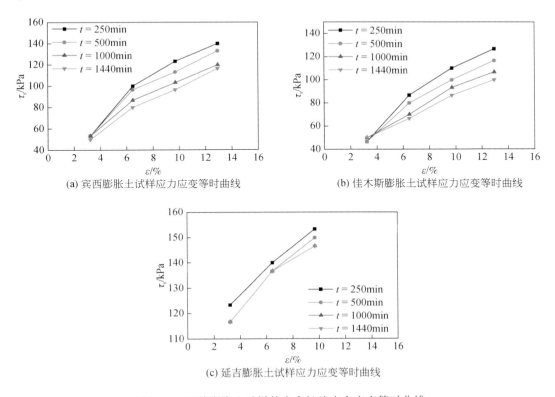

(a) 宾西膨胀土试样应力应变等时曲线　　(b) 佳木斯膨胀土试样应力应变等时曲线

(c) 延吉膨胀土试样应力应变等时曲线

图 7-38　三种膨胀土试样的应力松弛应力应变等时曲线

从图 7-38 可以看出，三种膨胀土均具有非线性应力松弛特性；宾西膨胀土与佳木斯膨胀土的曲线形态较为类似，而延吉膨胀土的非线性特征较弱；随着应变水平的提高，三种膨胀土试样受剪均表现出应变硬化规律。

7.5　冻融膨胀土松弛试验

7.5.1　冻融膨胀土松弛试验方案

为考虑冻融循环作用对膨胀土应力松弛特性的影响，将对完成不同冻融循环次数的膨胀土试样进行直剪应力松弛试验，冻融循环次数 N_{FT} 取 0 次、1 次、3 次、7 次、11 次，试验方案见表 7-4。试样冻融循环试验同 7.3.1 节，应力松弛试验同 7.4.1 节，此处不再赘述。

表 7-4 膨胀土冻融循环应力松弛试验方案

编号	膨胀土质	含水率/%	干密度/ (g/cm³)	竖向压力 σ/kPa	每级剪切位移 s/mm	冻融循环次数 N_{FT}/次
SR-01	宾西膨胀土					0
SR-08	佳木斯膨胀土					1
SR-09	宾西膨胀土	25	1.52	150	2.00	3
SR-10	宾西膨胀土					7
SR-11	宾西膨胀土					11

7.5.2 冻融膨胀土松弛特性与影响因素

不同冻融循环次数下宾西膨胀土的应力松弛曲线及曲线簇见图 7-39 ~ 图 7-43。不同冻融循环次数试样应力松弛曲线汇总见图 7-44。

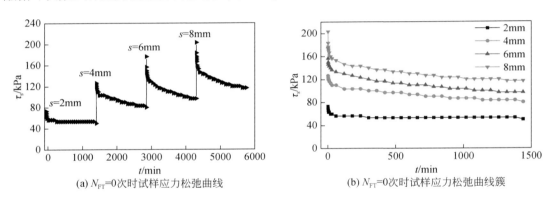

(a) N_{FT}=0 次时试样应力松弛曲线　　　(b) N_{FT}=0 次时试样应力松弛曲线簇

图 7-39　N_{FT} = 0 次时宾西膨胀土的蠕变曲线与蠕变曲线簇

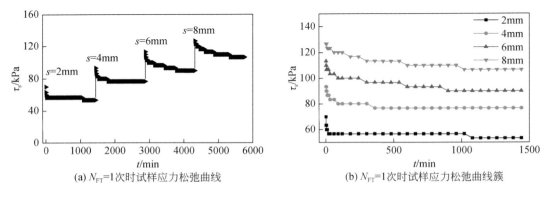

(a) N_{FT}=1 次时试样应力松弛曲线　　　(b) N_{FT}=1 次时试样应力松弛曲线簇

图 7-40　N_{FT} = 1 次时宾西膨胀土的蠕变曲线与蠕变曲线簇

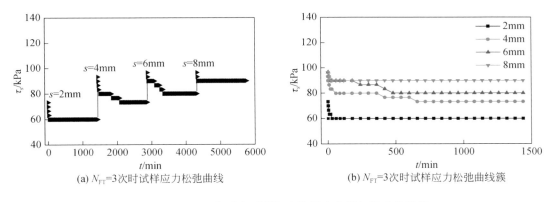

(a) N_{FT}=3 次时试样应力松弛曲线　　　　(b) N_{FT}=3次时试样应力松弛曲线簇

图 7-41　N_{FT} = 3 次时宾西膨胀土的蠕变曲线与蠕变曲线簇

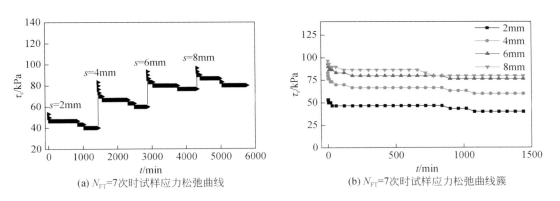

(a) N_{FT}=7次时试样应力松弛曲线　　　　(b) N_{FT}=7次时试样应力松弛曲线簇

图 7-42　N_{FT} = 7 次时宾西膨胀土的蠕变曲线与蠕变曲线簇

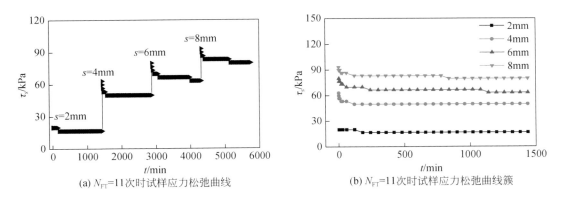

(a) N_{FT}=11次时试样应力松弛曲线　　　　(b) N_{FT}=11次时试样应力松弛曲线簇

图 7-43　N_{FT} = 11 次时宾西膨胀土的蠕变曲线与蠕变曲线簇

　　由图 7-44 可知，不同冻融循环次数下试样分级剪切的应力松弛特性变化趋势差异显著。随着冻融循环次数的增加，在同一级应变水平下，试样的瞬时剪应力、应力松弛速率

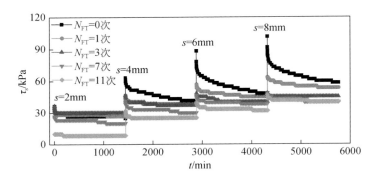

图 7-44　不同冻融循环次数试样应力松弛曲线汇总

与应力松弛总量均逐渐降低。究其原因，冻融循环作用致使土颗粒之间的结构破坏，在宏观上表现为土的抗剪性能减弱，同时在一定应变水平影响下土颗粒更容易发生相对位移，使得其应力松弛总量与应力松弛速率均降低。

　　宾西膨胀土冻融循环条件下松弛特性变化见图 7-45。经历 1 次冻融循环后的试样无论是初始瞬时剪应力、松弛最终剪应力及松弛总量都有着剧烈的变化，特别是瞬时剪应力与松弛总量都降低 60% 以上；N_{FT} = 3 次、7 次的试样的松弛特征指标的降低趋缓。N_{FT} = 11 次的试样相对于 N_{FT} = 7 次的试样其瞬时剪应力、最终剪应力减小较明显，而应力松弛总量减小较弱。综上可知，第 1 次冻融循环对膨胀土应力松弛特性的影响显著，随着冻融循环次数的增加，影响作用逐渐减弱。

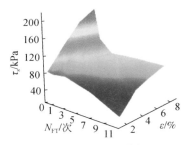

(a) 冻融循环次数对瞬时剪应力的影响

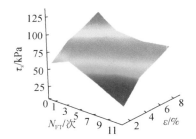

(b) 冻融循环次数对最终剪应力的影响

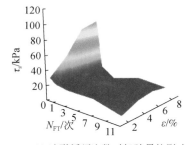

(c) 冻融循环次数对松弛量的影响

图 7-45　宾西膨胀土冻融循环条件下松弛特性变化

　　不同冻融循环次数膨胀土应力松弛应力应变等时曲线见图 7-46。随着冻融循环次数的增加，应力应变等时曲线的末端逐渐由发散变为集中，曲线的非线性特性逐渐减弱。

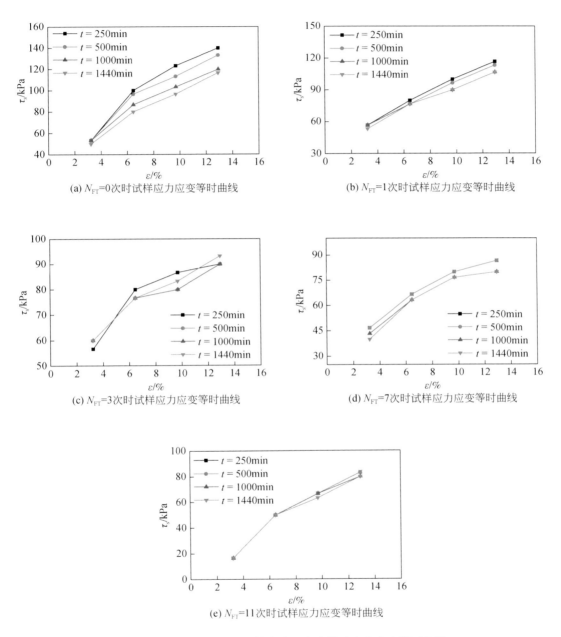

图 7-46　不同冻融循环次数膨胀土应力松弛应力应变等时曲线

7.6 基于西原模型融合扰动状态的冻融膨胀土流变模型

7.6.1 西原模型与扰动状态

膨胀土流变试验曲线特点如下：

1）蠕变试验施加荷载的瞬间会产生一个瞬时的变形，因此在流变模型中应该至少有一个独立的弹性体。

2）蠕变试验的应变-时间曲线特征：较小应力水平荷载施加后，随着时间的推移，应变会逐渐增大，但应变增大速率逐渐减缓，故在流变模型中应含有黏性体。

3）应力松弛试验可以观测到施加一定应变水平，试样应力会随着时间衰减，此性质与 Kelvin 模型性质比较相似，故在流变模型中应含有 Kelvin 模型。

4）蠕变试验中在应力水平超过某一阈值时，试样会发生加速蠕变的情况，故在流变模型中应含有塑性体。

综上可知，西原模型与上述特点比较吻合，其含有 1 个弹性体、1 个 Kelvin 模型及 1 个并联黏塑性体。

西原模型是一种弹性-黏弹性-黏塑性复合元件组合模型（图 7-47），为弹性体、Kelvin 模型与黏塑性体三者串联体。三者各自表征西原模型中的纯弹性、黏弹性、黏塑性。模型总的应变量由三种应变组成。图中 E_1、E_2 分别为弹性体和 Kelvin 模型的弹性模量，η_1 与 η_2 分别为 Kelvin 模型与黏塑性体的黏滞系数，σ_s 为黏塑性体中塑性体的屈服应力。

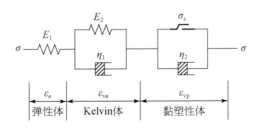

图 7-47 西原模型组成

$$\varepsilon = \varepsilon_e + \varepsilon_{ve} + \varepsilon_{vp} \tag{7-1}$$

式中，ε_e 为弹性应变；ε_{ve} 为黏弹性应变；ε_{vp} 为黏塑性应变。在应力小于塑性体屈服应力 σ_s 时，弹性体的应变为

$$\varepsilon_e = \frac{\sigma}{E_1} \tag{7-2}$$

根据并联法则，Kelvin 模型中应变、弹性体应变和黏性体应变相同，应力为弹性体与黏性体之和，由此可得如下微分方程：

$$E_2 \varepsilon_{\text{ve}} + \eta_1 \dot{\varepsilon}_{\text{ve}} = \sigma_{\text{ve-e}} + \sigma_{\text{ve-v}} \tag{7-3}$$

式中，$\sigma_{\text{ve-e}}$ 为 Kelvin 模型中弹性应力；$\sigma_{\text{ve-v}}$ 为 Kelvin 模型中黏性应力；$\dot{\varepsilon}_{\text{ve}}$ 为黏性应变速率。

该方程可改写为

$$\dot{\varepsilon}_{\text{ve}} + \frac{E_2}{\eta_1} \varepsilon_{\text{ve}} = \frac{\sigma_{\text{ve-e}} + \sigma_{\text{ve-v}}}{\eta_1} \tag{7-4}$$

初始条件：$t = 0$ 时，$\varepsilon_{\text{ve}} = 0$，设 $\sigma_{\text{ve-e}} + \sigma_{\text{ve-v}}$ 为恒定值，求解上述一阶非齐次线性微分方程得

$$\varepsilon_{\text{ve}} = \frac{\sigma}{E_2}(1 - \mathrm{e}^{-\frac{E_2}{\eta_1}t}) \tag{7-5}$$

针对于黏塑性体，依据屈服强度 σ_{s} 模型工作划为两个阶段：

$$\begin{cases} \sigma_{\text{p}} = \sigma & \sigma < \sigma_{\text{s}} \\ \sigma_{\text{p}} = \sigma_{\text{s}} & \sigma \geqslant \sigma_{\text{s}} \end{cases} \tag{7-6}$$

式中，σ_{p} 为黏塑性体中塑性体所承担的应力。在应力超过屈服应力 σ_{s} 时，黏性体所承担的应力 σ_{v} 与塑性体承担的应力 σ_{p} 有以下关系：

$$\sigma = \sigma_{\text{p}} + \sigma_{\text{v}} \tag{7-7}$$

黏性体在塑性体屈服后所承担的应力为

$$\sigma_{\text{v}} = \eta_2 \dot{\varepsilon}_{\text{vp}} \tag{7-8}$$

式中，$\dot{\varepsilon}_{\text{vp}}$ 为塑性体中黏性应变速率。

将式（7-8）代入式（7-7）有微分方程：

$$\eta_2 \dot{\varepsilon}_{\text{vp}} + \sigma_{\text{s}} = \sigma \tag{7-9}$$

根据初始条件，在初始时刻，黏塑性应变 ε_{vp} 为 0。由此条件求解式（7-9）得

$$\varepsilon_{\text{vp}} = \frac{\sigma - \sigma_{\text{s}}}{\eta_2}t \tag{7-10}$$

故综上所述，将式（7-2）、式（7-5）、式（7-6）、式（7-10）代入式（7-1），可得西原模型的流变本构方程：

$$\varepsilon(t) = \begin{cases} \dfrac{\sigma}{E_1} + \dfrac{\sigma}{E_2}(1 - \mathrm{e}^{\frac{E_2}{\eta_1}t}) & \sigma < \sigma_{\text{s}} \\[3mm] \dfrac{\sigma}{E_1} + \dfrac{\sigma}{E_2}(1 - \mathrm{e}^{\frac{E_2}{\eta_1}t}) + \dfrac{\sigma - \sigma_{\text{s}}}{\eta_2}t & \sigma \geqslant \sigma_{\text{s}} \end{cases} \tag{7-11}$$

扰动状态的概念由 Desai[2] 首次提出，此概念的起源是 Desai 研究的一种超固结土模型，此模型性能为同种土在正常固结与超固结情况的叠加。Desai 教授及其团队最初将其应用于研究岩土材料的本构关系[3-6]，之后被广泛地用于其他如岩石、混凝土、陶瓷、沥青、金属合金等材料，主要用于描述材料受到外部环境因素影响后从初始状态到新的平衡状态或失效状态所产生的变形。在实践中，材料可能永远无法达到完全平衡状态，并且难以测量其稳态行为，但是材料的初始性能可以观察和测量得到，极限平衡状态可由变形的趋势推断得出[7]。在扰动状态概念理论中，材料在受到扰动之后就变成未扰动材料部分和完全扰动材料部分组成的混合物，材料受到外界作用后的状态被认为是未扰动状态

（relative intact state，RI）和完全扰动状态（fully adjusted state，FA）加权平均得到的组合状态[8,9]。此外，材料在任意特定状态下的试验数据都可以通过以 RI 和 FA 为变量相互耦合的扰动函数 D 进行插值运算求得。图 7-48 为扰动状态概念示意图。

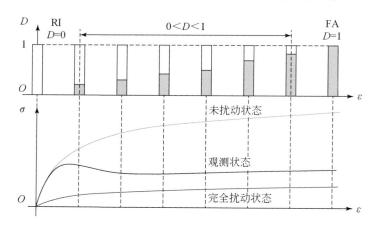

图 7-48　扰动状态概念示意图

由图 7-48 可知，材料在未受到扰动时处于未扰动状态，将材料在此状态下不断扰动，材料逐渐由未扰动状态转变为完全扰动状态。对于细颗粒土，此过程主要是因为土颗粒产生相对错动、转动与破损分解而导致的，可称这种逐渐由未扰动状态变化为完全扰动状态的过程为自调整过程。在此过程中，材料的内部变化促进 RI 态部分与 FA 态部分相互作用，而此作用又会反馈到材料内部的变化，两者的叠加促成在宏观现象中表现出的观测状态。

为考虑未扰动状态与完全扰动状态的叠加，一般用扰动因子 D 来完成。普遍形式的计算方程为

$$X_i = (1 - D)X_{RI} + DX_{FA} \tag{7-12}$$

式中，X_{RI} 为未扰动状态的效应；X_{FA} 为完全扰动状态的效应；X_i 为观测到的材料效应；D 为扰动函数。

材料在未受到扰动时，$D = 0$，伴随着扰动，D 逐渐由 0 增加到趋近 1，在达到完全扰动状态时，$D = 1$。从加权平均的角度来讲，扰动因子 D 即加权系数，$0 < D < 1$，从宏观表现上，D 在数值上表示扰动对材料的影响程度，故称其为扰动函数。

基于扰动状态概念理论，扰动函数 D 模拟材料微观结构的演化过程（裂纹、损伤、破坏等），可以表示为 Weibull 函数。这种扰动由累积的塑性应变表述如下[7]：

$$D = D_u \left[1 - \exp(-A \cdot \zeta_D^Z) \right] \tag{7-13}$$

式中，A、Z 和 D_u 都是材料参数；ζ_D^Z 为偏塑性应变轨迹。

扰动状态概念与经典本构模型之间的根本区别在于，扰动状态概念可以适应变形材料为两种不同参考状态的叠加，为提出新的本构模型拓展了思路。两者具有统一性，可将微观机理与宏观现象一并考虑到模型中，而扰动因子 D 将两种只能产生特定效应的模型组合到一起，使得所建立的本构模型具有完成描述材料的力学特性全过程的潜力。

上述特点与流变试验现象及内部机理有着一定的相似性，故参考扰动状态概念建立考虑冻融循环影响的膨胀土流变本构方程是一种比较科学的建模方法。

7.6.2　冻融膨胀土流变模型与构建方法

材料特定状态的性状可由扰动函数 D 对 RI 和 FA 状态进行组合得到。冻融循环作用对膨胀土性能有很大影响，这意味着可以基于扰动状态概念理论以膨胀土未受冻融循环作用的初始性能以及冻融循环后土体的极限性能为变量，通过状态函数来推导膨胀土流变模型。

膨胀土经历冻融循环作用后的应力松弛特性扰动状态概念示意图见图 7-49。图中对扰动状态和冻融循环下的膨胀土试样进行类比：RI 对应未受到冻融循环作用的膨胀土的性能；FA 对应受到冻融循环作用后膨胀土的极限性能，即此后再对膨胀土进行冻融循环，也不会明显改变膨胀土的性能。由此可见，在不同冻融循环次数下的膨胀土应力松弛性状可以通过扰动状态概念理论来进行模拟。

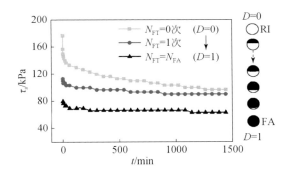

图 7-49　宾西膨胀土在冻融循环下应力松弛特性扰动状态概念示意图

竖向压力 $\sigma = 150\mathrm{kPa}$，含水率 $w = 25\%$，剪切位移 $s = 2\mathrm{mm}$

考虑冻融循环下土样流变效应及其应力应变与时间的关系，应在推导基于扰动状态概念构建的流变本构模型时，对 RI 和 FA 均采用扰动函数 D 考虑冻融循环效应。

根据 Tang 等[10]的冻融循环下膨胀土固结不排水三轴试验数据进行拟合，得出下式用来评估冻融循环对弹性模量的影响：

$$f_i = \frac{E^{(i)}}{E_t} = A_1 \cdot \mathrm{e}^{-i/B_1} + C_1 \tag{7-14}$$

$$E^{(i)} = (A_1 \cdot \mathrm{e}^{-i/B_1} + C_1)E_t \tag{7-15}$$

式中，$E^{(i)}$ 为经历 i 次冻融循环后的弹性模量值；E_t 为未经历冻融循环时的弹性模量值；f_i 为弹性模量损失比；A_1、B_1 和 C_1 为待定系数。

参考上述试验结果及扰动函数的常用形式，利用下式作为扰动函数 D，即

$$D = A \cdot \mathrm{e}^{-N/B} + C \tag{7-16}$$

式中，N 为试样经受冻融循环的次数；A、B 和 C 均为待定系数。

　　因蠕变或者应力松弛试样变形首先出现弹性响应，故将西原模型的弹性体作为反映 RI 的元件。随着应力水平或应变水平的提高，试样的黏弹性及黏塑性变形逐渐显现，故将 Kelvin 体与黏塑性体的串联体作为反映 FA 的元件。通过扰动函数 D 来考虑冻融循环效应，基于扰动状态概念理论考虑冻融循环效应的西原模型见图 7-50。

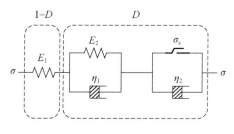

图 7-50　改进西原模型

　　将式（7-11）、式（7-12）及式（7-15）联立，得到考虑冻融循环效应的改进西原模型，蠕变方程见式（7-17）。

$$\varepsilon(t) = \begin{cases} \left\{ \dfrac{\sigma}{E_1} \left[1 - (Ae^{\frac{-i}{B}} + C) \right] \right\} + \dfrac{\sigma}{E_2} (1 - e^{\frac{E_2}{\eta_1}t})(Ae^{\frac{-i}{B}} + C) & \sigma < \sigma_s \\[4mm] \left\{ \dfrac{\sigma}{E_1} \left[1 - (Ae^{\frac{-i}{B}} + C) \right] \right\} + \left[\dfrac{\sigma}{E_2} (1 - e^{\frac{E_2}{\eta_1}t}) + \dfrac{\sigma - \sigma_s}{\eta_2} t \right](Ae^{\frac{-i}{B}} + C) & \sigma \geqslant \sigma_s \end{cases}$$

$$(7\text{-}17)$$

　　利用 Christensen[11] 及屈钧利[12] 的对蠕变柔量 $J(t)$ 与松弛模量 $E(t)$ 的近似关系将式（7-17）转化为松弛方程，利用复变函数的有关推导可得到下式：

$$J(t) = \frac{E(t)}{E^2(t) + \left(\dfrac{\pi^2 t^2}{4} \right) \left[\dfrac{\mathrm{d}E(t)}{\mathrm{d}t} \right]^2} \tag{7-18}$$

　　由式（7-18）可知，$J(t)$ 可写为松弛模量 $E(t)$ 的函数，蠕变柔量与松弛模量及其导数均相关。当松弛模量的导数值足够小时，还可以得到如下简化形式：

$$J(t) = \frac{1}{E(t)} \tag{7-19}$$

　　如此，可将式（7-17）转化为松弛方程：

$$\sigma(t) = \begin{cases} \dfrac{\varepsilon_N}{\dfrac{1}{E_1} \left[1 - (Ae^{\frac{-i}{B}} + C) \right] + \dfrac{1}{E_2} (1 - e^{\frac{E_2}{\eta_1}t})(Ae^{\frac{-i}{B}} + C)} & \sigma < \sigma_s \\[8mm] \dfrac{\varepsilon_N}{\dfrac{1}{E_1} \left[1 - (Ae^{\frac{-i}{B}} + C) \right] + \left[\dfrac{1}{E_2} (1 - e^{\frac{E_2}{\eta_1}t}) + \dfrac{\sigma - \sigma_s}{\sigma \eta_2} t \right](Ae^{\frac{-i}{B}} + C)} & \sigma \geqslant \sigma_s \end{cases}$$

$$(7\text{-}20)$$

式中，ε_N 为不同冻融循环次数下应力松弛试验的应变。

7.6.3　冻融膨胀土流变模型可靠性验证

为方便参数拟合，将蠕变方程变换为如下形式：

$$\varepsilon(t) = \{\sigma K[1 - (A_1 e^{-iB_1} + C_1)]\} + [\sigma E(1 - e^{-Jt}) + (\sigma - H)Gt](A_1 e^{-iB_1} + C_1)$$

$$(7-21)$$

式中，K 为弹性体弹性模量；H 为黏塑性体中塑性体屈服应力；G 为黏塑性体黏滞系数的倒数。

因在试验中未发现应力松弛表现出加速松弛，故应用小于屈服应力的情况进行拟合，将松弛方程变换为如下形式：

$$\sigma(t) = \frac{1}{K[1 - (A_1 e^{-iB_1} + C_1)] + E(1 - e^{-Jt})(A_1 e^{-iB_1} + C_1)}$$

$$(7-22)$$

其中，转换关系见表 7-5。

表 7-5　流变系数转换

编号	原系数	转换后系数	编号	原系数	转换后系数
1	A	$A_1 = A$	5	E_2	$E = E_2$
2	B	$B_1 = \dfrac{1}{B}$	6	$\dfrac{\eta_1}{E_2}$	$J = \dfrac{\eta_1}{E_2}$
3	C	$C_1 = C$	7	η_2	$G = \dfrac{1}{\eta_2}$
4	E_1	$K = E_1$	8	σ_s	$H = \sigma_s$

对冻融循环次数为 1 次与 11 次的三轴蠕变试验与直剪应力松弛试验进行参数拟合，拟合转换参数、原参数及拟合判定系数见表 7-6 ~ 表 7-13。

表 7-6　宾西膨胀土 $N_{FT} = 1$ 次蠕变试验拟合转换参数

应力水平/kPa	A	B	C	K	E	J	G	H
25.84	0.05481	−2.2778	0.19792	0.00099	0.00598	0.0027	0.37578	21.6201
51.68	0.01567	−0.57797	0.01515	0.0151	0.04021	0.000929	0.33157	11.0068
77.52	0.03252	−1.76156	0.05788	0.01562	0.00979	0.000813	0.04292	22.8200
103.36	0.03161	−1.57368	0.05305	0.01363	0.01251	0.00108	0.03725	23.6816
129.20	0.03192	−1.58569	0.05461	0.0132	0.01546	0.00234	0.03404	25.8464
155.04	0.03291	−1.65733	0.06007	0.01355	0.01655	0.00194	0.03388	27.7064

表 7-7　宾西膨胀土 $N_{FT} = 1$ 次蠕变试验原参数及拟合判定系数 R^2

应力水平/kPa	A	B	C	E_1 /kPa	E_2 /kPa	η_1 /(kPa·min)	η_2 /(kPa·min)	σ_s /kPa	判定系数 R^2
25.84	0.0548	−0.4390	0.197	1000.148	167.22408	61934.84	2.66113	21.620	0.964

应力水平/kPa	A	B	C	E_1/kPa	E_2/kPa	η_1/(kPa·min)	η_2/(kPa·min)	σ_s/kPa	判定系数 R^2
51.68	0.0156	−1.7301	0.015	66.225	24.869435	26765.84	3.01595	11.0068	0.962
77.52	0.0325	−0.5676	0.057	64.020	102.14504	125541.60	23.2991	22.820	0.972
103.36	0.0316	−0.6354	0.053	73.367	79.936051	74014.86	26.8456	23.681	0.992
129.20	0.0319	−0.6306	0.054	75.757	64.683053	27642.33	29.3772	25.846	0.970
155.04	0.0329	−0.6033	0.060	73.800	60.422960	31145.85	29.5159	27.706	0.989

表 7-8 宾西膨胀土 $N_{FT}=11$ 次蠕变试验拟合转换参数

应力水平/kPa	A	B	C	K	E	J	G	H
25.84	0.01838	−0.1757	0.0158	0.01744	0.03733	0.00449	0.10288	25.8600
51.68	0.03668	−0.23771	0.02387	0.01672	0.01687	0.00209	0.03213	24.8501
77.52	0.08307	−0.30835	0.90768	0.02079	0.04791	0.01172	0.04258	28.9199

表 7-9 宾西膨胀土 $N_{FT}=11$ 次蠕变试验原参数及拟合判定系数 R^2

应力水平/kPa	A	B	C	E_1/kPa	E_2/kPa	η_1/(kPa·min)	η_2/(kPa·min)	σ_s/kPa	判定系数 R^2
25.84	0.0184	−5.691	0.0158	57.3394	26.7881	5966.170	9.720	25.8600	0.938
51.68	0.0367	−4.206	0.0239	59.8086	59.2768	28362.116	31.123	24.8501	0.986
77.52	0.0831	−3.243	0.9077	48.1000	20.8725	1780.927	23.485	28.9200	0.922

表 7-10 宾西膨胀土 $N_{FT}=1$ 次应力松弛试验拟合转换参数

剪切位移/mm	A	B	C	K	E	J
2mm	0.05216	−2.58091	0.2338	0.00589	1.36E-04	0.1779
4mm	0.06802	−2.18786	0.2799	0.00648	1.54E-04	0.01402
6mm	0.0565	−2.46048	0.20803	0.0069	2.17E-04	0.00225
8mm	0.05667	−2.47798	0.19437	0.00791	2.13E-04	0.00236

表 7-11 宾西膨胀土 $N_{FT}=1$ 次应力松弛试验原参数及拟合判定系数 R^2

剪切位移/mm	A	B	C	E_1/kPa	E_2/kPa	η_1/(kPa·min)	判定系数 R^2
2mm	0.0521	−0.387	0.233	169.779	7364.312	41395.798	0.819
4mm	0.0680	−0.457	0.279	154.320	6476.180	461924.43	0.942
6mm	0.0565	−0.406	0.208	144.927	4613.354	2050379.8	0.946
8mm	0.0566	−0.403	0.194	126.422	4698.629	1990944.8	0.972

表 7-12　宾西膨胀土 $N_{FT}=11$ 次应力松弛试验拟合转换参数

剪切位移/mm	A	B	C	K	E	J
2mm	0.05695	−0.2168	0.17601	0.00775	4.52E-04	0.00557
4mm	0.11823	−0.11838	0.44005	0.00842	2.71E-04	0.05026
6mm	0.12141	−0.11681	0.42818	0.00937	2.68E-04	0.00974
8mm	0.12246	−0.11191	0.4249	0.00927	1.91E-04	0.00388

表 7-13　宾西膨胀土 $N_{FT}=11$ 次应力松弛试验原参数及拟合判定系数 R^2

剪切位移/mm	A	B	C	E_1/kPa	E_2/kPa	η_1 /(kPa·min)	判定系数 R^2
2mm	0.0569	−4.612	0.176	129.0322	2212.8642	397282.63	0.915
4mm	0.1182	−8.447	0.440	118.7648	3684.3540	73305.889	0.940
6mm	0.1214	−8.560	0.428	106.7235	3727.9630	382747.74	0.907
8mm	0.1224	−8.935	0.424	107.8748	5236.2874	1349558.6	0.859

　　冻融循环次数为 1 次与 11 次时三轴蠕变试验与直剪应力松弛试验的原始数据与预测模型计算值对比见图 7-51～图 7-54。

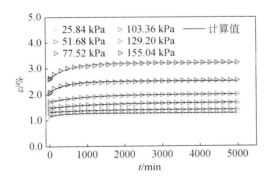

图 7-51　宾西膨胀土 $N_{FT}=1$ 次蠕变试验值与预测值对比

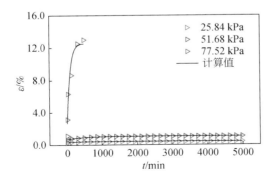

图 7-52　宾西膨胀土 $N_{FT}=11$ 次蠕变试验值与预测值对比

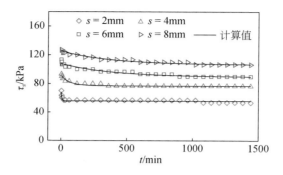

图 7-53 宾西膨胀土 $N_{FT} = 1$ 次应力松弛试验值与预测值对比

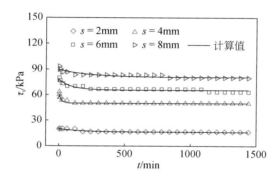

图 7-54 宾西膨胀土 $N_{FT} = 11$ 次应力松弛试验值与预测值对比

综上，基于扰动状态概念理论考虑膨胀土冻融循环流变特性的改进西原模型，可较好地预测与描述膨胀土在不同冻融循环次数下的蠕变与应力松弛特性，体现土体在冻融循环下土体内部结构的破坏效应对蠕变与应力松弛的影响。

7.7 结论与总结

本章通过常规的三轴蠕变试验与应力松弛试验，探究膨胀土在不同土质、含水率、围压或竖向压力下的蠕变与应力松弛变化规律。通过不同冻融循环次数下的蠕变与应力松弛试验着重研究冻融循环对膨胀土流变特性的影响。主要结论如下：

1）常规膨胀土三轴蠕变试验表明：随着含水率的提高，相同水平应力下的蠕变变形总量逐渐增大；随着围压的逐渐增大，同一级应力水平下蠕变总量及加载瞬时应变均逐渐减小；不同地区膨胀土在所有试验条件相同的情况下，体现出的蠕变规律大致相同。

2）冻融循环膨胀土蠕变试验表明：试样蠕变特性受冻融循环作用而衰减。低次冻融循环试样与未经历冻融循环的试样相比未出现明显变化，仅瞬时弹性应变占比逐渐下降；而高次冻融循环试样的加速蠕变阈值降低。

3）常规直剪膨胀土应力松弛试验表明：随着含水率的提高，膨胀土试样的应力松弛量及松弛速率均有下降，高含水率试样破坏应变降低；随着竖向压力的增大，膨胀土试样的初始剪切应力增大，松弛总量和后期应力松弛速率均呈降低趋势；三种膨胀土中，宾西膨胀土与佳木斯膨胀土的松弛情况较为类似，而延吉膨胀土的初始剪应力较高，松弛速率前期快后期减慢并快速稳定。

4）冻融循环膨胀土应力松弛试验表明：冻融循环作用对试样的应力松弛特性具有显著影响。随着冻融循环次数的增加，在同一级应变水平下，试样的瞬时剪应力、应力松弛速率与应力松弛总量逐渐降低；第 1 次冻融循环对膨胀土的应力松弛特性有着显著影响；随着冻融循环次数的增加不断劣化，影响作用逐渐减弱。

5）将西原模型与扰动函数相结合推导出能够考虑冻融循环效应的膨胀土流变模型，试验数据的模型可靠性验证结果表明，基于西原模型融合扰动状态的冻融膨胀土流变模型可有效地表征不同冻融循环次数下的膨胀土蠕变特性与应力松弛特性，具有一定的工程价值，可作为季节冻土区建筑物长期性能评估的依据。

参 考 文 献

［1］ 中华人民共和国铁道部. 铁路工程土工试验规程（TB 10102—2010）［S］. 北京：中国铁道出版社，2010.

［2］ DESAI C S. A consistent finite element technique for work-softening behavior［C］. Proc Int Conf on Computational Methods in Nonlinear Mechanics. University of Texas，Austin，1974.

［3］ DESAI C S. Evaluation of liquefaction using disturbed state and energy approaches［J］. Journal of Geotechnical and Geoenvironmental Engineering，2000，126（7）：618-631.

［4］ DESAI C S，MA Y. Modelling of joints and interfaces using the disturbed-state concept［J］. International Journal for Numerical and Analytical Methods in Geomechanics，1992，16（9）：623-653.

［5］ DESAI C S，TOTH J. Disturbed state constitutive modeling based on stress-strain and nondestructive behavior［J］. International Journal of Solids and Structures，1996，33（11）：1619-1650.

［6］ DESAI C S，SOMASUNDARAM S，FRANTZISKONIS G. A hierarchical approach for constitutive modelling of geologic materials［J］. International Journal for Numerical and Analytical Methods in Geomechanics，1986，10（3）：225-257.

［7］ SANE S M，DESAI C S，JENSON J W，et al. Disturbed state constitutive modeling of two Pleistocene tills［J］. Quaternary Science Reviews，2008，27（3-4）：267-283.

［8］ OURIA A，DESAI C S，TOUFIGH V. Disturbed state concept-based solution for consolidation of plastic clays under cyclic loading［J］. International Journal of Geomechanics，2013，15（1）：04014039.

［9］ CUI Z D，HE P P，YANG W H. Mechanical properties of a silty clay subjected to freezing-thawing［J］. Cold Regions Science and Technology，2014，98：26-34.

［10］ TANG L，CONG S，GENG L，et al. The effect of freeze-thaw cycling on the mechanical properties of expansive soils［J］. Cold Regions Science and Technology，2018，145：197-207.

［11］ CHRISTENSEN Y M. Theory of Viscoelasticity［M］. New York：Academic Press，1982.

［12］ 屈钧利. 材料的松弛与蠕变函数曲线之间的转换关系［J］. 矿井建设与岩土工程技术新发展，1997：4.

第 8 章 冻融膨胀土微细观结构 与宏观力学特性

8.1 概 述

高寒区高铁膨胀土边坡工程灾害调查与相关研究表明：冻融作用成为诱发膨胀土微细观结构性能劣化，进而引起膨胀土路堑边坡滑塌失稳的主要原因之一。目前，已有研究多集中在常温下膨胀土微细观结构与宏观力学特性研究，然而冻融环境下膨胀土微细观结构损伤和力学特性演化规律研究鲜有报道。鉴于此，基于膨胀土冻融前后压汞试验（mercury intrusion porosimetry，MIP）、CT 扫描试验、扫描电镜试验和三轴固结排水剪切试验，探讨冻融作用对膨胀土微细观结构与宏观力学特性的影响规律。

8.2 冻融膨胀土微细观结构演变规律

8.2.1 冻融膨胀土微观结构压汞试验结果

试验土样取自吉林—图们—珲春（吉图珲）高铁延吉段膨胀土路堑边坡工程现场。依据《铁路工程土工试验规程》（TB 10102—2010），膨胀土土样最优含水率为 215%，最大干密度为 1650kg/m³。此外，界限含水率试验测得土样塑限含水率为 384%，液限含水率为 534%。

冻融膨胀土压汞试验采用 AutoPore9520 全自动压汞仪。压汞法原理为将外部压力和压入汞的量建立映射关系[1]。测量时记录外部压力值和体积的变化量，利用测得数据可求出孔径的相关特性[1]。将不同冻融循环次数后的标准试样（391mm×80mm）在室内自然风干，在样品的中心取土压汞试验所需试样，试样形状及大小如图 8-1 所示。

图 8-1 压汞试样

压汞试验可获得孔隙直径与压入汞的体积关系，由此可得出冻融膨胀土的孔隙分布特征。图 8-2 为压汞试验测得的冻融循环作用下膨胀土的孔隙分布特征曲线。由图可知，膨胀土孔隙直径变化范围为 0.003 ~ 100μm，孔隙总体积随冻融循环次数（N_{FT}）的增加而增加。

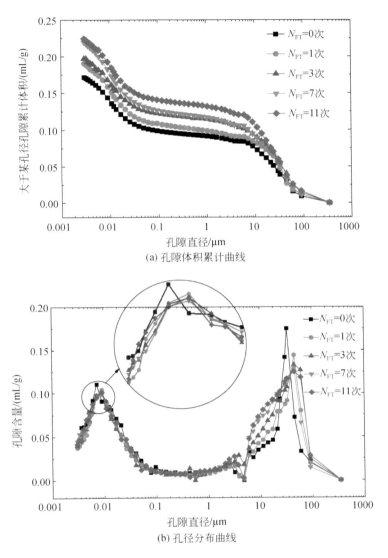

(a) 孔隙体积累计曲线

(b) 孔径分布曲线

图 8-2　冻融循环作用下膨胀土的孔隙分布特征曲线

　　需要特别说明的是，图 8-2（b）中的孔径分布曲线出现三个不同峰值的现象与压汞试验本身的系统误差有关：在孔隙直径大约 5μm 处观察到的极值是测试系统从低压向高压转变时出现的孔隙体积错误[2,3]，分析时应不考虑该处峰值。也就是说，膨胀土实际的孔径分布曲线是双峰的，第一个峰值在 5 ~ 100μm，第二个峰值在 0.003 ~ 5μm。

　　可以看出，随着冻融循环次数的增加，第二个波峰（0.003 ~ 5μm）的位置轻微右移但右移程度并不显著，而第一个波峰（5 ~ 100μm）则产生明显右移，大孔隙的体积也显著减小。3 次冻融循环后，第一个峰值处孔隙体积基本保持不变（0.13mL/g）。试验结果表明，冻融循环主要影响膨胀土孔隙直径大于 5μm 的孔隙。

根据 Shear 等[4]的孔径划分理论，结合王升福等[5]提出的软土微观结构孔径特性，研究冻融膨胀土孔隙特征。冻融循环作用下膨胀土累计孔表面积-孔隙直径曲线如图 8-3 所示，可以看出：

1）冻融膨胀土的孔表面积主要由孔隙直径小于 100μm 的孔隙组成。膨胀土随着冻结程度的逐步加剧，其内部形成和发展的冻结锋面和冰透镜体会使膨胀土本身的结构形态发生改变，在冻结力的作用下会使土体出现细微裂隙和微孔隙。此外，当土体融化时，会导致某些孔隙闭合或孔隙间的连接通道封闭，表现出超微孔比例增大的现象。

2）冻融循环 1 次后，累计孔表面积减小了约 264%，当冻融循环次数超过 7 次时，累计孔表面积几乎不变。

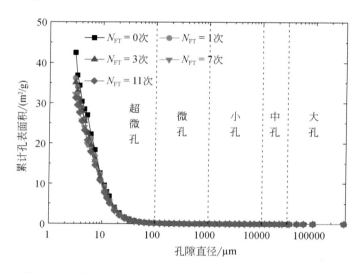

图 8-3　冻融循环作用下膨胀土累计孔表面积-孔隙直径曲线

8.2.2　冻融膨胀土微观结构 CT 扫描结果

利用 CT 识别技术，可以无扰动、多方位、无损地获得不同冻融循环次数下膨胀土微观图像，为冻融膨胀土细观结构及损伤特性研究提供必需的图像资料[6]。基于试验获得 CT 数，通过扫描断面整体平均 CT 数分析扫描断面整体细观裂隙演化趋势，可为定量分析计算冻融膨胀土内部不同介质的空间分布与细观结构特性提供技术支持。

参照吉图珲高铁延吉段地区气候条件及地表温度监测数据，并参考其他冻融循环试验方案，拟选定"冻结温度-10℃，冻结时长 12h，融化温度 10℃，融化时长 12h"作为标准冻融温度与时间。本次 CT 扫描试验主要观测膨胀土在不同冻融循环次数下内部细观结构的变化情况。具体过程如下：①对干燥膨胀土试样（391mm×80mm）各扫描层面进行连续 CT 扫描，得到膨胀土初始细观结构图像；②对不同冻融循环次数下膨胀土试样进行连续 CT 扫描，得到冻融循环后膨胀土细观结构损伤的 CT 图像。冻融膨胀土细观结构的检测采用中国科学院西北生态环境资源研究院冻土工程国家重点实验室的 PHILIPS Brilliance 16 螺旋 CT 机。CT 试验机参数详见表 8-1。图 8-4 为沿试样高度选取的 3 个典型扫描断面。

表 8-1　CT 扫描参数

探测器	参数
扫描电压	120kV
空间分辨率	0.208mm
扫描电流	185mA
重建矩阵	1024×1024

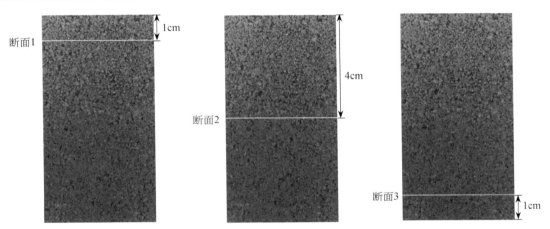

图 8-4　冻融循环膨胀土试样 CT 扫描断面

8.2.2.1　冻融膨胀土 CT 图像彩色增强技术

图 8-5 为三个典型断面不同冻融循环次数下膨胀土 CT 图像，采用图像彩色增强技术对灰度图像进行处理。根据 CT 图像的伪彩色增强原理和方法，实现基于彩虹编码方法的冻融膨胀土 CT 图像的伪彩色增强，见图 8-6。图中左侧未冻融循环作用的土样扫描断面几乎没有孔隙，随着冻融循环次数的增加，图像中孔隙明显增多。此外，土样上部孔隙（断面 1）要多于下部孔隙（断面 3）。

平均密度可用来表征扫描断面土–水混合物分布特征[7]，可由 CT 值确定：

$$\text{CT 值} = 1000 \times \frac{u_s - u_w}{u_w} \tag{8-1}$$

式中，u_s 为材料的 X 射线衰减系数；u_w 为水的 X 射线衰减系数，假定水的 CT 值为 0。

图 8-7 为三个典型断面 CT 值随冻融循环次数变化图。明显地，随着冻融循环次数逐渐增加，膨胀土试样 CT 值显著降低且更多的孔隙在试样内部产生。当冻融循环次数超过 7 次时，CT 值变化很小，这些结果与图 8-6 中呈现的 CT 图像一致。

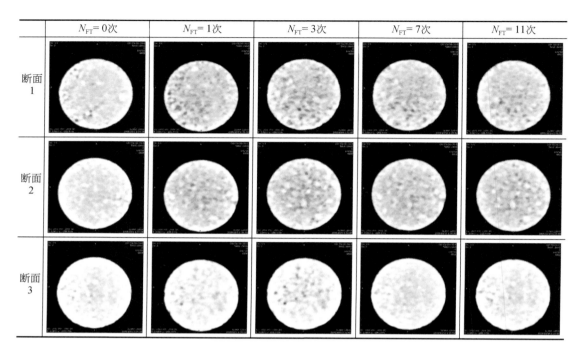

图 8-5　三个典型断面不同冻融循环次数下膨胀土 CT 图像

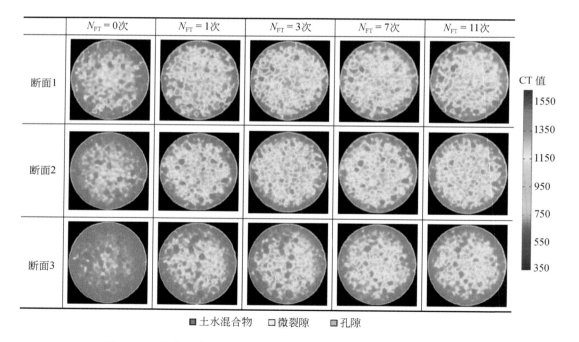

■土水混合物　□微裂隙　■孔隙

图 8-6　三个典型断面不同冻融循环次数下膨胀土 CT 扫描伪彩色图像

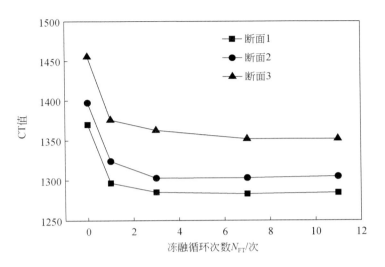

图 8-7　三个典型断面 CT 值随冻融循环次数变化图

8.2.2.2　冻融膨胀土 CT 扫描图像三维重建

　　CT 图像三维重建可对冻融膨胀土细观结构提供真实、直观的效果展示，便于分析冻融循环作用对膨胀土细观结构的影响。目前，CT 图像三维重建技术的实现方法主要有表面重建和体重建两种[8,9]。参照曾等等[8]利用数值程序实现 CT 图像的三维重建方法，图 8-8 给出本研究实现 CT 图像的三维重建流程图。图 8-9 为不同冻融循环次数下膨胀土 CT 图像三维重建图。可以看出，膨胀土未冻融时，已存在部分孔隙，随着冻融循环次数的增加，膨胀土中孔隙逐渐增多。另外，试样断面 3 以上部分冻融循环影响显著（产生大量孔隙），而断面 3 以下部分冻融循环引起的孔隙变化较小。

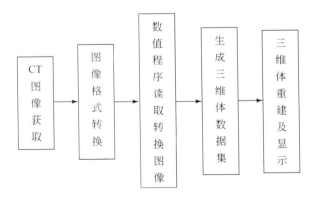

图 8-8　膨胀土三维重建流程图[8]

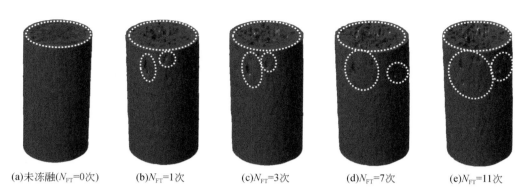

(a)未冻融(N_{FT}=0次)　　(b)N_{FT}=1次　　(c)N_{FT}=3次　　(d)N_{FT}=7次　　(e)N_{FT}=11次

图 8-9　不同冻融循环次数下膨胀土 CT 图像三维重建

8. 2. 2. 3　冻融膨胀土细观结构损伤

基于试验计算得到的 CT 值，采用损伤变量 S_{m} 量化冻融循环后膨胀土细观结构的损伤。参考杨更社等[10]提出的冻融细观结构损伤变量表达式，冻融膨胀土细观结构损伤变量 S_{m} 可用式（8-2）表示：

$$S_{\text{m}} = \frac{1}{\beta_0^2}\left[\frac{H_{\text{CT0}} - H_{\text{CT}n}}{1000 + H_{\text{CT0}}}\right] \tag{8-2}$$

式中，H_{CT0} 为未冻融膨胀土 CT 值；$H_{\text{CT}n}$ 为不同冻融循环次数下膨胀土的 CT 值，n 为冻融循环次数（$n=1$ 次，3 次，7 次，11 次）；β_0 为 CT 设备的分辨率系数（试验中取 0.208）。

采用 3 个典型断面的平均损伤变量 S_{a} 表征整体膨胀土试样的冻融细观结构损伤。图 8-10 为平均损伤变量与冻融循环次数的关系图。可以看出，随着冻融循环次数的增加，平均损伤变量相应增加。平均损伤变量与冻融循环次数的关系可表示为

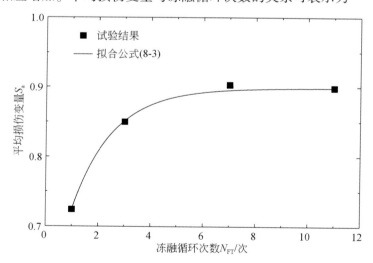

图 8-10　平均损伤变量与冻融循环次数的关系图

$$S_a = S_{a,0} + S_1 \cdot e^{\frac{N_{FT}}{\xi_1}} \tag{8-3}$$

式中，$S_{a,0}$、S_1 和 ξ_1 为待定系数，$S_{a,0} = 09$，$S_1 = -0.336$，$\xi_1 = -153$。

特别地，当 $N_{FT} = 0$ 次时，平均损伤变量定义为

$$S_a = 0 \tag{8-4}$$

8.2.3 冻融膨胀土微观结构电镜扫描结果

将完成冻融循环试验的土样干燥处理后沿浅槽轻轻掰断，暴露土样新鲜结构面，选取较为平整的断裂面作为扫描观察面，用薄刃锋利刀片切取约 1cm×1cm×0.5cm（长×宽×高）的小薄片制为扫描电镜试样，用洗耳球轻轻吹去观察面上的浮动颗粒，放入 SBC-12 型离子溅射仪内喷金，金粉镀膜后移入观察室。采用飞纳 Phenom Pro 台式扫描电镜进行电镜扫描试验，避免土样结构奇异点，在具有代表性的区域内从高倍至低倍进行拍照，获取微结构图像。放大倍数 1000 倍照片（图 8-11）能较好地观察土微观结构，可用于分析局部具有代表性的颗粒微观结构特征。图 8-11 为不同冻融循环次数下膨胀土扫描电镜结果。

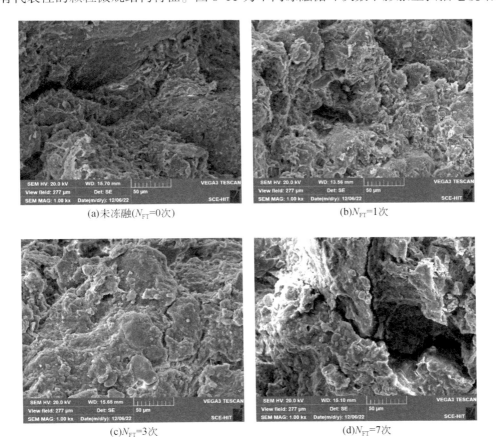

(a)未冻融($N_{FT}=0$次)　　　　　　　　(b)$N_{FT}=1$次

(c)$N_{FT}=3$次　　　　　　　　(d)$N_{FT}=7$次

(e)N_{FT}=11次

图 8-11　不同冻融循环次数下膨胀土扫描电镜结果

　　经过多次冻融循环后土体的组成会发生较大的改变，一方面是较大粒级矿物颗粒的分裂作用，另一方面则是较小颗粒发生的团聚作用，之后整个土体的颗粒变化呈衰减趋势，并且整个粒度成分向均一性发展。组成的变化会带来颗粒间结构连接的变化，在冻结过程中，土体结构连接变化为凝聚→冷凝集聚→结晶。而在冻融循环作用下土体构造的变化也由于冻融循环次数产生不同的整体状、网状或层状结构。冻融循环作用对膨胀土颗粒排列方式和接触关系影响显著，从而影响微结构的分形特征。冻融循环过程中的水分散失通道形成微裂隙，随着冻融循环次数的增加，微裂隙数量和规模都在加剧，微结构颗粒的接触方式逐渐向点–边接触和边–面接触发展，微结构颗粒的排列方式以架空居多。

8.3　冻融膨胀土宏观力学特性与演变规律

8.3.1　冻融膨胀土三轴固结排水剪切试验

8.3.1.1　土样制备

　　土样制备步骤如下：①采用制样机将膨胀土加工成标准试样（直径391mm×高80mm）；②将制备好的饱和土样包裹保鲜膜放入可控温冰箱中，温度调整到–10℃，冻结12h；③取出土样放入可控温冰箱中，融化温度10℃，融化12h。试样准备与冻融设备如图 8-12 所示。

8.3.1.2　三轴固结排水剪切试验方案

　　冻融膨胀土细观结构与宏观力学特性试验均在中国科学院西北生态环境资源研究院冻土工程国家重点实验室完成。三轴固结排水剪切试验设备见图 8-13。表 8-2 为土样冻融循环三轴固结排水剪切试验方案。

(a)制样机

(b)试样准备

(c)冻融循环设备

图 8-12　试样准备与冻融设备

图 8-13　三轴固结排水剪切试验设备

表 8-2　土样冻融循环三轴固结排水剪切试验方案

土样编号	含水率 w/%	冻融循环次数 N_{FT}/次	围压 σ_3/kPa	干密度 ρ_d/(g/cm³)	CT 扫描
FT1		0			
FT2		1			
FT3		3	50		—
FT4		7			
FT5		11			
FT6		0			
FT7		1			
FT8	27→S	3	100	132	观察断面 1～3
FT9		7			
FT10		11			
FT11		0			
FT12		1			
FT13		3	150		—
FT14		7			
FT15		11			

注：FT 表示冻融循环；27→S 表示由初始含水率 27% 抽气饱和。

以吉图珲高铁建设为工程背景，选用延吉段膨胀土，加工成标准试样（直径391mm×高80mm）。试验步骤如下：①对土样进行真空抽饱和，然后进行 CT 扫描，得到冻融前土样初始细观结构分布；②将土样放入可控温环境箱中，分别进行 0 次、1 次、3 次、7 次和 11 次冻融循环；③对冻融结束后土样进行第二次 CT 扫描，得到冻融后土样细观结构、孔隙分布的 CT 扫描图像和数据；④进行三轴固结排水剪切试验，剪切速率为 0.01%/min，测量峰值应力、峰值应变、弹性模量、应力–应变曲线等随冻融循环次数变化的规律；⑤当（$\sigma_1-\sigma_3$）$-\varepsilon_a$曲线产生明显峰值后，再继续剪切3%结束试验，当无峰值时，轴向应变达到20%时停止试验；⑥通过 CT 扫描图像与剪切数据，对比分析不同细观结构和不同冻融循环次数所产生的强度特征差异。

8.3.2 冻融膨胀土力学特性与演化规律

8.3.2.1 应力–应变关系

图 8-14 为不同围压下冻融膨胀土应力–应变关系图。可以看出，低围压下（$\sigma_3=$50kPa）应力–应变关系呈现弱应变硬化型，随着围压的增加，应力–应变曲线应变硬化特征趋于明显；应力–应变曲线同时呈现出近似双曲线特征；随着冻融循环次数的增加，偏应力逐渐减小，当冻融循环次数超过 7 次时，偏应力减小变化趋于缓慢，表明当冻融循环次数超过某一门槛值时，其力学特性趋于稳定。为后续方便建立冻融膨胀土的弹塑性本构模型，采用偏应变ε_s代替轴向应变ε_a。偏应变ε_s可由轴向应变ε_a与体应变ε_v计算得到。

$$\varepsilon_s = \varepsilon_a - \frac{\varepsilon_v}{3} \qquad (8-5)$$

8.3.2.2 膨胀土强度特性

冻融膨胀土应力–应变曲线呈硬化型（图 8-14），因此选取应变等于 15% 时所得到的主应力差值作为膨胀土试样的失效强度q_f。表 8-3 为冻融膨胀土冻融循环次数与失效强度关系。图 8-15 为不同冻融循环次数下膨胀土失效强度三维图。从图中可以看出，试样的

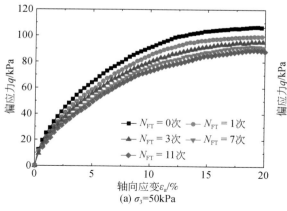

(a) σ_3=50kPa

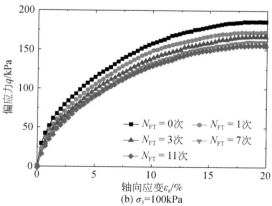

(b) σ_3=100kPa

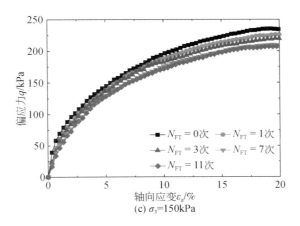

(c) $\sigma_3 = 150 \text{kPa}$

图 8-14　不同围压下冻融膨胀土应力–应变关系图

失效强度与围压之间呈现较好的正相关性；土样冻融循环次数的增多，使得土样中的水分凝结成冰晶体并导致土颗粒间距增大，土样融化后膨胀变形无法完全恢复，最终失效强度与冻融循环次数之间呈现负相关性。

表 8-3　冻融膨胀土冻融循环次数与失效强度关系

冻融循环次数 N_{FT}/次	围压 σ_3/kPa	失效强度 q_f/kPa
0	50	10361
	100	17952
	150	22333
1	50	9687
	100	16781
	150	21361
3	50	9166
	100	15931
	150	20783
7	50	8753
	100	15295
	150	1988
11	50	8458
	100	149
	150	1976

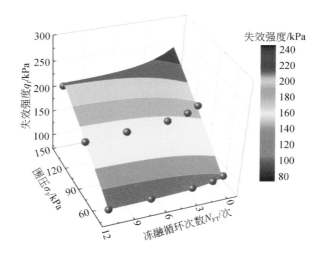

图 8-15　不同冻融循环次数下膨胀土失效强度三维图

8.4　冻融膨胀土细观结构损伤与宏观力学性能劣化关联性

膨胀土冻融循环下细观结构产生裂隙，随着冻融循环作用的加剧，细观裂隙损伤引起细观结构发生非线性劣化，最终表现为显著的宏观力学特性差异。本节将构建考虑细观结构冻融损伤诱发宏观力学性能劣化的数学表达式。

8.4.1　冻融与受力变形耦合作用下膨胀土微观结构损伤

CT 试验结果（图 8-6）表明，在冻融循环作用下，膨胀土试样产生孔隙并逐渐扩展、连接和贯通，致使膨胀土孔隙率逐渐增大，细观结构改变，产生损伤，进而导致宏观力学性能劣化。鉴于此，本节将建立冻融与荷载作用下膨胀土总损伤方程。根据 Lemaitre[11] 提出的应变等效假设，不同冻融循环次数下膨胀土在荷载作用下的应力–应变关系为

$$\varepsilon_i = \frac{\sigma_i}{E^{(0)}(1 - S)} \qquad (8\text{-}6)$$

式中，σ_i 为不同冻融循环次数下的偏应力；ε_i 为不同冻融循环次数下的轴向应变；$E^{(0)}$ 为不考虑冻融循环作用的膨胀土弹性模量（kPa）；i 为冻融循环次数 1 次、3 次、7 次和 11 次；S 为冻融与荷载作用下的膨胀土总损伤。

冻融与荷载作用下的膨胀土总损伤被认为是先发生冻融损伤，然后再产生荷载损伤。其中，总损伤可由式（8-7）计算：

$$S = S_{\text{FT}} + S_{\text{L}} - S_{\text{FT}} \times S_{\text{L}} \qquad (8\text{-}7)$$

式中，S_{FT} 为冻融循环作用引起的损伤；S_{L} 为荷载作用引起的损伤。

根据 Huang 等[12]，荷载损伤定义为失效单元数量与总单元数量之比：

$$S_{\mathrm{L}} = \frac{N_{\mathrm{f}}}{N} \tag{8-8}$$

式中，N_{f} 为土体失效单元数量；N 为土体总单元数量。

假定土体失效单元满足 Weibull 统计分布，参考张慧梅和杨更社[13]以及 Huang 等[12]有关荷载损伤的计算，冻融膨胀土荷载损伤可表示为

$$S_{\mathrm{L}} = 1 - \mathrm{e}^{-\frac{1}{m}\left(\frac{\varepsilon_0}{\varepsilon_{\mathrm{f},0}}\right)^m} \tag{8-9}$$

式中，$\varepsilon_{\mathrm{f},0}$ 为未冻融循环试样峰值偏应力所对应的轴向应变；ε_0 为不考虑冻融循环作用的轴向应变；m 为材料参数。

参数 m 可表示为

$$m = \frac{1}{\ln\left(\dfrac{E^{(0)}\varepsilon_{\mathrm{f},0}}{\sigma_{\mathrm{f},0}}\right)} \tag{8-10}$$

式中，$\sigma_{\mathrm{f},0}$ 为不考虑冻融循环作用的峰值偏应力（kPa）。

参考张慧梅和杨更社[13]以及 Huang 等[12]有关冻融损伤的计算，在此基础上引入基于 CT 试验得到的膨胀土细观结构损伤方程，则膨胀土冻融损伤方程为

$$S_{\mathrm{FT}} = \left(1 - \frac{E^{(i)}}{E^{(0)}}\right)S_{\mathrm{a}} \tag{8-11}$$

式中，$E^{(i)}$ 为不同冻融循环次数下的膨胀土弹性模量（kPa）；S_{a} 为平均损伤变量。

将式（8-9）与式（8-11）代入式（8-7）中，膨胀土冻融与荷载总损伤为

$$S = 1 - \left[1 - \left(1 - \frac{E^{(i)}}{E^{(0)}}\right)S_{\mathrm{a}}\right]\mathrm{e}^{-\frac{1}{m}\left(\frac{\varepsilon_0}{\varepsilon_{\mathrm{f},0}}\right)^m} \tag{8-12a}$$

特别地，当 $i=0$ 时，冻融总损伤为

$$S = 1 - \mathrm{e}^{-\frac{1}{m}\left(\frac{\varepsilon_0}{\varepsilon_{\mathrm{f},0}}\right)^m} \tag{8-12b}$$

8.4.2　微观结构损伤与宏观力学性能劣化关联性表达式

由式（8-12）可知，冻融膨胀土总损伤与弹性模量有关。弹性模量可通过轴向应变等于 1% 时所对应的偏应力计算得到：

$$E = \frac{\Delta\sigma}{\Delta\varepsilon} = \frac{\sigma_{10\%} - \sigma_0}{\varepsilon_{10\%} - \varepsilon_0} \tag{8-13}$$

式中，$\Delta\sigma$ 为偏应力增量（kPa）；$\Delta\varepsilon$ 为偏应变增量；$\sigma_{10\%}$ 为偏应变等于 10% 时（$\varepsilon_{10\%}$）所对应的偏应力（kPa）；σ_0 为初始偏应力（kPa）；ε_0 为初始偏应变。

图 8-16 为 $\sigma_3 = 100\mathrm{kPa}$ 时不同冻融循环次数下膨胀土弹性模量拟合曲线。弹性模量拟合见下式：

$$E^{(i)} = \alpha + \lambda\mathrm{e}^{i/\delta_1} \tag{8-14}$$

式中，α、λ 与 δ_1 为拟合系数，$\alpha = 333\mathrm{MPa}$，$\lambda = 177$，$\delta_1 = -316$。

图 8-16 中没有考虑冻融循环 3 次时的弹性模量。这里，选取冻融循环 3 次的试验数据

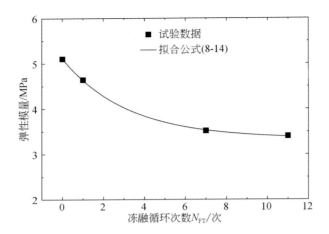

图 8-16 $\sigma_3 = 100\text{kPa}$ 时不同冻融循环次数下膨胀土弹性模量拟合曲线

与构建的考虑细观结构损伤诱发宏观力学性能劣化方程进行对比。将式（8-3）、式（8-12a）及式（8-14）代入式（8-6）中，则考虑细观结构损伤诱发宏观力学性能劣化方程为

$$\sigma_i = E^{(0)} \left[1 - \left(1 - \frac{\alpha + \lambda \mathrm{e}^{i/\delta_1}}{E^{(0)}} \right) \times \left(S_{a,0} + S_1 \cdot \mathrm{e}^{i/\delta_1} \right) \right] \mathrm{e}^{-\frac{1}{m} \left(\frac{\varepsilon_0}{\varepsilon_{f,0}} \right)^m} \varepsilon_i \qquad (8\text{-}15)$$

式中，$S_{a,0}$ 和 S_1 为待定系数。

特别地，当 $i=0$ 时，

$$\sigma_0 = E^{(0)} \mathrm{e}^{-\frac{1}{m} \left(\frac{\varepsilon_0}{\varepsilon_{f,0}} \right)^m} \varepsilon_0 \qquad (8\text{-}16)$$

图 8-17 为冻融循环 3 次时试验数据与计算结果对比。由图可见，所构建的考虑细观结构损伤诱发宏观力学性能劣化数学表达式可很好地描述试验结果。

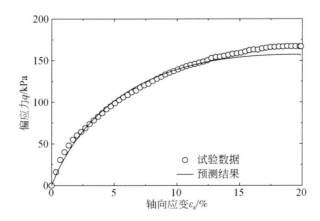

图 8-17 冻融循环 3 次时试验数据与计算结果对比

基于膨胀土冻融循环作用下细观结构损伤与宏观力学性能劣化演变规律可知：在冻融循环作用下，膨胀土孔隙水冻结，发生相变，体积膨胀，产生的冻胀力与膨胀力导致新的孔隙形成、扩展、连接、贯通，致使膨胀土孔隙率逐渐增大，细观结构改变，产生损伤，进而导致宏观力学性能劣化；从损伤力学理论角度，初始孔隙的存在为力学性能劣化及破坏提供前提，而冻融循环作用则加剧孔隙的损伤，引起细观结构损伤的非线性演化，最终表现为显著的宏观损伤力学特性差异。

8.5　结论与总结

本章开展膨胀土冻融循环作用下压汞试验、CT 扫描试验、扫描电镜试验和三轴固结排水剪切试验，获得膨胀土冻融循环作用下微细观结构损伤与宏观力学性能劣化演变规律，重点分析冻融循环作用下膨胀土细观结构与其力学性能劣化关联性，主要结论如下：

1）延吉膨胀土孔隙分布呈现明显的双峰现象，冻融循环作用对孔径为 $5 \sim 100\,\mu\mathrm{m}$ 的孔隙受冻融循环作用影响最大，该范围内孔隙表现出较强的冻融敏感性。孔隙率与冻融循环次数呈正相关关系，孔隙分形维数随冻融循环次数变化呈现相反规律，当冻融循环次数超过 7 次时，孔隙率与分形维数基本保持不变。

2）CT 图像可定性反映试样细观结构演化特性，随着冻融循环次数的增加，孔隙也逐渐增加。CT 数可定量描述试样断面的细观结构特征，可基于 CT 数构建考虑冻融循环作用的膨胀土细观结构损伤方程。

3）随着冻融循环次数的增加，微裂隙数量和规模都在加剧，微结构颗粒的接触方式逐渐向点–边接触和边–面接触发展，微结构颗粒的排列方式以架空居多。

4）膨胀土应力–应变曲线呈现应变硬化型，近似双曲线特征。当冻融循环次数超过 7 次时，膨胀土强度减小的变化趋于缓慢，表明当冻融循环次数超过某一门槛值时，其力学特性趋于稳定。另外，构建考虑细观结构冻融损伤诱发宏观力学性能劣化的数学表达式，可很好地描述膨胀土细观结构冻融损伤引起的宏观力学特性劣化特征。

参 考 文 献

［1］张英，邴慧．基于压汞法的冻融循环对土体孔隙特征影响的试验研究［J］．冰川冻土，2015，37（1）：169-174.

［2］GIESCHE H．Mercury porosimetry：A general（bractical）overview［J］．Particle & Particle Systems Characterization，2010，23（1）：9-19.

［3］SASANIAN S，NEWSONT A．Use of mercury intrusion porosimetry for microstructural investigation of reconstituted clays at high water contents［J］．Engineering Geology，2013，158（3）：15-22.

［4］SHEAR D L，OLSEN H W，NELSON K R．Effects of desiccation on the hydraulic conductivity versus void ratio relationship for a natural clay［R］．Transportation Research Record，NRC，National Academy Press Washington DC，1993：1365-1370.

［5］王升福，杨平，刘贯荣，等．人工冻融软黏土微观孔隙变化及分形特性分析［J］．岩土工程学报，2016，38（7）：1254-1261.

［6］刘慧．基于 CT 图像处理的冻结岩石细观结构及损伤力学特性研究［D］．西安：西安科技大

学，2013.

[7] GHAZAVI M，ROUSTAEI M. Freeze-thaw performance of clayey soil reinforced with geotextile layer [J]. Cold Regions Science and Technology，2013，89：22-29.

[8] 曾筝，董芳华，陈晓，等. 利用 MATLAB 实现 CT 断层图像的三维重建 [J]. CT 理论与应用研究，2004，13（2）：24-29.

[9] 蒋运忠，王云亮，汪时机. 在 MATLAB 环境下实现膨胀土 CT 图像的三维重建 [J]. 西南大学学报：自然科学版，2011，33（3）：144-148.

[10] 杨更社，申艳军，贾海梁，等. 冻融环境下岩体损伤力学特性多尺度研究及进展 [J]. 岩石力学与工程学报，2018：278.

[11] LEMAITRE J A. Continuous damage mechanics model for ductile fracture [J]. Journal of Engineering Materials and Technology，1985，107（1）：83-89.

[12] HUANG S，LIU Q，CHENG A，et al. A statistical damage constitutive model under freeze-thaw and loading for rock and its engineering application [J]. Cold Regions Science and Technology，2018，145：142-150.

[13] 张慧梅，杨更社. 冻融与荷载耦合作用下岩石损伤模型的研究 [J]. 岩石力学与工程学报，2010，29（3）：471-476.

第9章 冻融膨胀土双屈服面弹塑性本构模型

9.1 概　　述

冻融循环作用下膨胀土本构模型是寒区边坡工程与隧道工程变形、稳定性与服役状态必要的基本理论。然而，目前国内外尚缺乏足够的直接针对冻融环境下膨胀土弹塑性本构模型的研究工作，致使高寒区膨胀土工程稳定评估与可靠治理不理想或难以奏效。鉴于此，基于广义塑性理论框架，引入殷宗泽提出的双屈服面方程，考虑膨胀土冻融细观结构损伤，构建可反映体应变和剪应变与p、q交叉影响耦合关系的膨胀土冻融双屈服面弹塑性本构模型，通过与三轴固结排水剪切试验结果对比，校核模型的可靠性。同时，基于ABAQUS用户子程序接口，利用所开发的UMAT程序，对试验结果进行数值模拟。

9.2　非冻融非饱和膨胀土弹塑性本构模型

Gens和Alonso[1]提出非饱和膨胀土的弹塑性概念模型，简称BExM模型。BExM模型考虑膨胀土微观与宏观两个层面的结构变形，可以很好地描述干湿循环对膨胀土变形特性的影响。BExM模型在p-s平面内的屈服轨迹如图9-1所示。卢再华和陈正汉[2]针对BExM模型参数较多且应用不便的特点，提出简化的BExM模型（图9-2）。该简化模型建议采用四屈服面的非饱和弹塑性模型描述膨胀土的湿胀干缩特性和剪胀剪缩特性。

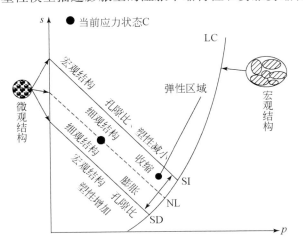

图9-1　BExM模型在p-s平面内的屈服轨迹[1]

LC为加载–湿陷屈服面；SI为吸力增加屈服面；NL为中线；SD为吸力减小屈服面

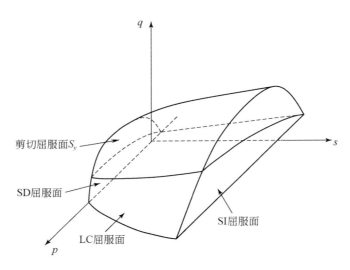

图 9-2　非饱和膨胀土模型在 $p\text{-}q\text{-}s$ 空间的屈服面[2]

　　上述两类膨胀土本构模型均基于非饱和土理论，但非饱和土无法准确地考虑冻融循环作用。此外，不少研究已经指出[3]，经典塑性力学的一些假设不适合土力学，其主要表现为关联流动法则的不适用，单屈服面模型的局限性以及应力主轴旋转会产生塑性变形等。此后，国内外学者相继提出一些双（多）屈服面模型（部分模型概况见表 9-1）。

表 9-1　典型双（多）屈服面模型概况

模型提出者	体积屈服面形状函数表达式	剪切屈服面形状函数表达式	备注
Prevost 和 Hoeg[4]	$f_1 = q + M_1 p'$	$f_2 = q$	M_1 为正常数，由试验得出；q 为剪应力；p' 为主应力
Baldi 和 Rohani[5]	$f_1 = (J_1' - L)^2 + R^2 \bar{J}_2 - (X-L)^2$	$f_2 = \sqrt{\bar{J}_2} - \alpha_0 J_1'$	J_1' 和 $\bar{J}_2$ 分别为第一有效应力不变量和第二应力不变量；α_0、L、R、X 为与材料有关的参数
Vermeer[6]	$f_1 = \alpha \dfrac{p^\beta}{p_0^\beta} - \varepsilon_{kk}^p$	$f_2 = a - H^{-1}(\kappa_1/b)$	p^β 为平均正应力；p_0^β 为初始应力；ε_{kk}^p 为塑性体积应变；κ_1 为硬化参数；α、β 为经验系数；a、b 为剪切屈服参数；H 为屈服面硬化模量
Nishi 和 Esashi[7]	$f_1 - f_{1,y} = \sigma_m - (\sigma_m)_y$	$f_2 - f_{2,y} = \tau_{oct}/\sigma_m - (\tau_{oct}/\sigma_m)_y$	τ_{oct} 为八面体应力比；σ_m 为平均有效应力
修正 Lade 模型[8]	$f_1 = a e^{-b w_p^p}\left(\dfrac{w_p^p}{p_a}\right)^{1/n}$	$f_2 = p_a^2\left(\dfrac{w_c^p}{c p_a}\right)^{1/\chi}$	p_a 为标准大气压；n、χ 为扩料参数；a、b、c 为曲线参数；w_p^p 为塑性体积应变产生的功；w_c^p 为塑性剪切应变产生的功

续表

模型提出者	体积屈服面形状函数表达式	剪切屈服面形状函数表达式	备注
沈珠江[9]	$f_1 = \lambda \ln \dfrac{p\ (1+\chi)}{p_0} - \kappa \ln \dfrac{p}{p_0}$	$f_2 = \dfrac{a\eta}{1-b\eta} \ln \dfrac{p\ (1+\chi)}{p_0} - \dfrac{\tau}{G}$	η 为规格化剪应力，$\eta = \tau/p$；$\chi = d\eta^n$，计算常数 $n>1$；p_0 为体应变等于 0 时的初始压力；λ、κ 为体积屈服参数；a、b 均为正的计算常数；G 为弹性剪切模量
郑颖人和孔亮[10]	$f_1 = p\ [1+(\eta/M)^2]\ -p_c$	$f_2 = \beta p^2 + \alpha_1 p + \bar{\sigma}^n - k$	p_c 为加载面与 p 轴的右交点；$\eta = q/p$；M 为极限状态线的斜率；β、α_1、k 为与硬化参量 r^p 有关的系数；$\bar{\sigma}^n = J_2^{1/2}/g\ (\theta_\sigma)$，$g\ (\theta_\sigma)$ 为偏平面上 q 的函数
Liu 等[11]	$f_1 = \dfrac{q}{3G_i} \left\{ \dfrac{\chi}{qR_f} \cdot \right.$ $\left. \ln\left[\dfrac{\chi}{\chi-qR_f}\right] - \dfrac{1}{\rho} \right\} - \varepsilon_s^p = 0$	$f_2 = \left(\dfrac{p}{p_a}\right)^{(2n-2/\alpha)} +$ $\dfrac{n\alpha-1}{[nAg\ (\theta)]^2} \dfrac{(q/p_a)^2}{(q/p_a)^{2/\alpha}} - \kappa$	$\chi = Ap_a\ (p/p_a)^n g\ (\theta)$ $\kappa = \lambda_v \exp\ (\eta_v \varepsilon_v^p)$ R_f 为破坏应力比；G_i 为初始切线模量；λ_v 为修正硬化参数；κ 为初始系数；A、η 为材料常数；$g\ (\theta)$ 为偏平面上的归一化形状参数；ε_s^p 为塑性偏应变硬化参数，等于塑性偏变积分；α 为修正体积膨胀系数，η_v 为修正初始应力系数，ε_v^p 为塑性体积应变硬化参数，等于塑性体积应变积分

殷宗泽[12]提出土体双屈服面应力-应变模型，该模型可以很好地反映土体剪胀与剪缩效应，因此被广泛用于土体的力学特性描述中。鉴于此，基于殷宗泽提出的体积屈服面 LC 与剪切屈服面 S_y，并参考卢再华和陈正汉[2]有关原状膨胀土弹塑性损伤本构模型的研究工作，引入广义塑性理论（采用塑性力学中的分量理论，可克服经典塑性力学中的一些不足），考虑冻融循环作用对膨胀土细观结构的影响，构建可反映体应变和剪应变与 p、q 交叉影响耦合关系的冻融膨胀土双屈服面弹塑性本构模型。

9.3　冻融膨胀土基于广义塑性理论弹塑性本构模型

9.3.1　广义塑性理论简介

广义塑性理论[13]主要内容包括：
塑性应变增量为

$$\mathrm{d}\varepsilon_{ij} = \mathrm{d}\varepsilon_{ij}^e + \mathrm{d}\varepsilon_{ij}^p \tag{9-1}$$

式中，ε_{ij}^e 为弹性应变；ε_{ij}^p 为塑性应变
流动法则为

$$\mathrm{d}\varepsilon_{ij}^p = \sum_{k=1}^{3} \mathrm{d}\lambda_k \frac{\partial Q_k}{\partial \sigma_{ij}} \tag{9-2}$$

式中，Q_k 为塑性势函数；$\mathrm{d}\lambda_k$ 为塑性势函数对应的塑性因子；σ_{ij} 为应力。

$p\text{-}q\text{-}\theta$ 空间的屈服函数为

$$f_v(\sigma_{ij},\varepsilon_{ij}^p)=f_v(p,q,\theta_\sigma,h_v)=0 \tag{9-3}$$

$$f_q(\sigma_{ij},\varepsilon_{ij}^p)=f_q(p,q,\theta_\sigma,h_q)=0 \tag{9-4}$$

$$f_\theta(\sigma_{ij},\varepsilon_{ij}^p)=f_\theta(p,q,\theta_\sigma,h_\theta)=0 \tag{9-5}$$

式中，h 为加载历史变量；下角 v、q、θ 为 $p\text{-}q\text{-}\theta$ 空间中的方向。

由式（9-3）~式（9-5）与式（9-2）结合可得式（9-6）。

$$\mathrm{d}\lambda_v = \frac{1}{A_v}\frac{\partial f_v}{\partial p}\mathrm{d}p + \frac{1}{A_v}\frac{\partial f_v}{\partial q}\mathrm{d}q + \frac{1}{A_v}\frac{\partial f_v}{\partial \theta_\sigma}\mathrm{d}\theta_\sigma \tag{9-6}$$

$$\mathrm{d}\lambda_q = \frac{1}{A_q}\frac{\partial f_q}{\partial p}\mathrm{d}p + \frac{1}{A_q}\frac{\partial f_q}{\partial q}\mathrm{d}q + \frac{1}{A_q}\frac{\partial f_q}{\partial \theta_\sigma}\mathrm{d}\theta_\sigma \tag{9-7}$$

$$\mathrm{d}\lambda_\theta = \frac{1}{A_\theta}\frac{\partial f_\theta}{\partial p}\mathrm{d}p + \frac{1}{A_\theta}\frac{\partial f_\theta}{\partial q}\mathrm{d}q + \frac{1}{A_\theta}\frac{\partial f_\theta}{\partial \theta_\sigma}\mathrm{d}\theta_\sigma \tag{9-8}$$

其中，A_v、A_q、A_θ 为塑性系数，可用式（9-9）表示。

$$\begin{cases} A_v = -\dfrac{\partial f_v}{\partial h_v}\left\{\dfrac{\partial h_v}{\partial \varepsilon^p}\right\}^{\mathrm{T}}\left\{\dfrac{\partial Q_v}{\partial \sigma}\right\} \\ A_q = -\dfrac{\partial f_q}{\partial h_q}\left\{\dfrac{\partial h_q}{\partial \varepsilon^p}\right\}^{\mathrm{T}}\left\{\dfrac{\partial Q_q}{\partial \sigma}\right\} \\ A_\theta = -\dfrac{\partial f_\theta}{\partial h_\theta}\left\{\dfrac{\partial h_\theta}{\partial \varepsilon^p}\right\}^{\mathrm{T}}\left\{\dfrac{\partial Q_\theta}{\partial \sigma}\right\} \end{cases} \tag{9-9}$$

9.3.2　弹塑性本构模型构建假定

1）不考虑洛德角的影响。

从实际情况来看，无论是岩土或金属材料，$\mathrm{d}\lambda_\theta$ 一般较小，可认为 $\mathrm{d}\lambda_\theta=0$[13,14]。如果假定在 $\mathrm{d}\lambda_\theta$ 中忽略 θ_σ 的影响，相当于忽略了洛德角的影响，即有

$$\mathrm{d}\lambda_v = \frac{1}{A_v}\frac{\partial f_v}{\partial p}\mathrm{d}p + \frac{1}{A_v}\frac{\partial f_v}{\partial q}\mathrm{d}q \tag{9-10}$$

$$\mathrm{d}\lambda_q = \frac{1}{A_v}\frac{\partial f_q}{\partial p}\mathrm{d}p + \frac{1}{A_v}\frac{\partial f_q}{\partial q}\mathrm{d}q \tag{9-11}$$

2）塑性体应变与塑性剪应变在应力空间上等值面分别为体积屈服面与剪切屈服面，对应塑性势面为 p 面与 q 面。

式（9-2）中三个塑性势函数是可任选的，但必须保持线性无关。参照周凤玺等[13]、蔡新等[14]所建立的基于广义塑性理论土体本构模型，选取 $Q_1=p$，$Q_2=q$，代入式（9-2）中，解得式（9-12）。

$$\mathrm{d}\varepsilon_{ij}^p = \mathrm{d}\lambda_1\frac{\partial p}{\partial \sigma_{ij}} + \mathrm{d}\lambda_2\frac{\partial q}{\partial \sigma_{ij}} \tag{9-12}$$

式中，$\mathrm{d}\lambda_1$ 为塑性势函数 p 对应的塑性因子；$\mathrm{d}\lambda_2$ 为塑性势函数 q 对应的塑性因子。

由广义塑性理论：

$$\mathrm{d}\lambda_1 = \mathrm{d}\varepsilon_v^p \tag{9-13}$$

$$\mathrm{d}\lambda_2 = \mathrm{d}\varepsilon_s^p \tag{9-14}$$

式中，$\mathrm{d}\varepsilon_v^p$ 为塑性体应变增量；$\mathrm{d}\varepsilon_s^p$ 为塑性偏应变增量。

将式（9-13）与式（9-14）代入式（9-12），解得式（9-15）。

$$\mathrm{d}\varepsilon_{ij}^p = \mathrm{d}\varepsilon_v^p \frac{\partial p}{\partial \sigma_{ij}} + \mathrm{d}\varepsilon_s^p \frac{\partial q}{\partial \sigma_{ij}} \tag{9-15}$$

9.3.3　弹塑性本构模型中弹性增量关系

当膨胀土所受的应力比较小时，由于土的塑性变形较小，可把土视为弹性材料。由 Hooke 定理，弹性变形条件下饱和膨胀土应力–应变关系为

$$[D_e] = \begin{bmatrix} K+\dfrac{4}{3}G & K-\dfrac{2}{3}G & K-\dfrac{2}{3}G & 0 & 0 & 0 \\[2mm] K-\dfrac{2}{3}G & K+\dfrac{4}{3}G & K-\dfrac{2}{3}G & 0 & 0 & 0 \\[2mm] K-\dfrac{2}{3}G & K-\dfrac{2}{3}G & K+\dfrac{4}{3}G & 0 & 0 & 0 \\[2mm] 0 & 0 & 0 & G & 0 & 0 \\[2mm] 0 & 0 & 0 & 0 & G & 0 \\[2mm] 0 & 0 & 0 & 0 & 0 & G \end{bmatrix} \tag{9-16}$$

式中，$[D_e]$ 为弹性刚度矩阵；G 为饱和膨胀土剪切模量（kPa）；K 为饱和膨胀土体积模量（kPa）。其中，剪切模量 G 和体积模量 K 可通过弹性模量 E 与泊松比 ν 换算得到。

9.3.4　弹塑性本构模型中塑性增量关系

9.3.4.1　体积屈服面 LC

殷宗泽提出的双屈服面理论框架[12]，屈服轨迹详见图 9-3。

体积屈服方程为

$$f_1(p, q, \varepsilon_v^p) = p + \frac{q^2}{M_1^2(p+p_r)} - p_0 \tag{9-17}$$

其中，

$$p = (\sigma_1 + \sigma_2 + \sigma_3)/3 \tag{9-18}$$

$$q = \frac{1}{\sqrt{2}}\sqrt{(\sigma_1-\sigma_2)^2 + (\sigma_2-\sigma_3)^2 + (\sigma_3-\sigma_1)^2} \tag{9-19}$$

式中，p 为平均正应力（kPa）；q 为广义剪应力（kPa）；p_0 为屈服轨迹与 p 轴交点的横坐标；p_r 为临界状态线在 p 轴上截距；参数 M_1 比临界状态线斜率 M 略大，与应力–应变曲线

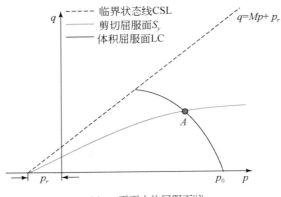

(a) p-q平面内的屈服面[12]

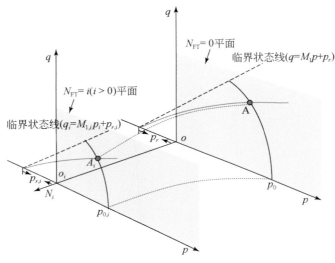

(b) 考虑冻融作用膨胀土屈服面变化

图 9-3　饱和膨胀土本构模型屈服面

形状有关；ε_v^p 为塑性体应变。

　　由于饱和膨胀土弹性体积应变很小，可以假定塑性体积应变 ε_v^p 与 p_0 呈双曲线关系[12]。于是

$$p_0 = \frac{\chi_1 \varepsilon_v^p}{1 - \chi_2 \varepsilon_v^p} p_a \tag{9-20}$$

式中，χ_1 和 χ_2 是与体积屈服面相关的参数；p_a 为标准大气压。

　　式（9-20）为体积屈服面硬化规律。将式（9-20）代入式（9-17）中可得

$$f_1(p,q,\varepsilon_v^p) = p + \frac{q^2}{M_1^2(p+p_r)} - \frac{\chi_1 \varepsilon_v^p}{1 - \chi_2 \varepsilon_v^p} p_a \tag{9-21}$$

　　式（9-21）表示在 p-q 平面内的椭圆形，如图 9-3 中的 LC 所示。

9.3.4.2　剪切屈服面 S_y

殷宗泽[12]提出的抛物线剪切屈服面可反映膨胀土的剪胀特性与反复胀缩特性，可用于表述膨胀土冻融循环作用下的剪切特性。剪切屈服方程为

$$f_2(p,q,\varepsilon_s^p) = \frac{aq}{G}\sqrt{\frac{q}{M_2(p+p_r)-q}} - \varepsilon_s^p \tag{9-22}$$

式中，G 为弹性剪切模量（kPa）；M_2 比 M 略大，为反映曲线形状的参数；a 表征剪胀性的强弱。式（9-22）表示在 p-q 平面内的抛物线，如图 9-3 中的 S_y 所示。剪切屈服面 S_y 的硬化参数为塑性偏应变 ε_s^p。

9.3.5　弹塑性本构模型中弹塑性刚度矩阵

参考王硕和段新胜[15]有关考虑应力洛德角剪切变形的双屈服面弹塑性刚度矩阵的建立，推导冻融饱和膨胀土双屈服面应力–应变刚度矩阵。

屈服面 f_1 一致性条件：

$$\left\{\frac{\partial f_1}{\partial \sigma}\right\}^{\mathrm{T}}\{\mathrm{d}\sigma\} + \frac{\partial f_1}{\partial H}\left\{\frac{\partial H}{\partial \varepsilon^{p1}}\right\}^{\mathrm{T}}\{\mathrm{d}\varepsilon^{p1}\} = 0 \tag{9-23}$$

式中，H 为与塑性应变有关的硬化参量；ε^{p1} 为与屈服面 f_1 相关的塑性应变。

$$\{\mathrm{d}\varepsilon^p\} = \mathrm{d}\lambda\left\{\frac{\partial Q}{\partial \sigma}\right\} \tag{9-24}$$

式中，Q 为塑性势面。

将式（9-23）代入式（9-24）中可得

$$\begin{aligned}
\mathrm{d}\lambda_1 &= \frac{\left\{\dfrac{\partial f_1}{\partial \sigma}\right\}^{\mathrm{T}}[D_e]\{\mathrm{d}\varepsilon\}}{-\dfrac{\partial f_1}{\partial H}\left\{\dfrac{\partial H}{\partial \varepsilon^{p1}}\right\}^{\mathrm{T}}\left\{\dfrac{\partial Q_1}{\partial \sigma}\right\} + \left\{\dfrac{\partial f_1}{\partial \sigma}\right\}^{\mathrm{T}}[D_e]\left\{\dfrac{\partial Q_1}{\partial \sigma}\right\}} \\[2em]
&= \frac{\left\{\dfrac{\partial f_1}{\partial \sigma}\right\}^{\mathrm{T}}[D_e]\{\mathrm{d}\varepsilon\}}{A_1 + \left\{\dfrac{\partial f_1}{\partial \sigma}\right\}^{\mathrm{T}}[D_e]\left\{\dfrac{\partial Q_1}{\partial \sigma}\right\}}
\end{aligned} \tag{9-25}$$

同样地，对于剪切屈服面 f_2 可得

$$\begin{aligned}
\mathrm{d}\lambda_2 &= \frac{\left\{\dfrac{\partial f_2}{\partial \sigma}\right\}^{\mathrm{T}}[D_e]\{\mathrm{d}\varepsilon\}}{-\dfrac{\partial f_2}{\partial H}\left\{\dfrac{\partial H}{\partial \varepsilon^{p2}}\right\}^{\mathrm{T}}\left\{\dfrac{\partial Q_2}{\partial \sigma}\right\} + \left\{\dfrac{\partial f_2}{\partial \sigma}\right\}^{\mathrm{T}}[D_e]\left\{\dfrac{\partial Q_2}{\partial \sigma}\right\}} \\[2em]
&= \frac{\left\{\dfrac{\partial f_2}{\partial \sigma}\right\}^{\mathrm{T}}[D_e]\{\mathrm{d}\varepsilon\}}{A_2 + \left\{\dfrac{\partial f_2}{\partial \sigma}\right\}^{\mathrm{T}}[D_e]\left\{\dfrac{\partial Q_2}{\partial \sigma}\right\}}
\end{aligned} \tag{9-26}$$

其中，

$$A_1 = -\frac{\partial f_1}{\partial H}\left\{\frac{\partial H}{\partial \varepsilon^{p1}}\right\}^{\mathrm{T}}\left\{\frac{\partial Q_1}{\partial \sigma}\right\} \tag{9-27}$$

$$A_2 = -\frac{\partial f_2}{\partial H}\left\{\frac{\partial H}{\partial \varepsilon^{p2}}\right\}^{\mathrm{T}}\left\{\frac{\partial Q_2}{\partial \sigma}\right\} \tag{9-28}$$

冻融饱和膨胀土双屈服面模型的塑性应变增量：

$$\{\mathrm{d}\varepsilon^p\} = \mathrm{d}\lambda_1\left\{\frac{\partial Q_1}{\partial \sigma}\right\} + \mathrm{d}\lambda_2\left\{\frac{\partial Q_2}{\partial \sigma}\right\} \tag{9-29}$$

由应力-应变关系并代入式（9-29），可得

$$\{\mathrm{d}\sigma\} = [D_e](\{\mathrm{d}\varepsilon\} - \{\mathrm{d}\varepsilon^p\})$$

$$= [D_e]\{\mathrm{d}\varepsilon\} - [D_e]\mathrm{d}\lambda_1\left\{\frac{\partial Q_1}{\partial \sigma}\right\} - [D_e]\mathrm{d}\lambda_2\left\{\frac{\partial Q_2}{\partial \sigma}\right\} \tag{9-30}$$

将式（9-30）分别代入式（9-25）和式（9-26）中可以解得如公式：

$$\mathrm{d}\lambda_1 = \frac{a_{22}\left\{\frac{\partial f_1}{\partial \sigma}\right\}^{\mathrm{T}}[D_e] - a_{12}\left\{\frac{\partial f_2}{\partial \sigma}\right\}^{\mathrm{T}}[D_e]}{a_{11}a_{22} - a_{12}a_{21}}\{\mathrm{d}\varepsilon\} \tag{9-31}$$

$$\mathrm{d}\lambda_2 = \frac{a_{11}\left\{\frac{\partial f_2}{\partial \sigma}\right\}^{\mathrm{T}}[D_e] - a_{21}\left\{\frac{\partial f_1}{\partial \sigma}\right\}^{\mathrm{T}}[D_e]}{a_{11}a_{22} - a_{12}a_{21}}\{\mathrm{d}\varepsilon\} \tag{9-32}$$

其中，

$$a_{11} = A_1 + \left\{\frac{\partial f_1}{\partial \sigma}\right\}^{\mathrm{T}}[D_e]\left\{\frac{\partial Q_1}{\partial \sigma}\right\} \tag{9-33}$$

$$a_{12} = \left\{\frac{\partial f_1}{\partial \sigma}\right\}^{\mathrm{T}}[D_e]\left\{\frac{\partial Q_2}{\partial \sigma}\right\} \tag{9-34}$$

$$a_{21} = \left\{\frac{\partial f_2}{\partial \sigma}\right\}^{\mathrm{T}}[D_e]\left\{\frac{\partial Q_1}{\partial \sigma}\right\} \tag{9-35}$$

$$a_{22} = A_2 + \left\{\frac{\partial f_2}{\partial \sigma}\right\}^{\mathrm{T}}[D_e]\left\{\frac{\partial Q_2}{\partial \sigma}\right\} \tag{9-36}$$

冻融饱和膨胀土弹塑性本构关系如下：

$$\{\mathrm{d}\sigma\} = [D_{ep}]\{\mathrm{d}\varepsilon\} \tag{9-37}$$

其中，

$$[D_{ep}] = [D_e] - \frac{[D_e]\left\{\frac{\partial Q_1}{\partial \sigma}\right\}\left(a_{22}\left\{\frac{\partial f_1}{\partial \sigma}\right\}^{\mathrm{T}}[D_e] - a_{12}\left\{\frac{\partial f_2}{\partial \sigma}\right\}^{\mathrm{T}}[D_e]\right)}{a_{11}a_{22} - a_{12}a_{21}}$$

$$- \frac{[D_e]\left\{\frac{\partial Q_2}{\partial \sigma}\right\}\left(a_{11}\left\{\frac{\partial f_2}{\partial \sigma}\right\}^{\mathrm{T}}[D_e] - a_{21}\left\{\frac{\partial f_1}{\partial \sigma}\right\}^{\mathrm{T}}[D_e]\right)}{a_{11}a_{22} - a_{12}a_{21}} \tag{9-38}$$

式（9-38）为冻融饱和膨胀土本构模型弹塑性刚度矩阵的表达式。另外，

$$\left\{\frac{\partial f}{\partial \sigma}\right\} = \frac{\partial f}{\partial p}\left\{\frac{\partial p}{\partial \sigma}\right\} + \frac{\partial f}{\partial q}\left\{\frac{\partial q}{\partial \sigma}\right\} \tag{9-39}$$

$$\left\{\frac{\partial Q}{\partial \sigma}\right\} = \frac{\partial Q}{\partial p}\left\{\frac{\partial p}{\partial \sigma}\right\} + \frac{\partial Q}{\partial q}\left\{\frac{\partial q}{\partial \sigma}\right\} \tag{9-40}$$

式中，$\left\{\dfrac{\partial p}{\partial \sigma_{ij}}\right\} = \dfrac{1}{3}\begin{bmatrix} 1 & 1 & 1 & 0 & 0 & 0 \end{bmatrix}_{6\times1}^{\mathrm{T}}$，$\left\{\dfrac{\partial q}{\partial \sigma_{ij}}\right\} = \dfrac{\sqrt{3}}{2J_2}\begin{bmatrix} S_x & S_y & S_z & 2\tau_{yz} & 2\tau_{zx} \end{bmatrix}$

$2\tau_{xy}\big]_{6\times1}^{\mathrm{T}}$，其中 J_2 为应力偏量第二不变量，τ_{yz} 为 yz 平面内作用的剪应力，τ_{zx} 为 zx 平面内作用的剪应力，τ_{xy} 为 xy 平面内作用的剪应力。

屈服面 f_1 和 f_2 对 p 和 q 的偏导数可见式（9-41）~式（9-46）。

$$\frac{\partial f_1}{\partial p} = 1 - \frac{q^2}{M_1^2(p+p_r)^2} \tag{9-41}$$

$$\frac{\partial f_1}{\partial q} = \frac{2q}{M_1^2(p+p_r)} \tag{9-42}$$

$$\frac{\partial f_1}{\partial \varepsilon_v^p} = \frac{\chi_1}{(1-\chi_2\varepsilon_v^p)^2}p_a \tag{9-43}$$

$$\frac{\partial f_2}{\partial p} = -\frac{aq^2 M_2}{2G} \cdot \frac{1}{\sqrt{\dfrac{q}{M_2(p+p_r)-q}}} \cdot \left[\frac{1}{(M_2(p+p_r)-q)^2}\right] \tag{9-44}$$

$$\frac{\partial f_2}{\partial q} = \frac{a}{G}\sqrt{\frac{q}{M_2(p+p_r)-q}} + \frac{aq}{2G} \cdot \frac{1}{\sqrt{\dfrac{q}{M_2(p+p_r)-q}}} \cdot \frac{M_2(p+p_r)}{(M_2(p+p_r)-q)^2} \tag{9-45}$$

$$\frac{\partial f_2}{\partial \varepsilon_s^p} = 1 \tag{9-46}$$

9.4　冻融膨胀土基于广义塑性理论弹塑性本构模型参数

9.4.1　膨胀土微观结构冻融损伤效应

由试验结果可知，膨胀土冻融循环作用下细观结构产生裂隙，随着冻融循环的加剧，细观裂隙损伤引起细观结构发生非线性演化，最终表现为显著的宏观力学特性差异。第 8 章中构建了考虑细观结构冻融损伤诱发宏观力学性能劣化的数学表达式。本节将膨胀土冻融细观结构损伤考虑到本构模型中。由 8.4 节可知，不同冻融循环次数下膨胀土在荷载作用下的应力–应变关系为

$$\varepsilon_i = \frac{\sigma_i}{E^{(0)}(1-S)} \tag{9-47}$$

冻融膨胀土总损伤为

$$S = 1 - \left[1 - \left(1 - \frac{E^{(i)}}{E^{(0)}}\right)S_a\right]e^{-\frac{1}{m}\left(\frac{\varepsilon_0}{\varepsilon_{f,0}}\right)^m} \tag{9-48}$$

由于式（9-48）中冻融损伤主要反映在弹性模量上，因此 9.4.2 节中将冻融细观结构冻融损伤影响考虑到弹性模量的计算中。

9.4.2　弹塑性本构模型中弹性参数确定

弹性剪切模量 G 和体积模量 K 可由弹性模量 E 和泊松比 ν 求得。对于黏性土，泊松比一般取 $0.3^{[16]}$。而弹性模量 E 取 $(1.2\text{—}3.0)E_i^{[17]}$。$E_i$ 为初始切线模量。图9-4（a）给出了三种围压下不同冻融循环次数下膨胀土的初始切线模量的平均值，即平均切线模量 E_{avg}，可由式（9-49）得到：

$$E_{\text{avg}} = \alpha \; (\sigma_3)^{\beta} \tag{9-49}$$

式中，α 与 β 为拟合参数。$\alpha = 72$，$\beta = 0.87$。图9-4（b）为不同冻融循环次数下膨胀土的归一化平均切线模量 $\overline{E}$，可由式（9-50）得到：

$$\overline{E} = E_{\text{avg}} \cdot (A_1 \cdot e^{-i/B_1} + C_1) \tag{9-50}$$

其中，A_1、B_1 和 C_1 为拟合参数，i 为冻融循环次数（$i = 0$，1，3，11）。$A_1 = 0.33$，$B_1 = 3$，$C_1 = 0.83$。

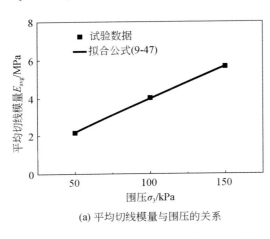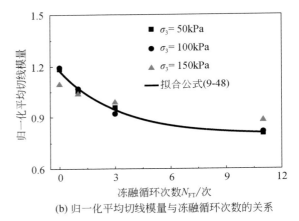

(a) 平均切线模量与围压的关系　　　　(b) 归一化平均切线模量与冻融循环次数的关系

图9-4　不同冻融循环次数下膨胀土切线模量拟合曲线

近似地取弹性模量 $E = 1.5E_i = 1.5\overline{E}$。图9-5为弹性模量与围压、细观结构平均损伤变量的关系。

弹性模量与围压、细观结构平均损伤变量关系的拟合公式为

$$E = E_0 \cdot (\sigma_3)^{\kappa}(1.76 - S_{\text{a}}) \tag{9-51}$$

式中，E_0 和 κ 为拟合参数。$E_0 = 108\text{kPa}$，$\kappa = 0.87$。剪切模量 G 和体积模量 K 可由弹性模量 E 计算得到：

$$G = \frac{E}{2(1+\nu)} = \frac{E_0 \cdot (\sigma_3)^{\kappa}(1.76 - S_{\text{a}})}{2(1+\nu)} \tag{9-52}$$

$$K = \frac{E}{3(1-2\nu)} = \frac{E_0 \cdot (\sigma_3)^{\kappa}(1.76 - S_{\text{a}})}{3(1-2\nu)} \tag{9-53}$$

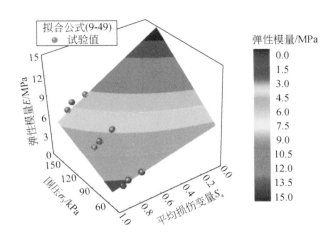

图 9-5　弹性模量与围压、细观结构平均损伤变量的关系

9.4.3　弹塑性本构模型中塑性参数确定

塑性参数中 LC 屈服面参数主要有 M_1、χ_1、χ_2 和 p_r。S_y 屈服面参数中 M_2 是一个比临界状态线斜率 M 略大的参数，用来反映曲线形状。M_2 与 q-ε_s 曲线形状有关，变化在（1.03～1.15）M。参数 a 主要反映体积膨胀在总变形中所占比例。a 值一般为 0.1～0.5。a 值越高，表明总变形以剪胀为主，反之则为剪缩。LC 屈服面与 S_y 屈服面参数求解详见文献 [18]。

9.4.4　弹塑性本构模型可靠性验证

为验证所建立冻融饱和膨胀土本构模型的可靠性，对第 8 章试验中饱和膨胀土冻融 7 次试验结果进行预测，并将模型预测结果与试验数据进行对比。冻融循环 7 次膨胀土的土性参数见表 9-2。图 9-6 为冻融循环 7 次饱和膨胀土试验值与计算值对比情况。

表 9-2　冻融循环 7 次膨胀土的土性参数

参数	M_1	p_r	χ_1	χ_2	a	M_2
取值	0.87	18.3	63.7	15.7	0.24	0.94
围压	50kPa		100kPa		150kPa	
参数	G	K	G	K	G	K
取值	1074.1kPa	2330.9kPa	1963.1kPa	4260kPa	2456kPa	6061.9kPa

从图 9-6（a）可以看出，随着围压的增加，偏应力逐渐增加。当偏应变 ε_s 达到 15%

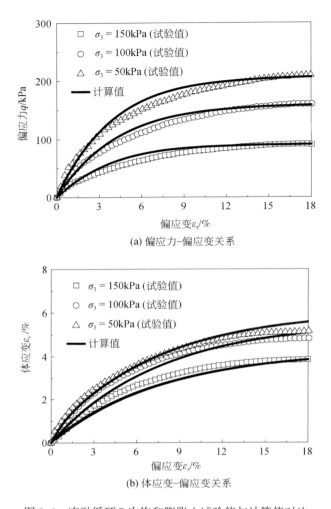

(a) 偏应力–偏应变关系

(b) 体应变–偏应变关系

图 9-6　冻融循环 7 次饱和膨胀土试验值与计算值对比

左右，偏应力基本保持一致。另外，随着围压的增加，体应变也逐渐增加，见图 9-6
（b）。总体而言，模型预测结果与试验数据吻合较好。由此可见，基于广义塑性理论的冻
融饱和膨胀土本构模型可以较好地描述膨胀土的弹塑性应力–应变关系。

9.5　冻融膨胀土基于广义塑性理论弹塑性本构模型数值实现

9.5.1　冻融膨胀土弹性变形预测与塑性变形修正

采用隐式积分算法可以在弹性预测阶段根据已知应变增量计算应力和内变量的弹性试

值，判断是否发生塑性变形。根据屈服函数的取值，存在 4 种情况：①弹性行为；②仅 S_y 屈服面屈服；③仅 LC 屈服面屈服；④S_y 和 LC 屈服面同时屈服。对于第 1 种情况，弹性试应力仍处于弹性区域，可利用应力和内变量的弹性试值对其进行更新。相反地，对于后 3 种情况，弹性试应力处于弹性区域外，因此，需要塑性修正。这里仅给出 LC 屈服面屈服时的塑性修正过程，其他 2 种情况可参考 LC 屈服面的塑性修正过程。

由 9.3 节冻融饱和膨胀土本构关系得到需要求解的方程组为[19]

$$
\left.\begin{array}{r}
(D_e)^{-1}\sigma_{n+1}=(D_e)^{-1}\sigma_n+\Delta\varepsilon_{n+1}-\Delta\varepsilon_{n+1}^p \\[2mm]
p_{0,n+1}=p_{0,n}+\left[\dfrac{hp_a}{(1-t\varepsilon_v^p)^2}\right]\Delta\varepsilon_{v,n+1}^p
\end{array}\right\}
\tag{9-54}
$$

式中，D_e 为弹性矩阵；n 为步数。

隐式积分过程中求解方程需要满足库恩–塔克（Kuhn-Tucker）条件[19]：

$$
\left.\begin{array}{r}
f(\sigma_{n+1},\xi_{n+1})\leqslant 0 \\[2mm]
\Delta\lambda_{n+1}\geqslant 0 \\[2mm]
\Delta\lambda_{n+1}f(\sigma_{n+1},\xi_{n+1})=0
\end{array}\right\}
\tag{9-55}
$$

式中，ξ 为 LC 屈服面硬化参数 p_0；λ 为 LC 屈服面的塑性因子。

采用 Newton 方法，式（9-54）中各个方程的残余形式为[19]

$$
\left.\begin{array}{l}
R_{\sigma,n+1}^{(k)}=(D_e)^{-1}\sigma_{n+1}^{(k)}-\Delta\varepsilon_{n+1}+\Delta\lambda_{n+1}^{(k)}g_\sigma \\[2mm]
R_{p0,n+1}^{(k)}=-p_{0,n+1}^{(k)}+p_{0,n}+\left.\dfrac{\partial p_0}{\partial\varepsilon_v^p}\right|_{n+1}^{(k)}\Delta\lambda_{n+1}^{(k)}g_p
\end{array}\right\}
\tag{9-56}
$$

式中，k 为上标，表示迭代次数；g 为塑性势函数的相关导数。

式（9-56）需要满足如下约束条件[19]：

$$
f_{n+1}^{(k)}(\sigma_{n+1}^{(k)},\xi_{n+1}^{(k)})=0
\tag{9-57}
$$

通过线性化分析式（9-56），可得

$$
\left.\begin{array}{l}
R_{\sigma,n+1}^{(k)}-(D_e)^{-1}d\sigma_{n+1}^{(k)}-(\delta\lambda_{n+1}^{(k)}g_\sigma\Delta\lambda_{n+1}^{(k)}g_{\sigma\sigma}d\sigma_{n+1}^{(k)}+\Delta\lambda_{n+1}^{(k)}g_{\sigma\xi}d\xi_{n+1}^{(k)})=0 \\[2mm]
R_{p0,n+1}^{(k)}+dp_{0,n+1}^{(k)}-\zeta(\delta\lambda_{n+1}^{(k)}g_p+\Delta\lambda_{n+1}^{(k)}g_{p\sigma}d\sigma_{n+1}^{(k)}+\Delta\lambda_{n+1}^{(k)}g_{p\xi}d\xi_{n+1}^{(k)})=0
\end{array}\right\}
\tag{9-58}
$$

式中，$\zeta=\left.\dfrac{\partial p_0}{\partial\varepsilon_v^p}\right|_{n+1}^{(k)}$。

由式（9-58）可得

$$
\left\{\begin{array}{l}
d\sigma_{n+1}^{(k)} \\[2mm]
dp_{0,n+1}^{(k)}
\end{array}\right\}=A^{-1}\left\{\begin{array}{l}
R_{\sigma,n+1}^{(k)} \\[2mm]
R_{p0,n+1}^{(k)}
\end{array}\right\}-\delta\lambda A^{-1}\left\{\begin{array}{l}
g_\sigma \\[2mm]
\zeta g_p
\end{array}\right\}
\tag{9-59}
$$

其中，$A_{11}=(D_e)^{-1}+\Delta\lambda g_{\sigma\sigma}$；$A_{12}=\Delta\lambda g_{\sigma p_0}$；$A_{21}=\zeta\Delta\lambda g_{p\sigma}$；$A_{22}=\zeta\Delta\lambda g_{pp_0}$。

由一致性条件[19]可知：

$$
f_{n+1}^{(k)}+f_\sigma d\sigma+f_{p_0}dp_{0,n+1}^{(k)}=0
\tag{9-60}
$$

将式（9-59）代入式（9-60）中：

$$
f_{n+1}^{(k)}+\{f_\sigma\quad f_{p_0}\}A^{-1}\left\{\begin{array}{l}
R_{\sigma,n+1}^{(k)} \\[2mm]
R_{p0,n+1}^{(k)}
\end{array}\right\}-\{f_\sigma\quad f_{p_0}\}\delta\lambda_{n+1}^{(k)}A^{-1}\left\{\begin{array}{l}
g_\sigma \\[2mm]
\zeta g_p
\end{array}\right\}=0
\tag{9-61}
$$

求解式（9-61）得

$$\delta\lambda_{n+1}^{(k)}=B^{-1}c \qquad (9\text{-}62)$$

其中，

$$\{B_1 \quad B_2\}=\{f_\sigma \quad f_{p_0}\}A^{-1}\begin{Bmatrix}g_\sigma\\\zeta g_p\end{Bmatrix} \qquad (9\text{-}63)$$

$$\begin{Bmatrix}c_1\\c_2\end{Bmatrix}=\{f_\sigma \quad f_{p_0}\}A^{-1}\begin{Bmatrix}R_{\sigma,n+1}^{(k)}\\R_{p_0,n+1}^{(k)}\end{Bmatrix}+f_{n+1}^{(k)} \qquad (9\text{-}64)$$

将计算后的塑性因子增量代入式（9-59）中即可得到第 1 次迭代步的应力和内变量增量。当满足相应残余项 $R_{n+1}^{(k)}$ 和屈服函数 $f_{n+1}^{(k)}$ 的容许误差时，算法结束。该应力积分算法流程如表 9-3 所示。

表 9-3　隐式积分算法流程[19]

步骤	公式
①初始化	$k=0$，$\varepsilon_{n+1}=\varepsilon_n+\Delta\varepsilon_{n+1}$，$\Delta\lambda_{n+1}^{p(0)}=0$
②弹性预测	$\sigma_{n+1}^{(0)}=\sigma_n+D_e(\Delta\varepsilon_{n+1}-\Delta\varepsilon_{n+1}^{p(0)})$
③检查屈服条件与收敛性	$f_{n+1}^{(k)}=f(\sigma_{n+1}^{(k)},\xi_{n+1}^{(k)})$，并根据式（9-58）计算 $R_{n+1}^{(k)}$。若 $f_{n+1}^{(k)}<\text{TOL}_1$，$R_{n+1}^{(k)}<\text{TOL}_2$，则转到⑥，其中 TOL_1、TOL_2 为比例系数
④计算塑性因子增量	式（9-62）
⑤计算应力和内变量增量	式（9-59）
⑥更新变量	$\sigma_{n+1}^{(k+1)}=\sigma_{n+1}^{(k)}+\mathrm{d}\sigma_{n+1}^{(k)}$，$\xi_{n+1}^{(k+1)}=\xi_{n+1}^{(k)}+\mathrm{d}\xi_{n+1}^{(k)}$，$\Delta\lambda_{n+1}^{(k+1)}=\Delta\lambda_{n+1}^{(k)}+\delta\lambda_{n+1}^{(k)}$，$k=k+1$ 并返回③

9.5.2　冻融膨胀土一致性切线模量

本构模型数值实现中，需要采用弹塑性本构模型的一致性切线模量。这里，仅给出当 LC 屈服面发生屈服时对应的一致性切线模量的推导过程。此外，为了方便推导，推导过程中省略了下标 $n+1$。

隐式欧拉向后积分算法中切线模量定义为[20-23]

$$D^{\mathrm{con}}=(\partial\sigma/\partial\varepsilon)_{n+1} \qquad (9\text{-}65)$$

由膨胀土应力–应变关系有

$$\mathrm{d}\sigma=D_e(\mathrm{d}\varepsilon-\mathrm{d}\varepsilon^p) \qquad (9\text{-}66)$$

塑性应变增量 $\mathrm{d}\varepsilon^p$ 可表示为

$$\mathrm{d}\varepsilon^p=\Delta\lambda(g_{\sigma\sigma}\mathrm{d}\sigma+g_{\sigma\xi}\mathrm{d}\xi)+\mathrm{d}\lambda g_\sigma \qquad (9\text{-}67)$$

将式（9-67）代入式（9-68）中：

$$\mathrm{d}\sigma=E[\mathrm{d}\varepsilon-(\Delta\lambda g_{\sigma\xi}\mathrm{d}\xi+\mathrm{d}\lambda g_\sigma)] \qquad (9\text{-}68)$$

式中，$E=[(D_e)^{-1}+\Delta\lambda g_{\sigma\sigma}]^{-1}$。

根据硬化方程，有

$$\mathrm{d}p_0 = \zeta\left(\mathrm{d}\lambda g_p + \Delta\lambda g_{p\sigma}\mathrm{d}\sigma + \Delta\lambda g_{p\xi}\mathrm{d}\xi\right) \tag{9-69}$$

整理式（9-68）和式（9-69）可得

$$\begin{Bmatrix}\mathrm{d}\sigma\\\mathrm{d}p_0\end{Bmatrix} = A^{-1}\begin{Bmatrix}\mathrm{d}\varepsilon\\0\end{Bmatrix} - \mathrm{d}\lambda A^{-1}\begin{Bmatrix}g_\sigma\\\zeta g_p\end{Bmatrix} \tag{9-70}$$

将式（9-59）代入一致性条件 $f_\sigma\mathrm{d}\sigma + f_{p_0}\mathrm{d}p_0 = 0$ 中，整理得到：

$$B\mathrm{d}\lambda = F\mathrm{d}\varepsilon \tag{9-71}$$

式中，$\{F_1 \quad F_2\} = \{f_\sigma \quad f_{p_0}\}A^{-1}$。

求解式（9-71）得到：

$$\mathrm{d}\lambda = B^{-1}F\begin{Bmatrix}\mathrm{d}\varepsilon\\0\end{Bmatrix} = G\begin{Bmatrix}\mathrm{d}\varepsilon\\0\end{Bmatrix} \tag{9-72}$$

将式（9-72）代入式（9-70）中：

$$\begin{Bmatrix}\mathrm{d}\sigma\\\mathrm{d}p_0\end{Bmatrix} = A^{-1}\begin{Bmatrix}\mathrm{d}\varepsilon\\0\end{Bmatrix} - HG\begin{Bmatrix}\mathrm{d}\varepsilon\\0\end{Bmatrix} \tag{9-73}$$

其中，

$$\begin{bmatrix}H_{11} & H_{12}\\H_{21} & H_{22}\end{bmatrix} = A^{-1}\begin{bmatrix}g_{1,\sigma} & g_{2,\sigma}\\\zeta g_{1,p} & \zeta g_{2,p}\end{bmatrix}$$

由此可得

$$\mathrm{d}\sigma = \left[\left(A_{11}\right)^{-1} - H_{11}\left(G_{11} + G_{21}\right)\right]\mathrm{d}\varepsilon \tag{9-74}$$

通过式（9-74）得到一致性切线模量的表达式：

$$D^{\mathrm{con}} = \left(A_{11}\right)^{-1} - H_{11}\left(G_{11} + G_{21}\right) \tag{9-75}$$

9.5.3　双屈服面中进入屈服状态确定

对于单屈服面的弹塑性本构模型来说，当第 $n+1$ 步试算应力 $f_{n+1}^{\mathrm{trial}} > 0$，可以得出该屈服面被激活。但对于双屈服面的本构模型，当 $f_{1,n+1}^{\mathrm{trial}} > 0$、$f_{2,n+1}^{\mathrm{trial}} > 0$ 时，并不能得到 f_1、f_2 两个屈服面同时都达到屈服状态[24]。冯嵩等[24]给出了如何确定多重屈服面中进入屈服状态的判别方法。

9.5.4　弹塑性本构模型算例分析与模型

采用有限元软件 ABAQUS 建立饱和膨胀土三轴固结排水剪切变形预测数值模型。由于主要验证内容是应力-应变关系，因而并不需要模拟一个圆柱形的试样。这里，构建一个 1.0m×1.0m×1.0m 的三维变形体，如图 9-7 所示。

三维变形体模型划分一个单元，单元类型为 C3D8。计算分析过程中采用两个分析步，即名为 geoini 的 *Geostatic 分析步和名为 Load 的 Static，general 静力分析步，时间总长为 1，起始步长为 0.1，允许最小步长为 $1.0×10^{-5}$，最大步长为 0.1，采用非对称算法。通过调用编写的冻融饱和膨胀土弹塑性本构模型 UMAT 子程序，预测土样变形。选取试验围压

图 9-7　有限元模型

$\sigma_3 = 100\text{kPa}$ 的结果进行对比，进而验证子程序的可靠性。

借助软件 ABAQUS 验证 UMAT 子程序可靠性，采用表 9-2 中试验参数建立膨胀土三轴固结排水剪切变形预测数值模型，将 UMAT 子程序嵌入到 ABAQUS 求解器中进行模拟计算，并将模拟结果与试验结果相比较（图 9-8），以确定子程序的可靠性。由图 9-7 可见，

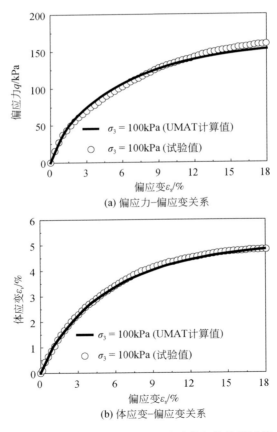

(a) 偏应力-偏应变关系

(b) 体应变-偏应变关系

图 9-8　冻融循环 7 次饱和膨胀土试验值与数值模拟值对比

基于冻融饱和膨胀土弹塑性本构模型编写的 UMAT 子程序可以很好地模拟饱和膨胀土的非线性响应，从而说明该子程序的可靠性。

9.6　结论与总结

基于第 8 章冻融循环作用下膨胀土细观结构与宏观力学性能试验，在殷宗泽提出的双屈服面理论框架基础上，引入广义塑性理论，考虑膨胀土冻融细观结构损伤，建立可反映体应变和剪应变与 p、q 交叉影响耦合关系的膨胀土冻融双屈服面弹塑性本构模型。通过模型预测结果和试验数据对比，验证本构模型的可靠性。在此基础上，借助 ABAQUS 数值有限元软件，发展基于广义塑性理论的冻融膨胀土双屈服面弹塑性本构模型 UMAT 子程序。

参 考 文 献

[1] GENS A，ALONSO E E. A framework for the behaviour of unsaturated expansive clays [J]. Canadian Geotechnical Journal，1992，29（6）：1013-1032.

[2] 卢再华，陈正汉. 非饱和原状膨胀土的弹塑性损伤本构模型研究 [J]. 岩土工程学报，2003，25（4）：422-426.

[3] 马险峰，望月秋利，蔡敏. 采用修正塑性功硬化参数的双屈服面模型及应用 [J]. 岩石力学与工程学报，2009，28（3）：605-612.

[4] PREVOST J H，HOEG K. Effective stress-strain-strength model for soils [J]. Journal of Geotechnical and Geoenvironmental Engineering，1975，101（3）：259-278.

[5] BALDI G Y，ROHANI B. Elasto- plastic model for saturated sand [J]. Journal of the Geotechnical Engineering Division，ASCE，1979，105（4）：465-480.

[6] VERMEER P A. A doubling hardening model for sand [J]. Géotechnique，1978，28（4）：413-433.

[7] NISHI K，ESASHI Y. Stress-strain relationships of sand based on elasto-plasticity theory [C]. Proceedings of the Japanese Society of Civil Engineers，1978：111-122.

[8] LADE P V. Elasto- plastic stress- strain theory for cohesionless soil with curved yield surfaces [J]. International Journal of Solids and Structures，1977，13（11）：1019-1035.

[9] 沈珠江. 土的弹塑性应力–应变关系的合理形式 [J]. 岩土工程学报，1980，2（2）：11-19.

[10] 郑颖人，孔亮. 广义塑性力学及其运用 [J]. 中国工程科学，2005，7（11）：21-36.

[11] LIU M，LIU H，GAO Y. New double yield surface model for coarse granular materials incorporating nonlinear unified failure criterion [J]. Journal of Central South University，2012，19（11）：3236-3243.

[12] 殷宗泽. 一个土体的双屈服面应力–应变模型 [J]. 岩土工程学报，1988，10（4）：64-71.

[13] 周凤玺，米海珍，胡燕妮. 基于广义塑性力学的黄土湿陷变形本构关系 [J]. 岩土力学，2005，26（11）：1823-1828.

[14] 蔡新，杨杰，郭兴文，等. 胶凝砂砾石料弹塑性本构模型研究 [J]. 岩土工程学报，2016，38（9）：1569-1577.

[15] 王硕，段新胜. 一种考虑应力洛德角剪切变形的三维双屈服面模型的初步研究 [J]. 土木工程与管理学报，2013，30（3）：59-64.

[16] ALONSO E E，VAUNAT J，GENS A. Modelling the mechanical behaviour of expansive clays [J]. Engineering Geology，1999，54（1-2）：173-183.

［17］ 文畅平，王解军．基于南水模型的生物酶改良膨胀土应力–应变关系研究［J］．岩石力学与工程学报，2018，37（4）：1011-1019.

［18］ 丛晟亦．高寒季节冻土区膨胀土边坡冻融变形特征与春融滑塌机制［D］．哈尔滨：哈尔滨工业大学，2020.

［19］ 李舰，韦昌富，刘艳．非饱和黏土状态相关本构模型的数值实现［J］．岩土力学，2017，38（10）：2799-2808.

［20］ 李锡夔，范益群．非饱和土变形及渗流过程的有限元分析［J］．岩土工程学报，1998，20（4）：20-24.

［21］ 周雷，张洪武．非饱和土化学–塑性耦合本构行为的数值模拟［J］．岩土力学，2009，30（7）：2133-2140.

［22］ 胡冉．非饱和土水力全耦合模型与数值模拟方法研究［D］．武汉：武汉大学，2013.

［23］ 刘艳，韦昌富，房倩，等．非饱和土水–力本构模型及其隐式积分算法［J］．岩土力学，2014，35（2）：365-370.

［24］ 冯嵩，郑颖人，孔亮，等．广义塑性力学多重屈服面模型隐式积分算法及其 ABAQUS 二次开发［J］．岩石力学与工程学报，2011，30（10）：2019-2025.

第 10 章 冻融膨胀土路堑边坡春融期稳定性与滑塌机制

10.1 概 述

当今，我国已全面进入加快发展高速轨道交通的崭新时期。截至 2020 年末，全国铁路营业里程达 14.6 万 km，高速铁路约 3.8 万 km。由于我国是一个冻土大国，高寒季节冻土区面积大、分布广，致使不少规划发展的高速铁路分布于该区域，不仅已开通运行的高速铁路沿线出现大面积连续分布的膨胀土（如吉图珲铁路快速客运专线、哈佳铁路客货共线、哈牡铁路快速客运专线），而且未来建设的高速铁路沿线也难免存在膨胀土。又因高铁对轨道坡度与平顺度的苛刻要求，边坡场地路段须做人工路堑路基。实践表明，膨胀土的膨胀、收缩等不良工程性质，在春融期反复冻融循环作用下，对高铁路堑边坡危害极大，如吉图珲高铁延吉段沿线数公里路堑边坡受冻融循环影响，发生较大规模的边坡滑塌、滑坡、支挡结构破坏等，严重影响高铁施工建设与安全运营。鉴于此，针对不同积雪厚度、日气温变化、昼夜大温差引起的冻融作用等触发的边坡滑塌灾害一般规律进行分析，模拟计算融雪时膨胀土边坡渗流场与整体稳定性。此外，针对哈佳快速铁路宾西段膨胀土路堑边坡，开展冻融边坡变形现场监测，探讨"1 次冻融循环"条件下边坡变形发展演化特征。在此基础上，结合典型高寒区膨胀土路堑边坡滑塌事例，详细阐述高寒区膨胀土路堑边坡春融期滑塌机制。

10.2 膨胀土路堑边坡春融期融雪入渗稳定性分析

由于饱和非饱和渗流理论的发展，国内开展了较多的融雪和冰川径流的研究工作[1]，但对于春季气温升高、积雪融化、雪水入渗导致边坡滑塌的研究相对较少。春融期冰雪消融入渗，导致边坡浅层发生滑塌（图 10-1）。采用饱和非饱和渗流理论，研究春季冰雪消融条件下吉图珲高铁延吉段膨胀土路堑边坡稳定性，可为膨胀土边坡春融期滑塌灾害预警与防护提供理论依据。

10.2.1 冰雪消融入渗数值模型

（1）融雪入渗相关特征

目前，气象和水文部门常规的降雪观测有两种[1]：一是以 cm 计的积雪深度；二是以 mm 计的雪水当量。根据钱晓慧等[1]和杨大庆[2]有关新雪密度的分析，本节中采用新雪平均密度为 100kg/m³，以此计算不同的等效降雨量，从而考虑不同积雪深度对边坡渗流场

图 10-1　融雪入渗引起边坡浅层滑塌

变化的影响。

（2）融雪入渗饱和非饱和渗流原理

饱和非饱和渗流问题的连续性方程为[3]

$$-\frac{\partial}{\partial x_i}(\rho v_i) + W = \frac{\partial}{\partial t}(\rho n S_w) \tag{10-1}$$

根据达西定律：

$$v_i = -k_{ij} k_r(\theta)\frac{\partial H}{\partial x_i} \tag{10-2}$$

将式（10-2）代入式（10-1）中可得[3]

$$\frac{\partial}{\partial x_i}\left[k_{ij}k_r(h)\frac{\partial h}{\partial x_j} + k_{ij}k_r(h)\right] + W = \left[C(h) + \beta S_s\right]\frac{\partial h}{\partial t} \tag{10-3}$$

式中，ρ 为水的密度（kg/m³）；v_i 为达西流速（m/s）；n 为孔隙率；W 为源汇项；S_w 为介质饱和度；k_{ij} 为饱和渗透张量；$k_r(\theta)$ 为非饱和渗透系数相对于饱和渗透系数的比值；H 为水头；h 为压力水头；$k_r(h)$ 为压力水头为 h 时对应的非饱和渗透系数相对饱和渗透系数的比值；C 为容水度，在饱和区域为 0；S_s 为单位储存量，非饱和体为 0，饱和体为常数；β 为系数，饱和区为 1，非饱和区为 0。

（3）膨胀土边坡–板桩墙支护体系冰雪消融三维数值模型

模拟融雪入渗过程的实质是流固耦合过程，本节重点研究春融期冰雪消融条件下膨胀土路堑边坡稳定性分析。此外，考虑到计算收敛性等问题，所建数值模型宽度为 5m（图 10-2）。此外，边坡顺坡前后方向设置 2m 的水头差（图 10-3）。

采用强度折减法分析融雪入渗后边坡稳定性，膨胀土（计算参数见表 10-1）与砂岩（表 10-2）选用莫尔–库仑（Mohr-Coulomb）本构模型，采用 C3D8P 单元进行网格划分。此外，边界 BC、CD、DE 和 EF 为融雪入渗边界，HI 为溢出边界，AK 和 JL 为天然水头边界，BK、IL 和 AJ 为不排水边界。y 方向任意断面均为上述边界条件。

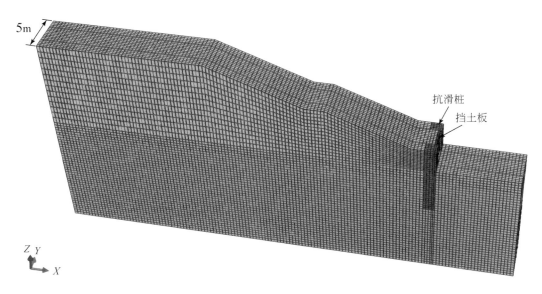

图 10-2　有限元网格

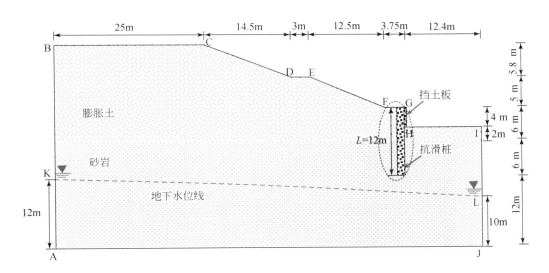

图 10-3　边坡–板桩墙体系剖面图

表 10-1　膨胀土计算参数

重度/(kN/m³)	黏聚力/kPa	内摩擦角/(°)	弹性模量 E/MPa	泊松比 ν
19	15.75	23.5	16	0.3

表 10-2　膨胀土和砂岩土水特征曲线参数与渗透系数参数

土体类型	土水特征曲线参数					渗透系数参数
	a/kPa	m	n	θ_s/%	k_s/(m/s)	p
膨胀土	28	1	1	53	1.73×10^6	4.7
砂岩	10	1	1	45	10^{-4}	4

膨胀土与砂岩饱和渗透系数（k_s）分别为 1.73×10^{-6} m/s、10^{-4} m/s。膨胀土的土水特征曲线（SWCC）-基质吸力（u_a-u_w）与饱和度 S_r（或体积含水率 θ_w）之间的关系和相对渗透系数（k_w/k_s）曲线通过试验获得，见图 10-4（a）。砂岩的土水特征曲线和相对渗透系数曲线[4]，见图 10-4（b）。膨胀土和砂岩土水特征曲线参数与渗透系数参数见表 10-2。

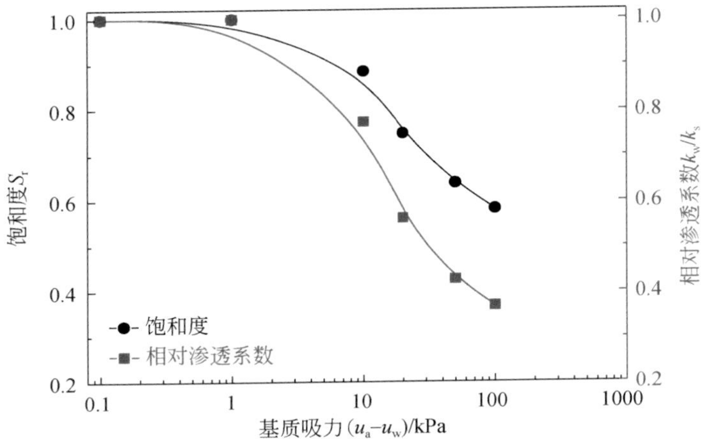

(a) 膨胀土土水特征曲线和相对渗透系数曲线

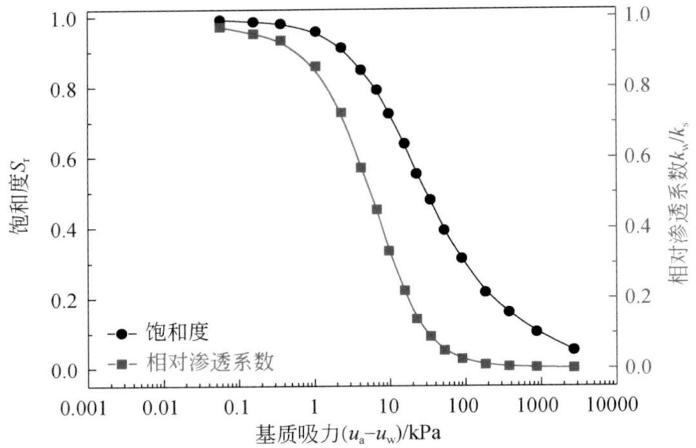

(b) 砂岩土水特征曲线和相对渗透系数曲线

图 10-4　两种土体的土水特征曲线和相对渗透系数曲线

土水特征曲线采用 Fredlund-Xing 模型，其表达式为[4]：

$$\theta_w = \theta_s C(\varphi) \cdot \frac{1}{\left[\ln\left(e + \left(\frac{\varphi}{a}\right)^n\right)\right]^m} \qquad (10\text{-}4)$$

其中修正系数：

$$C(\varphi) = 1 - \frac{\ln\left(1 + \frac{\varphi}{\varphi_r}\right)}{\ln\left(1 + \frac{10^6}{\varphi_r}\right)} \qquad (10\text{-}5)$$

式中，θ_w 为体积含水率；θ_s 为饱和体积含水率；e 为自然对数；a 为进气值相关土性参数；n 为土水特征曲线斜率相关的土性参数；m 为残余含水率相关的土性参数；φ 为基质吸力（kPa）；φ_r 为残余含水率 θ_r 对应的基质吸力（kPa）。

根据 Leong 和 Rahardjo[5] 的建议，这里取 $C(\varphi) = 1$。

渗透系数曲线采用如下公式[4]：

$$k_w = k_s \Theta^p \qquad (10\text{-}6)$$

式中，k_w 为非饱和土的渗透系数（m/s）；k_s 为饱和土的渗透系数（m/s）；Θ 为体积含水率与饱和体积含水率之比；p 为渗透系数曲线中的拟合参数。

结合吉林延吉地区冬季降雪量，融雪入渗等效降雨强度（I_r）设为 3mm/h（积雪深度 0.72m），坡面等效降雨强度为 $I_r \cos\alpha$（α 为边坡倾角）。融雪模拟过程[1]：$0 \sim 48h$ 为等强型降雨入渗（图 10-5），计算边坡渗流场变化时间为 $0 \sim 96h$，从而获得边坡渗流场变化规律。

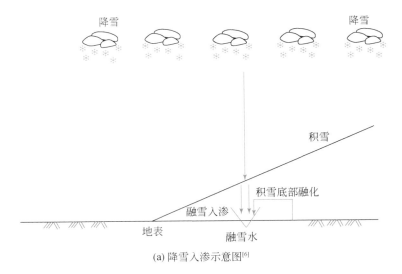

(a) 降雪入渗示意图[6]

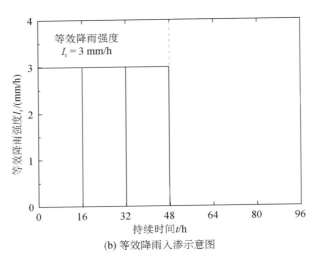

(b) 等效降雨入渗示意图

图 10-5　融雪入渗等效降雨模型

10.2.2　数值模型可靠性验证

基于韩国浦项市某边坡场地降雨诱发的滑坡事例[7]，验证数值模拟方法的可靠性。表 10-3 和表 10-4 为该滑坡土体相关物理和水力特性参数[7]。

表 10-3　韩国浦项市某边坡场地土体物理特性[7]

比重	孔隙比	干重度 $\gamma_d/(kN/m^3)$	塑限 w_p	塑性指数 IP
2.65	0.866	13.93	36.8	18.3

表 10-4　韩国浦项市某边坡场地土体强度与水力特性参数[7]

类型	参数	取值
强度	有效黏聚力 c'/kPa	0
	有效内摩擦角 $\varphi'/(°)$	31.6
	平均重度 $\gamma_{ave}/(kN/m^3)$	18.03
变形	压缩模量 E/kPa	2×10^6
	泊松比 ν	0.333
水力特性	饱和渗透系数 $k_s/(m/s)$	3.46×10^{-6}
	饱和含水率 θ_s	0.398
	残余含水率 θ_r	0.12
	吸力 u_b/kPa	27.93
	孔径参数 n	1.10

图 10-6 为韩国浦项市某边坡示意图。2011 年 4 月 1 日该边坡数值模拟结果（滑动面、孔隙水压力和饱和度分布）见图 10-7，灰色线为计算边坡滑动面[7]。a、b、c 点为滑动面上三个特征点。本节计算得到的潜在滑动面与文献中的滑动面基本一致[7]。此外，文献［7］中计算得到的该边坡安全系数为 2.8，本节数值计算值为 2.78。图 10-7（b）和（c）分别为边坡孔隙水压力与饱和度分布云图。由文献［7］可知，a、b、c 点孔隙水压力分别为-80kPa、-60kPa、-40kPa，饱和度分别为 94%、92.5%、91.5%。本节数值计算得到 a、b、c 点孔隙水压力分别为-85kPa、-55kPa、-35kPa，饱和度分别为 95%、92.5%、89%。通过对比边坡安全系数、滑动面位置、特征点孔隙水压力和饱和度计算结果，发现本节数值计算数据与文献［7］中计算结果相符，从而验证了数值模拟方法的可靠性。

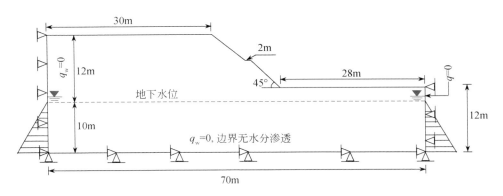

图 10-6　韩国浦项市某边坡边界条件[7]

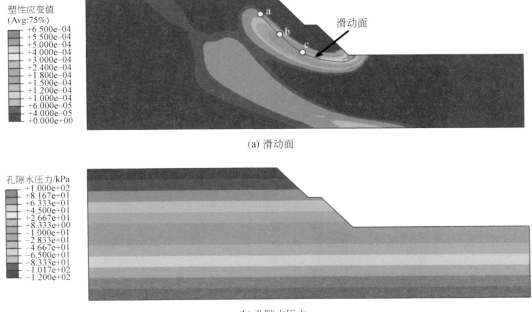

(a) 滑动面

(b) 孔隙水压力

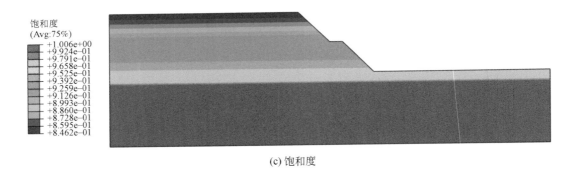

(c) 饱和度

图 10-7　韩国浦项市某边坡场地 2011 年 4 月 1 日模拟结果

10.2.3　冰雪消融下边坡渗流场分布

膨胀土边坡无渗流状态时饱和度与孔隙水压力分布见图 10-8，由于膨胀土与砂岩具有

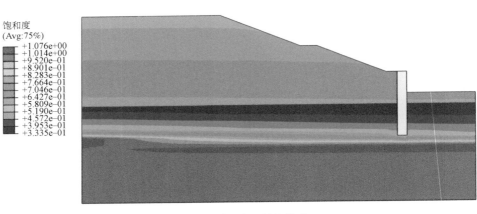

(a) 初始状态饱和度(无渗流情况)

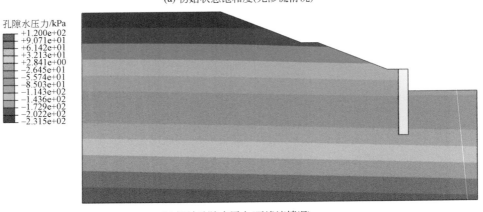

(b) 初始孔隙水压力(无渗流情况)

图 10-8　膨胀土边坡初始状态（无渗流情况）

不同的土水特征曲线，在土层分界处呈现明显的饱和度变化线。坡顶处饱和度约为 55%，坡面处饱和度相对较高，沿顺坡方向呈现逐渐增大的趋势。

为分析冰雪消融条件下延吉段膨胀土边坡渗流场分布规律，选取坡顶沿竖向断面 L1 和坡面 L2 断面进行分析（图 10-9）。图 10-10 和图 10-11 分别为积雪深度 0.72m 时融雪入渗 48h、72h 和 96h 的饱和度云图和孔隙水压力云图。在第 48h，融雪入渗停止，此时坡面大部分区域饱和度达到 70% 以上，见图 10-10（a）。在第 72h，由于融雪水缓慢入渗，坡面压力水头有所下降（含水量减少），导致坡面饱和度降低，孔隙水压力值变小，见图 10-11（b）。此外，由于融雪入渗，边坡断面 L1 处较深范围内，压力水头及含水量进一步增大，引起饱和度增大，见图 10-11（b）。在第 96h，随着原融雪水不断往下入渗，坡顶与坡面处饱和度与孔隙水压力值进一步降低，渗流场逐渐恢复初始稳定状态。

（1）不同积雪深度下渗流场变化规律

由于延吉地区冬季漫长，雪期长，降雪量高。2016 年延吉地区遭遇"超级寒潮"，局部地区积雪超 1m。因此，这里考虑不同积雪深度（d_s）对边坡渗流场的影响，换算得到等效雨强大小分别为 48mm/d（积雪厚度 0.48m）、72mm/d（积雪厚度 0.72m）、96mm/d

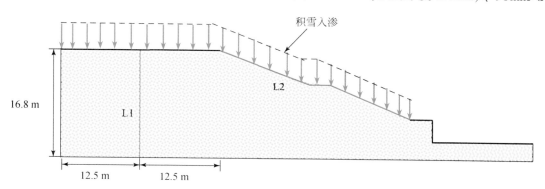

图 10-9　边坡典型断面分析

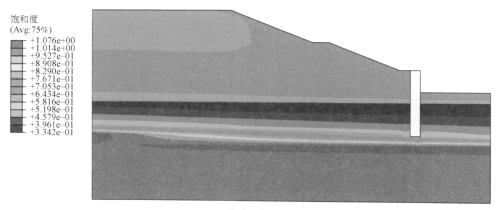

(a) 融雪入渗48h后饱和度分布

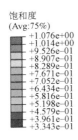
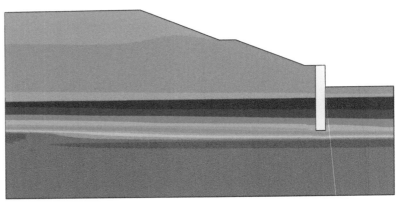

(b) 融雪入渗72h后饱和度分布

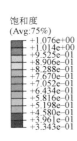
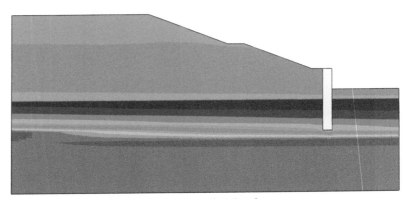

(c) 融雪入渗96h后饱和度分布

图 10-10　融雪入渗膨胀土边坡饱和度云图

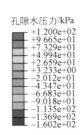
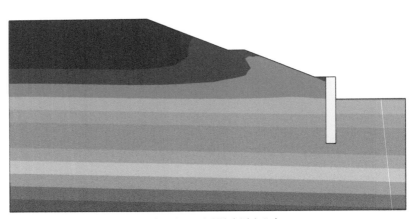

(a) 融雪入渗48h后孔隙水压力分布

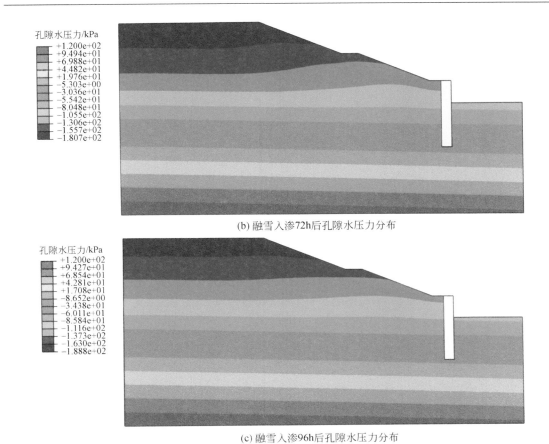

(b) 融雪入渗72h后孔隙水压力分布

(c) 融雪入渗96h后孔隙水压力分布

图 10-11　融雪入渗膨胀土边坡孔隙水压力云图

（积雪厚度 0.96m）、120mm/d（积雪厚度 1.20m）。图 10-12 和图 10-13 分别为不同积雪深度下断面 L1 和 L2 处饱和度与孔隙水压力分布情况（选取融雪入渗停止时，即第 48h 的结

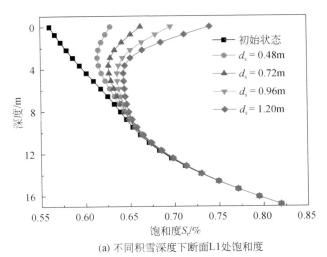

(a) 不同积雪深度下断面L1处饱和度

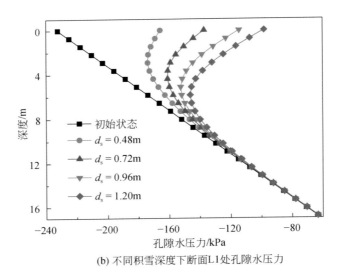

(b) 不同积雪深度下断面L1处孔隙水压力

图 10-12 不同积雪深度下断面 L1 处饱和度与孔隙水压力

果）。初始状态为未考虑融雪入渗情况。

　　融雪水进入坡体，导致 L1 和 L2 处饱和度与孔隙水压力升高，随着积雪深度的增加，饱和度与孔隙水压力增大的程度越显著。断面 L1 处，未融雪入渗时（初始状态），孔隙水压力与饱和度沿深度逐渐增大，随着融雪入渗的发展，L1 处饱和度和孔隙水压力呈现沿竖向先逐渐减小后增大的变化规律（图 10-12）。断面 L2 处，饱和度与孔隙水压力与坡顶水平距离成正比，在坡角处达到最大值（图 10-13）。相较于初始状态，积雪厚度达到1.20m 时，坡顶处与坡脚处的饱和度分别增加了 24.3% 和 17.4%。

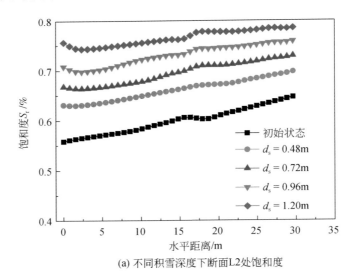

(a) 不同积雪深度下断面L2处饱和度

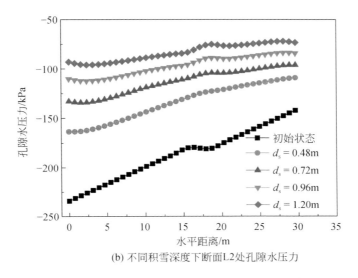

(b) 不同积雪深度下断面L2处孔隙水压力

图 10-13　不同积雪深度下断面 L2 处饱和度与孔隙水压力

（2）春融期气温升高积雪融化对渗流场影响

本节考虑温度对融雪入渗量的影响，采用度日模型模拟融雪与温度的关系。引入平均度日因子为 4.81mm/（℃·d），描述气温上升 1℃ 所产生的融雪深度[1]。考虑日气温升高 2℃、5℃、8℃、10℃ 四种情况下膨胀土边坡渗流场变化规律（选取融雪入渗停止时，即第 48h 的结果）。

结果表明（图 10-14 和图 10-15）：随着气温上升幅度的增加，坡顶断面 L1 和坡面断面 L2 处饱和度与孔隙水压力随之增加。同时，温度变化对边坡内部的渗流场影响较小。影响范围主要集中在沿坡顶向下 10m 范围内的土层。相较于初始状态，日气温升高 10℃ 时，坡顶处与坡脚处的饱和度分别增加了 10.8% 和 7.3%。

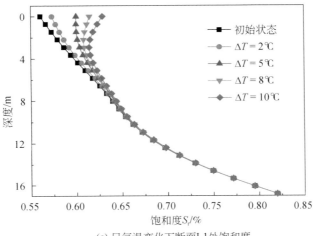

(a) 日气温变化下断面L1处饱和度

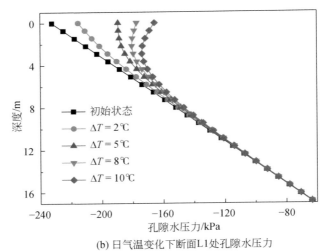

(b) 日气温变化下断面L1处孔隙水压力

图 10-14　日气温变化下断面 L1 处饱和度与孔隙水压力

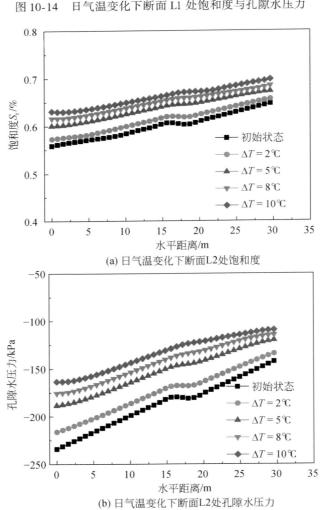

(a) 日气温变化下断面L2处饱和度

(b) 日气温变化下断面L2处孔隙水压力

图 10-15　日气温变化下断面 L2 处饱和度与孔隙水压力

（3）春融期积雪覆盖下冻融作用对渗流场影响

春融期气温回升且起伏变化较快，导致昼夜温差大，边坡土体由于融雪覆盖，经常遭受反复的冻结与融化，从而引起膨胀土细观结构发生破坏，产生裂隙，融雪沿裂隙进入坡体，极易发生滑塌现象。本节将探讨春融期积雪覆盖下冻融作用，并考虑膨胀土裂隙对边坡渗流场的影响。

前期研究表明，延吉段膨胀土路堑边坡浅层 2.4m 范围内土体受到冻融作用将产生裂隙[8]，这部分膨胀土采用不同冻融循环次数后的参数。2.4m 以下膨胀土采用无冻融循环参数。其他学者[9]通过改变土体的渗透系数模拟裂隙的产生，本节通过增大等效降雨强度，模拟冻融裂隙的产生，导致融雪入渗量增多。冻融 1 次、3 次、7 次、11 次的等效降雨强度分别为 3.2mm/h、4.0mm/h、4.8mm/h 和 5.2mm/h。基于第 8 章试验，不同冻融循环次数下膨胀土有效黏聚力 c' 和有效内摩擦角 φ' 见图 10-16。图 10-17 为考虑冻融裂隙的膨胀土边坡剖面图。

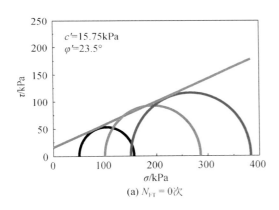

(a) $N_{FT} = 0$ 次

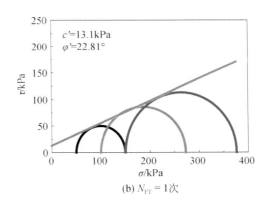

(b) $N_{FT} = 1$ 次

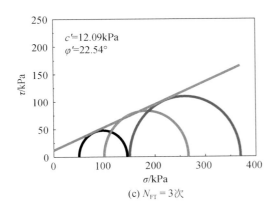

(c) $N_{FT} = 3$ 次

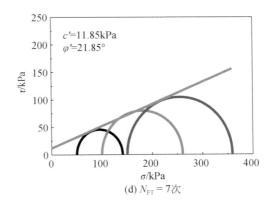

(d) $N_{FT} = 7$ 次

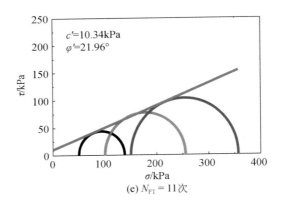

(e) $N_{FT} = 11$ 次

图 10-16 不同冻融循环次数下膨胀土莫尔–库仑强度包线

τ 为抗剪强度；σ 为法向压应力

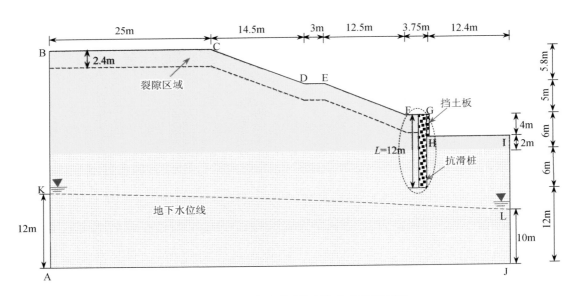

图 10-17 考虑冻融裂隙的膨胀土边坡剖面图

随着周期性冻融作用，边坡 L1 和 L2 断面处饱和度与孔隙水压力逐渐升高，见图 10-18 和图 10-19。当冻融循环次数达到 11 次时，L1 处坡顶和 L2 处坡脚饱和度分别增加了 23.7% 和 17.4%，这也是春融期边坡浅层易发生滑塌的主要原因。此外，在 DE 处（虚线框范围）饱和度明显增大，这是由于积雪等效降雨强度接近土体的饱和渗透系数，发生积水径流，导致 DE 处饱和度显著增加，见图 10-19（a）。

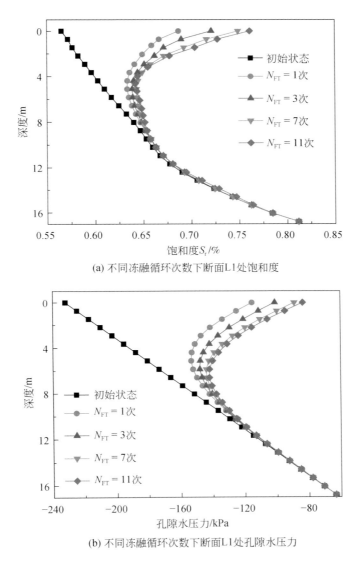

(a) 不同冻融循环次数下断面L1处饱和度

(b) 不同冻融循环次数下断面 L1 处孔隙水压力

图 10-18　不同冻融循环次数下断面 L1 处饱和度与孔隙水压力

10.2.4　冰雪消融下边坡稳定性分析

本节主要讨论不同积雪厚度、日气温升高、积雪覆盖和不同冻融循环次数下延吉段膨胀土路堑边坡稳定性。采用有限元强度折减法，参考相关学者的研究工作，选取边坡特征位置位移突变为失稳主要判别依据。选取边坡上 a、b、c 点作为特征点（图 10-20），分析无渗流状态时边坡水平位移在土体参数折减过程中的变化趋势。

随着土体强度参数的不断折减，特征点 a、b、c 处水平位移值逐渐增大，当折减系数

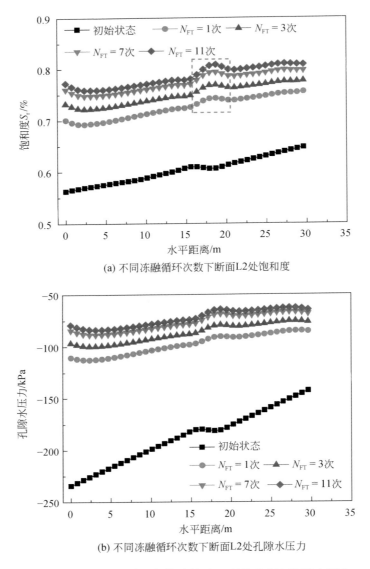

(a) 不同冻融循环次数下断面L2处饱和度

(b) 不同冻融循环次数下断面L2处孔隙水压力

图 10-19　不同冻融循环次数下断面 L2 处饱和度与孔隙水压力

为 2.81 时，水平位移发生明显突变，而折减系数基本保持不变，边坡达到破坏状态，取折减系数 2.81 作为边坡安全系数，见图 10-20。图 10-21 ~ 图 10-23 分别为不同积雪厚度、日气温变化、不同冻融循环次数下膨胀土边坡安全系数。

随着积雪厚度的增加、日气温升高和周期性冻融作用，边坡安全系数逐渐降低；融雪结束后，融雪水缓慢入渗，坡面压力水头有所下降（含水量变小），导致坡面饱和度降低，边坡安全系数增大（96h）；不同影响因素下安全系数降低幅度不同，相较于积雪厚度与日气温升高而言，冻融循环作用对边坡安全系数的影响更显著。当冻融循环次数达到 11 次时，边坡安全系数降低了 15.4%。

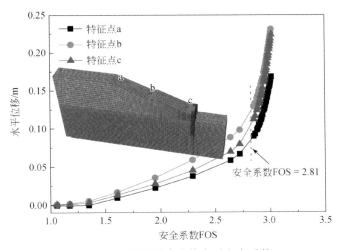

图 10-20　边坡无渗流状态时安全系数

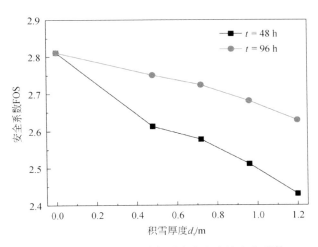

图 10-21　不同积雪厚度下膨胀土边坡安全系数

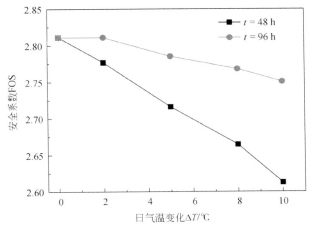

图 10-22　日气温变化下膨胀土边坡安全系数

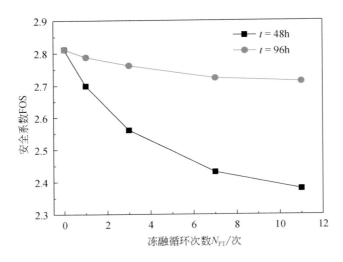

图 10-23　不同冻融循环次数下膨胀土边坡安全系数

10.3　春融期膨胀土路堑边坡滑塌机制

10.3.1　膨胀土路堑边坡冻融变形现场监测

哈佳快速铁路全长 343km。本节选取宾西镇段膨胀土路堑边坡典型断面进行冻融位移长期监测，长 1430m（图 10-24）。本段铁路路堑边坡每一级高 7.2m，上下级边坡间留置宽度为 2～4m 平台，坡度为 1∶1.75。边坡平台采用 M10 浆砌片石砌筑。坡度约为 4%。支挡形式为板桩墙，桩间距为 5m，桩间挂 C40 钢筋混凝土槽型挡土板。

图 10-24　哈佳快速铁路宾西段膨胀土路堑边坡

　　A 段边坡为四级边坡，B 段边坡为三级边坡（图 10-24）。监测主要针对 A 段边坡。A 段四级边坡的实测高度由下至上分别为 7.2m、7.2m、7.2m 与 5m。坡角均为 30°，即坡比为 1∶1.75。边坡现场均已铺设浆砌片石护坡，厚度为 200mm。所需监测边坡段支护形式为抗滑桩-桩间墙-锚杆复合支护体系。其中，抗滑桩为 T 形截面，其中 $H \times B = 2600\text{mm} \times 1800\text{mm}$（腹板高度与腹板宽度）、$H_f \times B_f$（T 形截面外伸区域高度与宽度）$= 400\text{mm} \times 400\text{mm}$。桩间距为 5m，抗滑桩开挖一侧出土深度为 4m，桩间墙以简支形式置于抗滑桩间，每块墙板宽度为 0.5m，上下墙板之间无黏结措施，并在上下两墙板交界处两侧各有一个出水孔。抗滑桩上设两道锚杆，锚头处离地面分别约为 1m 和 3m。

（1）测斜管布置

　　膨胀土边坡位移监测采用在边坡所选断面埋置测斜管，并应用手持式滑动测斜仪进行边坡深层水平位移监测。通过对不同测点处水平位移变化进行长期监测，以获得此边坡断面水平位移场变化趋势及边坡最危险滑动面位置（图 10-25）。以开挖路堑边坡高程最大处为监测断面，布置四根测斜管 A_1、A_2、A_3、A_4 并对此四测点进行深层水平位移监测，见图 10-26。因测斜仪线长限制及深部测斜管损毁，$A_1 \sim A_4$ 测点的实际测量深度分别为 29m、29m、24m、13m。在刚埋下测斜管时，每隔约一个月进行一次各测点的深层水平位移监测，夏季-秋季（6~10 月）每个月进行一次监测，在春融期（每年 3~5 月）每半个月进行一次监测，冬季因室外温度过低，测斜仪无法使用而不进行监测（11 月~次年 2 月）。

(a) 测斜管埋设

(b) 现场监测

图 10-25　测斜管埋设与边坡现场监测

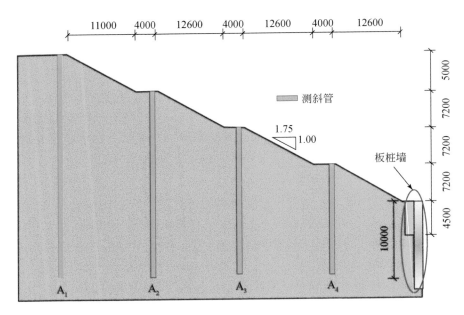

图 10-26　测斜管现场布置图（单位：mm）

（2）边坡冻融水平位移监测

图 10-27 为 $A_1 \sim A_4$ 测点在 2017 年 5 月 24 日至 2018 年 3 月 11 日沿深度的水平位移变化实测值，边坡随着时间的推移存在整体滑移趋势。2017 年 5~9 月，A_1 测点处发现 12~16m 处位移明显突变，在钻探过程中发现此处有浅层滞水，土体含水量较高，已达到饱和状态，软化形态明显。故在此处位移明显大于其他深度。

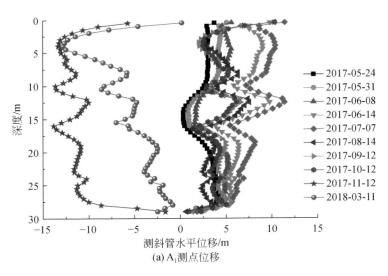

(a) A_1 测点位移

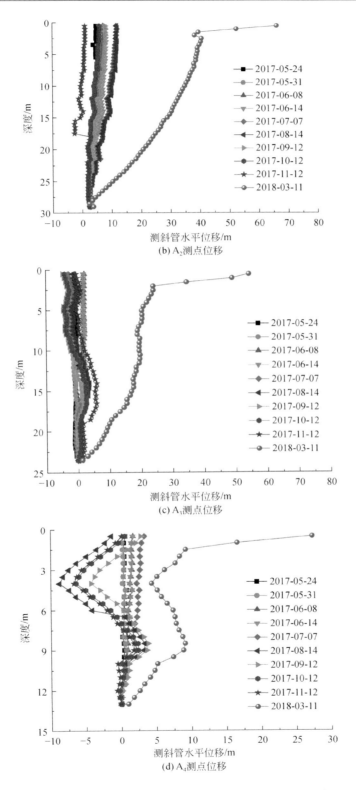

图 10-27　宾西段膨胀土路堑边坡不同测点水平位移监测结果

在滞水区以下位置，位移沿深度逐渐减小，且在所测深度最深处位移几乎没有变化。A_2、A_3、A_4处，在同样深度也出现位移增大趋势。在 2~4m 深度处，边坡位移同样有明显增大趋势，但位移增量较 12~16m 处小，各测点浅层位移增大的原因应是 5 月末至 7 月初哈尔滨降水量较大，导致表层含水量增加，进而导致浅层膨胀土体吸水膨胀软化。随着表层水分在晴朗干燥天气下蒸发，土体含水量又归于正常水平。因此，导致表层土体膨胀软化水平不及下层饱和膨胀土。在 2018 年 3 月重新开始监测后，因为气温回暖土体及上覆积雪层开始融化，膨胀土体吸收春融水分，导致四个测点的水平位移均发生突增。

10.3.2　膨胀土路堑边坡滑塌变形特征

近年来，随着我国寒区重大工程实践的日益发展，特别是高速铁路（包括快速客运专线建设），在高寒季节冻土区（如哈尔滨地区、吉林延吉地区等）陆续发现具有特殊不良工程性能且大面积分布的膨胀土。膨胀土边坡工程失稳事例表明，春融期冻融作用成为严重影响膨胀土边坡稳定性的最直接原因之一。

总结寒区膨胀土边坡滑塌事例[10-13]发现，滑坡多是由于初期降雨诱发局部滑塌，后期经历冻融作用，边坡变形逐渐增大，继而发生滑坡；抑或是因开挖后坡面暴露于大气中，经历冻融周期作用，在春季融雪期，边坡土体遇水强度发生显著降低，从而诱发局部滑塌或形成多级牵引式滑动破坏模式（图 10-28）。此外，膨胀土边坡分布着不同产状和成因的裂隙，这些裂隙破坏边坡的整体性，在冻融循环作用下，容易诱发坡体沿着裂隙软弱面失稳破坏。周期性冻融作用的滑坡多发生于春季，多出现在膨胀土分界面、裂隙面或软弱层处。

图 10-28　哈佳快速铁路宾西段春融期冻融滑塌

10.3.3　膨胀土路堑边坡春融期滑塌机制

通过总结寒区膨胀土路堑边坡滑塌变形特性，结合吉图珲高铁延吉段膨胀土路堑边坡春融期融雪入渗稳定性分析、哈佳快速铁路宾西段膨胀土路堑边坡冻融变形现场监测，以及第 8 章冻融循环作用下膨胀土宏细观力学特性试验结果，初步提出高寒区季节冻土区膨胀土路堑边坡春融期滑塌机制。

1）膨胀土路堑边坡在开挖后，坡体暴露在大气中，由于膨胀土含有大量黏土矿物成分，具有吸水膨胀和失水收缩特性，膨胀土经历多次冻融作用，膨胀土内部孔隙率逐渐增大，细观结构发生改变并产生损伤，导致宏观力学性能劣化并使坡体表面出现大量裂隙。

2）春融期膨胀土边坡临空面遭遇积雪融化和周期性冻融作用，融雪水沿裂隙进入坡体，坡体内部和坡面饱和度随着升高，加之膨胀土吸水膨胀，冻融作用下其抗剪强度指标降低，导致膨胀土边坡发生浅层滑塌，当变形裂隙逐渐向纵向扩展、逐渐闭合，融雪或降雨沿裂隙进入坡体内部，诱发膨胀土路堑边坡发生多级牵引式滑动破坏。

3）膨胀土边坡分布着不同产状和成因的裂隙，这些裂隙会破坏边坡的整体性，在周期冻融作用下，易诱发坡体沿着裂隙软弱面失稳破坏。滑坡多发生于春融期，多发生在膨胀土分界面、裂隙面或软弱层处。

10.4　结论与总结

基于饱和非饱和渗流理论，构建春融期三维膨胀土路堑边坡-板桩墙体系渗流数值模型，考察积雪厚度、日气温变化与积雪覆盖下周期性冻融作用下路堑边坡融雪入渗渗流场及稳定性变化。选取哈佳快速铁路哈尔滨市宾西镇段膨胀土路堑边坡典型断面进行冻融位移长期监测，揭示"1 次冻融循环"下膨胀土边坡变形特征。此外，通过典型寒区膨胀土边坡滑塌实例，总结分析高寒季节冻土区春融期膨胀土路堑边坡滑塌机理，主要结论如下：

1）随着积雪厚度、日气温升高和冻融循环次数的增加，膨胀土边坡饱和度逐渐增加，安全系数逐渐降低。此外，相较于积雪厚度与日气温升高，积雪覆盖下冻融循环作用对边坡安全系数的影响更显著。当冻融循环次数达到 11 次时，边坡安全系数降低了 15.4%。

2）哈佳快速铁路宾西段膨胀土路堑边坡冻融变形监测表明：气温回暖导致上覆积雪层开始融化，经历"1 次冻融循环"作用，膨胀土体吸收积雪水分，导致监测点水平位移均发生明显突增。

3）基于宾西段膨胀土边坡冻融变形现场监测和寒区膨胀土边坡滑塌事例，揭示高寒季节冻土区春融期膨胀土路堑边坡滑塌机理，冻融诱发的膨胀土性能劣化和积雪入渗、周期性冻融作用下，坡体与坡面饱和度升高是膨胀土边坡发生浅层滑塌的主要原因。

参 考 文 献

[1] 钱晓慧，荣冠，黄凯. 融雪入渗条件下边坡渗流计算及稳定性分析 [J]. 中国地质灾害与防治学报，2010，21（4）：27-33.

[2] 杨大庆. 国外降雪观测方法介绍 [J]. 气象，1988，14（10）：51-53.

[3] 周创兵，陈益峰，姜清辉，等. 复杂岩体多场广义耦合分析导论 [M]. 北京：中国水利水电出版社，2008.

[4] 唐栋，李典庆，周创兵，等. 考虑前期降雨过程的边坡稳定性分析 [J]. 岩土力学，2013，34（11）：3239-3248.

［5］ LEONG E C, RAHARDJO H. Review of soil-water characteristic curve equations ［J］. Journal of Geotechnical and Geoenvironmental Engineering, 1997, 123（12）: 1106-1117.

［6］ MATSUURA S. Difficulties in predicting snow-induced landslides ［J］. Journal of the Japan Landslide Society, 1998, 34（4）: 39-46.

［7］ OH S, LU N. Slope stability analysis under unsaturated conditions: case studies of rainfall-induced failure of cut slopes ［J］. Engineering Geology, 2014, 184: 96-103.

［8］ 丛晟亦. 高寒季节冻土区膨胀土边坡冻融变形特征与春融滑塌机制 ［D］. 哈尔滨: 哈尔滨工业大学, 2020.

［9］ ZHANG J, ZHU D, ZHANG S H. Shallow slope stability evolution during rainwater infiltration considering soil cracking state ［J］. Computers and Geotechnics, 2020, 117: 103285.

［10］ 陶志刚, 宋志刚, 张海江, 等. 延边高铁沿线膨胀软岩边坡变形机理分析及深部力学监测 ［C］. 边坡工程大会, 2017.

［11］ 王德文, 姚瑞琏. 吉图珲高速铁路 GDK283 段膨胀土深路堑工程滑坡分析 ［J］. 铁道标准设计, 2016, 60（8）: 25-29.

［12］ 李勇. 严寒地区春融对膨胀土路堑边坡稳定性影响分析 ［J］. 岩土工程技术, 2017, 31（1）: 9-13.

［13］ 徐丽丽, 刘丽佳, 徐昭巍, 等. 季节冻土区膨胀土边坡冻害防护综合技术 ［J］. 岩土工程学报, 2016, 38（S1）: 216-220.

第 11 章　高寒区富水膨胀土隧道施工与止水防渗防冻

11.1　引　　言

东兴隧道是典型的高寒冻融区富水膨胀土隧道，其围岩为冻胀敏感性较大的膨胀土（实际为强风化膨胀岩）。隧址区常年浅表地下水丰富，冬季漫长且具有极端低温，传统"保温"办法防控隧道冻害效果欠佳，形成的深厚冻土层在次年 5 月底几乎全部快速融化。鉴于上述，东兴隧道建设面临三大棘手难题：其一是施工中确保围岩不发生膨胀挤出、塌方冒顶、衬砌破坏等问题；其二是施工中可靠止水；其三是运行中确保不发生渗漏、冻害。本研究提出的上下分步左右同步预留土柱开挖工法（soil reserved diaphragm method，SRD）解决了东兴隧道建设的难题一。开发的膨胀土隧道施工止水与运行防渗防冻一体化技术（简称 A-Tech 防护技术）解决了东兴隧道建设的难题二和三。

11.2　吉图珲高速铁路东兴隧道工程概况

吉图珲高速铁路东兴隧道（图 11-1）位于吉林省延吉市城郊，属于大断面浅埋中长双线隧道，最大埋深为 46.8m，最大高度为 12.49m，最大跨度为 14.38m，开挖断面超过 100m²，全长 1420m。进口位于延吉市东兴二队附近，进口里程为 GDK277+935；出口位于延吉市广济村附近，出口里程为 GDK279+355。隧道进口 991.274m 位于半径 R=6000m 的左偏曲线上，其余位于直线段上。隧道内纵坡为单坡，坡度为 6‰，坡长为隧道全长。为保证施工进度，在全段范围内设置斜井两处，1 号斜井长 112.42m，综合坡度为 8.1%，与正洞交叉在 GDK278+460，井内设有无轨双车道；2 号斜井长 174.73m，综合坡度为 8.8%，与正洞交叉里程为 GDK278+860，井内同样设有无轨双车道。

图 11-1　东兴隧道

隧址区为丘陵地带，地形舒缓，自然坡度平缓，地表植被较发育，不存在明显的地质构造特征。该区域地层由第四系全新统人工堆积层杂填土（Q_4^{ml}）、粗圆砾土（Q_4^{al+pl}）、粉质黏土（Q_4^{el+dl}）、黏土（Q_4^{el+dl}）、全风化砂岩和泥岩互层（K_2^1）、强风化砂岩和泥岩互层（K_2^1）以及弱风化砂岩和泥岩互层（K_2^1）等沉积而成。隧道所处场地条件非常特殊，全线范围主要为上白垩统龙井组砂岩和泥岩互层，岩质较软，泥质胶结较差，并具有中—强膨胀性（图 11-2）。隧道区为严寒地区，年平均气温为 6.0℃，极端最高气温为 37.7℃，极端最低气温为 -29.2℃，最冷月平均气温为 -16.5℃。该地区年平均降水量为 528mm，年最大降水量为 852mm，土壤最大冻结深度为 1.68m。因此，隧道施工面临着开挖支护、止水、防渗防冻等一系列问题。

图 11-2　东兴隧道现场土样

11.3　高寒区富水膨胀土大跨浅埋隧道暗挖工法

11.3.1　吉图珲高速铁路东兴隧道存在施工问题

　　吉图珲高速铁路东兴隧道在施工方面存在以下工程特点：①施工期水位接近地表，隧道涌水量较大；②围岩为一套膨胀性强、渗水性大、强度低、稳定性差的强—全风化膨胀岩，并且存在松散而强度低、稳定性差的人工杂填土、粉质黏土、砂砾土；③穿越植被发育且地形复杂的山区边缘丘陵地带；④浅埋—超浅埋大断面中长隧道，开挖跨度 12.22～15.86m、上覆土层厚度 5～46.8m；⑤人工暗挖施工，易引起上部塌方冒顶。因此，隧道的施工难点在于，膨胀岩遇水膨胀、蠕变，易出现掌子面流坍现象并产生很大支护压力，导致初期支护结构过大变形、破坏、失效，造成洞壁塌方、上部冒顶，不仅显著影响施工进度、额外增加工程费用，而且还可能诱发安全施工。如何采取有效措施控制掌子面稳定且限制初期支护变形是施工的一个难点，亟须提出一种适合于膨胀岩土场地的快速施工方法。

11.3.2　上下分步左右同步 SRD 法原理与优势

　　鉴于上述问题，结合正在建设的吉林—图们—珲春快速客运专线（即高速铁路）工程中东兴隧道（全长 1.42km）人工暗挖施工，本研究提出了一种新的开挖工法——上下分步左右同步 SRD 法，它是传统交叉中隔墙法（cross diaphragm method，CRD）的改进方法。这种新的快速开挖工法，可以推广应用于包括高速铁路、快速客运专线、重载铁路、高速公路、城市地铁等同类隧道工程。

上下分步左右同步 SRD 法充分考虑土拱（压力拱）的形成条件，立足利用土拱的承载力（支撑效应）。在膨胀性较大的强风化膨胀岩、全风化膨胀岩、膨胀土与自稳定性较差的砂砾石散土场地条件下，进行浅埋或超浅埋大断面、特大断面隧道开挖施工，由于围岩中无法形成自然土拱，加之围岩因开挖卸荷而向洞内发生膨胀、挤出等快速变形作用（无法实施及时快速支挡），所以导致开挖塌方、冒顶等。为了有效解决这一问题，可以变大断面开挖为小断面分步开挖，以便开挖施工中围岩能够形成土拱，并且缩短开挖与支挡之间的间隔时间。上下分步左右同步 SRD 法的设计形式见图 11-3，其设计理念为：①利用预留土柱的临时支撑作用，避免开挖顶部塌方；②利用临时支撑与永久支撑的反拱支撑作用，避免开挖顶部塌方、侧壁与底部膨胀挤出；③变大跨度施工为小跨度施工，通过对小跨度连续使用，最终扩展成大跨度。

根据场地条件、围岩性能、隧道埋深、隧道断面等，精准计算：其一，预留土柱的上部、中部、下部的宽度，见图 11-3（a），以开挖施工中围岩能够形成自然土拱为计算的基准；其二，工序①、③预留土核环形开挖工法中土核的断面积，见图 11-3（b）中数字 2，以土核能够稳妥支撑开挖面挤出变形为计算的基准；其三，每一开挖工序［步序，即图 11-3（a）中工序①、③、⑥、⑧与图 11-3（b）中工序 2］沿隧道轴向掘进的长度，以确保在开挖与支挡之间的间隔时间内围岩不发生过大的挤出变形为计算的基准；其四，工字钢永久支撑、工字钢临时支撑要求的尺寸与承载力。依据以上各项计算结果，进行开挖与支挡设计。

基于开挖与支挡设计，按照图 11-3（a）中圆圈数字所示的工序，进行人工暗挖与支挡施工，其中工序①、③依据图 11-3（b）采用预留土柱环形开挖工法进行开挖施工。在开挖施工过程中，依据相关规范与设计要求，对关键部位做施工监测，监测内容包括围岩的变形、土压力与支挡结构的应力、变形、变位等，以便及时发现问题、调整施工方案，确保安全顺利施工。

11.3.3　上下分步左右同步 SRD 法工艺与实际应用效果

基于上下分步左右同步 SRD 法的设计理念，结合膨胀岩土场地中 CRD 法的工艺措施，在掌子面稳定性提升、拱部整体下沉控制、施工缝预留等方面采用了一些行之有效的工艺措施。

（1）掌子面稳定性提升

1）超前支护：常规措施有超前管棚、超前注浆、超前小导管等。根据工程经验，通过比较不同超前支护措施的效果，如超前管棚洞内作业的施工角度难以控制、超前注浆的浆液难以扩散等，最终选取了加密超前小导管措施。具体办法：采用 $\Phi 42\text{mm}$ 超前小导管（钢管），环向间距 $0.15 \sim 0.20\text{m}$，预留足够搭接长度（不小于 3 倍开挖进尺），导管内插 $\Phi 22$ 螺纹钢，螺纹钢与拱架连接成整体（以提高导管刚度）。施工时，严格控制小导管角度，尽可能使导管处于水平位置（以减少超挖）。

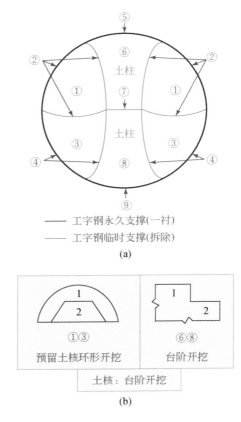

—— 工字钢永久支撑(一衬)
—— 工字钢临时支撑(拆除)

(a)

预留土核环形开挖　　　　　　台阶开挖

土核：台阶开挖

(b)

图 11-3　上下分步左右同步 SRD 工法的设计形式
图中①～⑨、1 和 2 表示施工步序

2）及早封闭掌子面：开挖后，采用素喷混凝土及时封闭掌子面，喷混凝土厚度一般为 5～10cm；对于局部渗水量较大的砂层地段，先预留排水管且设置锚杆，采用 10cm×10cm 铁丝网片将锚杆焊接牢固连成整体，再喷混凝土，确保喷射混凝土与岩面密贴，减少喷射的混凝土脱落。

（2）拱部整体下沉控制

1）型钢钢架支护：拱脚土体承载力小是引发拱部整体下沉的根本原因，因此提高拱脚土体承载力是支护封闭之前控制拱部整体下沉的关键措施。具体方法：①待机械开挖至拱脚附近，拱脚土体预留 20～30cm，改用人工开挖。②型钢钢架架立前，对拱脚纵向平铺砂袋（避免拱架悬空），砂袋上铺设 28a 槽钢，将钢架安放在槽钢上，以增加拱架底脚受力面积，纵向通过 $\varPhi22$ 螺纹钢、槽钢与型钢钢架焊接牢固，形成整体受力结构。③拱架架立之后，采用 $\varPhi42mm$ 锁脚锚管定位，严格控制锚管角度（一般以 30°～45°为宜），灌浆饱满以使之起到桩基或悬臂梁作用。④为了加强锁脚锚管与拱架之间的牢固性，拱脚处锁脚锚管与拱架间采用自制连接板连接（连接板间距控制为 15～20cm，见图 11-4），以使二者共同受力，拱架架立之前先将厚 16mm 连接板焊接到拱架上，拱架架立之后将锁脚锚管与连接板焊接牢固，再喷混凝土充填密实。⑤每节拱架连接处也是薄弱环节，在围岩压力下易产生变形，致使喷混凝土开裂、掉皮，因此连接板必须与拱架无缝粘贴且用螺栓连接紧密、牢固。⑥预留核心土施工时为解决部分锁脚锚管因作业空间不足而难以及时施作且与拱架连接不牢等问题，在喷射混凝土之前采用水泥编织袋等对拱架需要施作锁脚锚管部位进行包裹，待空间满足后立即施作锁脚锚管，并与拱架焊接牢固。

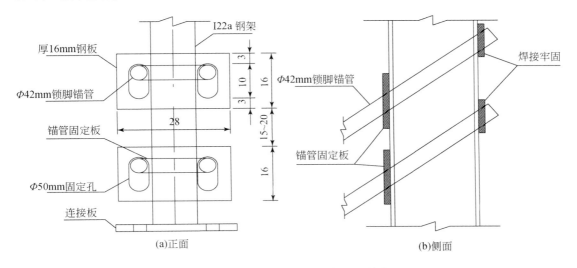

图 11-4　拱架、锁脚锚管连接示意图（单位：cm）

2）注意洞内排水：水是膨胀岩的天敌，膨胀岩遇水将发生快速膨胀变形（尤其是强—全风化膨胀岩），对支护结构产生很大的土压力，导致支护破坏、失效且造成拱部塌空、冒顶，而施工期地下水位又接近地表且洞内涌水量较大（最大涌水量达 858m³/d），因此施工中必须严禁洞内积水漫流，通过及时开挖临时排水沟及喷混凝土之前预先设置排水盲管等措施，将施工用水和基岩裂隙水通过引水管（沟）引至积水井统一排出。

（3）施工缝预留

为避免因温度变化引起材料热胀冷缩而造成二衬开裂，需要对二衬合理预留施工缝（即温度伸缩缝）。在二衬施工中，距离洞口 500m 范围每隔 30m 设置一道二衬施工缝，超过 500m 范围每隔 50m 设置一道二衬施工缝。全环设置施工缝，埋设钢边止水带、背贴式橡胶止水带，对衬砌混凝土内缘、外缘 3cm 范围内以聚硫密封胶封堵，其他范围空隙采用填缝料填塞密实。沟槽施工缝的设置方法与二衬施工缝一致，施工后对纵向接地钢筋做防锈处理并采用密封胶封堵密实。施工缝与变形缝防水处理布置见图 11-5。

东兴隧道长 1.42km，原设计 CRD 法、10 个月贯通，但是开挖中边墙膨胀挤出、支挡破坏、洞顶下沉，并且施工一年只开挖近 1/3，后改用 SRD 法，施工 2 个多月就完成余下 2/3。在膨胀土、膨胀岩、大变形软岩中人工暗挖隧道，采用 SRD 法，凸显其技术优势。东兴隧道的实际施工效果见图 11-6。

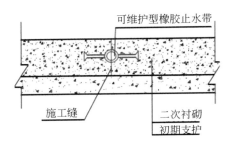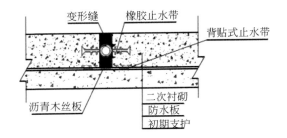

图 11-5　施工缝与变形缝的防水处理布置图

图 11-6　东兴隧道实际施工效果

11.4　上下分步左右同步 SRD 法数值仿真分析

11.4.1　上下分步左右同步 SRD 法数值建模

（1）基本假定

东兴隧道所考虑的开挖方法均隶属于"新奥法"的范畴，其设计宗旨为"初期支护即可满足支护需求，二次衬砌作为安全储备"。因此，在模拟施工过程时可以不考虑二次衬砌施作，转而重点研究锚喷支护、临时支撑、预留土柱的整个施工流程。对于隧道开挖过程中配合使用的小导管注浆、砂浆锚杆、锁脚锚管等支护措施，根据其对隧道掌子面稳定性的贡献，在模型中酌情考虑。计算模型取自东兴隧道里程 GDK278 + 400 ~ GDK278 + 450 的浅埋区段，依照工程地质资料和隧道设计资料，对计算模型做如下假定：

1）地表和其以下各土层面均简化为水平面，土体考虑为各向同性，只考虑自重应力，不考虑构造应力。

2）该隧道使用的是非降水施工方法，地下水位以下按照水土合算的总应力法进行计算。

3）土体使用莫尔–库仑模型进行模拟，而支护材料则考虑为线弹性。

4）径向系统锚杆和砂浆锚杆的加固作用通过提高围岩力学参数进行考虑；型钢钢架的支护作用通过将其弹性模量等效到一衬中进行考虑；超前小导管注浆、锁脚锚管和网喷混凝土中的钢筋网等则作为安全储备，在模型中不予考虑。

5）考虑到膨胀力的发展需要一定时间，因此在数值模拟的最后一个分析步中进行考虑。

（2）物理力学参数

将东兴隧道所处区域的地层组成考虑为两层，自地表往下依次为粉质黏土层和强风化—全风化膨胀岩层，土层分布见图 11-7。基于勘查资料，各土层物理力学参数见表 11-1。对于初期支护措施，其具体取值见表 11-2。

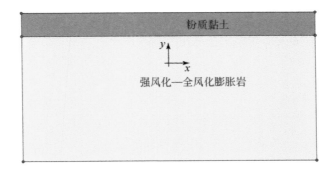

图 11-7　土层分布图

表 11-1　土层物理力学参数

土层名称	土层厚度/m	密度/(kg/m³)	弹性模量/MPa	泊松比	黏聚力/kPa	摩擦角/(°)
粉质黏土	12.5	1840	6	0.32	40	12
强风化—全风化膨胀岩	62.8	2040	65	0.35	65	28

表 11-2　初期支护参数

支护材料	密度/(kg/m³)	弹性模量/MPa	泊松比	黏聚力/kPa	摩擦角/(°)
混凝土	2450	30000	0.2	—	—
工字钢	7850	210000	0.25	—	—
一衬	2587	35000	0.2	—	—
锚杆加固区	2040	65	0.35	202	28

在实际工程场地中，膨胀区域变形的发展往往受到周围岩土体或构筑物的约束作用，使得膨胀区域对周围岩土体和构筑物产生额外的作用力，即膨胀力。在《岩土工程基本术语标准》[1]中，膨胀力定义为"土体在不允许侧向变形下充分吸水，保持其不发生竖向膨胀所需施加的最大压力值"，而在《膨胀土地区建筑技术规范》[2]中，将膨胀力定义为

"原状土样在体积不变时，由于浸水膨胀产生的最大内应力"。上述规范定义的侧重点不一样，但均强调了引起膨胀力的两个重要因素，即膨胀变形和约束作用。

　　膨胀力的量测方法主要有三种[3]，即膨胀反压法、平衡加压法和加压膨胀法。膨胀反压法是使试样充分吸水发生自由膨胀直至稳定后，对其施加一定荷载使其恢复初始体积，这一荷载的量值即膨胀力的大小；平衡加压法是在试样吸水膨胀过程中通过增加外荷载使其在各个时刻体积均不发生变化，当外荷载趋于稳定时，其量值就是膨胀力的大小；加压膨胀法是通过多试样法或单试样法获得荷载和膨胀量的关系曲线，据此确定膨胀量为零的点，以得到膨胀力的大小。试验研究表明，相同试样在试验环境因素相同的情况下，通过以上三种方法测得的膨胀力的大小关系是膨胀反压法最大，平衡加压法居中，加压膨胀法最小。从反映膨胀力的物理意义这一角度来看，平衡加压法由于试验过程最为接近实际膨胀过程，因此能够较好地予以体现，进而其量测值与实际膨胀压力较为接近。从适用条件的角度来看，膨胀反压法和平衡加压法适用于室内试验，加压膨胀法则同时适用于室内试验和原位测试，因此采取基于加压膨胀法的原位测试所得到的膨胀压力与实际情况也是较为接近的。

　　目前，国内外学者对膨胀岩土膨胀力所做的研究工作已经较为深入。卢肇钧[4]对膨胀土进行大量试验研究，发现膨胀力和初始含水率之间存在指数关系，其关系式为

$$p_s = Aw_0^\lambda \tag{11-1}$$

式中，w_0 为初始含水率；A、w^λ 为土体参数。

　　太沙基根据工程经验认为，膨胀力相当于 $h_c = 80\mathrm{m}$ 厚覆盖层的自重应力，即

$$p_v = h_c \cdot \gamma = 80\gamma \tag{11-2}$$

式中，γ 为上覆土层的重度。

　　李献民等[5]采用平衡加压法对湖南邵阳击实膨胀土进行研究，得出膨胀力和含水率、干密度均存在指数关系，膨胀力随含水率的增大而减小，随干密度的增大而增大，其关系式为

$$Y = 10^{A+BX} \tag{11-3}$$

式中，Y 为膨胀力 P_e；X 为干密度 ρ_d 或含水率 w；A、B 为与土性相关的参数。

　　杨庆等[6]采用平衡加压法对梅山膨胀土和黑山膨胀土的重塑试样进行了研究，给出了用指数函数描述的膨胀力和含水率之间的关系：

$$P_s = ae^{-bw} \tag{11-4}$$

式中，a、b 为由土性确定的参数；w 为含水率。

　　朱豪等[7]采用平衡加压法研究了南阳膨胀土的膨胀力特性，发现膨胀力的对数与初始含水率和干密度之间满足线性关系，其关系式为

$$p_{smax} = e^{Aw_0 + B\rho_d + C} \tag{11-5}$$

式中，p_{smax} 为膨胀力；w_0 为初始含水率；ρ_d 为干密度；A、B、C 为常数。

　　上述膨胀力经验公式分别考虑了干密度、含水率等单一或多个因素。当针对同一种膨胀岩土应用不同的经验公式进行计算时，不难发现其计算结果离散性较大，因此对膨胀力的估算需慎重，不可盲目套用。勘察设计资料显示，吉图珲高铁东兴隧道的绝大部分区段完全位于地下水位以下，隧道周围的膨胀岩土体接近饱和状态，即初始含水率接近饱和含

水率。当膨胀岩土的干密度一定且初始含水率较大时，其极限膨胀力与初始含水率呈非线性负相关，并且当初始含水率接近饱和含水率时，其极限膨胀力逐渐下降并接近于零。因此，东兴隧道衬砌应当不会受到较大的膨胀力作用。然而实际施工过程中，一衬受到膨胀力的作用在边墙位置产生了较大的挤入变形，究其原因有二。其一，隧道开挖形成的临空面改变了原有地下水的渗流状态，加之排水措施的辅助作用和临空面的失水作用，使得隧道周围某些区域的含水率降低。当一衬施工完成一段时间后，这些区域的含水率在地下水和降雨的补给作用下逐渐升高，发生吸水膨胀作用，产生较为显著的膨胀力。其二，隧道围岩并未达到饱和状态，开挖形成的临空面引起地下水渗流方向的偏转，使得隧道衬砌周围的岩土体含水率升高，从而吸水膨胀，产生膨胀力。若产生原因是前者，则依据实际初始含水率估算得到的膨胀力量值是不正确的，宜采用与干密度相关的膨胀力经验公式或其他方法进行估算。

对于东兴隧道膨胀岩土，采用太沙基经验公式（11-2）估算，其值约为 1.52MPa。采用式（11-3）~式（11-5）进行估算，其值为 20~70kPa。分析以上结果可知，东兴隧道膨胀岩土的膨胀力处于几十千帕这一量级。因此，在数值模型中考虑膨胀力为 100kPa，按均布荷载形式垂直施加于衬砌外表面。鉴于膨胀力产生的滞后性，在模型的最后一个分析步中考虑其作用效应。

（3）几何模型与网格划分

东兴隧道断面呈马蹄形，由四段圆弧拼接而成，最大开挖跨度约为 14.38m，最大开挖高度为 12.49m，隧道拱顶至地表的距离约为 20m。依据圣维南原理，考虑到开挖影响范围为隧道洞径的 3~5 倍，于是将模型左右边界至隧道中心线的距离均取为 5 倍的最大开挖宽度，约为 75m；模型底部边界至隧道中心线的距离取为 4 倍的最大开挖高度，约为 53m。模型上边界不施加任何约束，为水平自由面；左右边界约束水平方向自由度，允许竖向位移和转动；底部边界约束水平方向和竖向自由度，允许转动。在二维有限元模型中，土层采用 15 节点三角形单元进行模拟，支护结构采用梁单元进行模拟，支护结构和土层之间的接触面采用接触面单元进行模拟，见图 11-8。15 节点三角形是一种高阶单元，其应力计算结果精度很高，但计算占用的内存较大。梁单元是用 5 个节点定义的，每个节点有三个自由度，所依据的理论是明德林（Mindlin）梁理论。界面单元是用 5 组节点进行定义的，每组节点坐标是相同的，因而单元的实际厚度为零。在进行网格划分时，采用非结构化网格，并对开挖区域进行适当加密。CRD 法计算模型共有 444 个单元，3820 个节

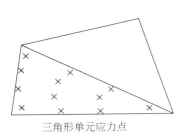

三角形单元应力点

● 节点
× 应力点

界面单元

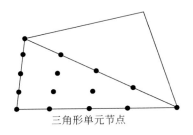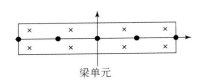

三角形单元节点　　　　　　　　　　　梁单元

图 11-8　模型中使用的主要单元

点，5328 个应力点；SRD 法模型共有 502 个单元，4304 个节点，6024 个应力点。计算模型如图 11-9 所示。

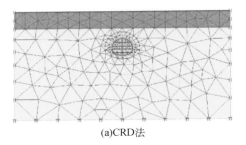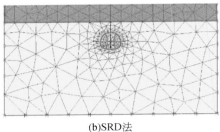

(a)CRD法　　　　　　　　　　　(b)SRD法

图 11-9　计算模型

（4）施工步序

CRD 法隧道开挖的具体工序如下，见图 11-10：

1）利用上一循环钢架施作侧壁处的 Φ42mm 小导管、导坑壁 Φ22mm 砂浆锚杆和导坑壁 Φ22mm 水平锚杆；采用风镐开挖①部，并喷射 8cm 厚砼以封闭掌子面；在①部导坑区域周围初喷 4cm 厚砼，架设 I20a 型钢拱架和临时钢架，钻设锁脚锚管，安装 I20a 临时横撑，钻设径向系统锚杆，最后复喷砼至设计厚度。

2）采用风镐开挖②部，喷射 8cm 厚砼以封闭掌子面；在②部导坑周围初喷 4cm 厚砼，续接 I20a 型钢钢架和临时钢架，钻设锁脚锚管，安装 I20a 临时横撑，钻设系统径向锚杆，并复喷砼至设计厚度。

3）开挖③部，具体步骤和工序同①部。

4）开挖④部，具体步骤和工序同②部。

5）滞后②部一段距离，采用风镐开挖⑤部；在⑤部导坑周围初喷 4cm 厚砼，续接 I20a 型钢钢架和临时钢架，并复喷砼至设计厚度。

6）滞后④部一段距离，采用风镐开挖⑥部；在⑥部导坑周围初喷 4cm 厚砼，续接 I20a 型钢钢架和临时钢架，并复喷砼至设计厚度。

7）对初期支护进行定时监测，待收敛后，拆除 I20a 临时钢架和临时横撑，浇筑Ⅶ部的边墙基础和仰拱，并进行隧道填充。

8）利用衬砌模板台车一次性浇筑Ⅷ部衬砌。

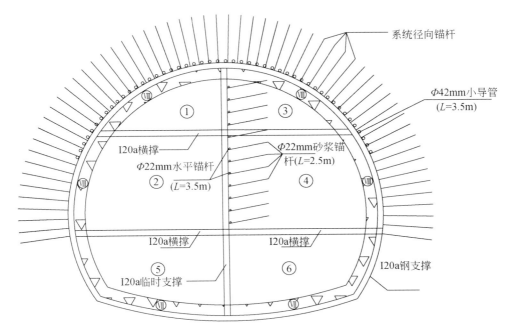

图 11-10　CRD 法施工步序图

在进行有限元分析时，对 CRD 法进行适当简化处理，得到具体模拟步骤如下：

①开挖左上导洞，即①部；

②施加左上导洞拱部和中隔墙锚杆以及洞壁一衬、临时支撑和横撑等；

③开挖左中导洞，即②部；

④施加左中导洞边墙和中隔墙锚杆以及洞壁一衬、临时支撑和横撑等；

⑤开挖右上导洞，即③部；

⑥施加右上导洞拱部和中隔墙锚杆以及洞壁一衬、横撑等；

⑦开挖右中导洞，即④部；

⑧施加右中导洞边墙和中隔墙锚杆以及洞壁一衬、横撑等；

⑨开挖左下导洞，即⑤部；

⑩施加左下导洞洞壁一衬和临时支撑；

⑪开挖右下导洞，即⑥部；

⑫施加右下导洞洞壁一衬；

⑬拆除临时支撑和横撑；

⑭施加膨胀荷载。

SRD 法隧道开挖的具体工序如下，见图 11-11：

1）利用上一循环钢架施作侧壁处的 Φ42mm 小导管、导坑壁 Φ22mm 砂浆锚杆和导坑壁 Φ22mm 水平锚杆；采用风镐开挖①部，并喷射 8cm 厚砼以封闭掌子面；对①部导坑隧道轮廓位置喷射 4cm 厚砼，架设具有特定曲率的 I20a 型钢拱架、临时钢架和临时横撑，钻设锁脚锚管和径向系统锚杆，复喷砼至设计厚度。

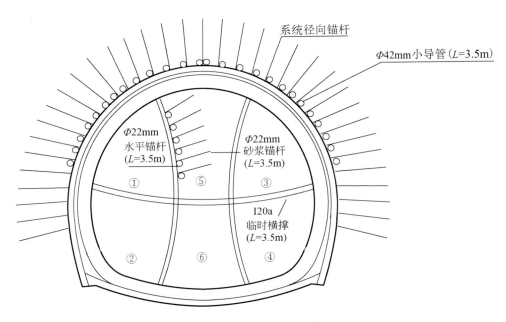

图 11-11　SRD 法施工步序图

2）采用风镐开挖②部，喷射 8cm 厚砼封闭掌子面；对②部导坑隧道轮廓位置喷射 4cm 厚砼，续接 I20a 型钢钢架和临时钢架，钻设锁脚锚管，部分区域钻设系统径向锚杆，同时复喷砼至设计厚度。

3）滞后②部一定距离，开挖③部，具体步骤和工序同①部。

4）滞后②部一定距离，开挖④部，具体步骤和工序同②部。

5）滞后④部一段距离，采用风镐开挖⑤部；对⑤部导坑区域隧道拱顶轮廓位置喷射 4cm 厚砼，续接 I20a 型钢钢架和横撑，并复喷砼至设计厚度。

6）滞后④部一段距离，采用风镐开挖⑥部；对⑥部导坑隧道轮廓位置喷射 4cm 厚砼，续接 I20a 型钢钢架，并复喷砼至设计厚度。

在进行有限元分析时，对 SRD 法进行适当简化处理，得到具体模拟步骤如下：

1）开挖左上区域，即①部；

2）施加左上区域锚杆、洞壁一衬、临时支撑和横撑；

3）开挖左下区域，即②部；

4）施加左下区域锚杆、洞壁一衬、临时支撑；

5）开挖右上区域，即③部；

6）施加右上区域锚杆、洞壁一衬、临时支撑和横撑；

7）开挖右下区域，即④部；

8）施加右下区域锚杆、洞壁一衬、临时支撑；

9）开挖中上区域，即⑤部；

10）施加中上区域洞壁一衬和横撑；

11）开挖中下区域，即⑥部；

12）施加中下区域洞壁一衬；

13）拆除临时支撑和横撑；

14）施加膨胀荷载。

以上开挖和支护①部记为模拟步序 1，开挖和支护②部记为模拟步序 2，开挖和支护③部记为模拟步序 3，开挖和支护④部记为模拟步序 4，开挖和支护⑤部记为模拟步序 5，开挖和支护⑥部记为模拟步序 6，拆除临时支撑和横撑记为模拟步序 7，施加膨胀荷载记为模拟步序 8。

11.4.2　上下分步左右同步 SRD 法数值分析结果

（1）不同开挖工法

图 11-12 给出了采用 CRD 法施工时各工序引起的地表沉降值。由图可知，先开挖隧道的左上和左中两个区域，使得地表沉降槽中心随着开挖的进行逐渐由隧道中心线左侧向着隧道中心处移动。同时，沉降槽宽度在不断加宽，影响范围由 $-40 \sim 20\text{m}$ 逐步扩展到 $-40 \sim 40\text{m}$。由图中可知，在开挖 2 部和 4 部时，由于开挖面积较大且开挖面接近隧道拱部，因此地表沉降发展加快，沉降值显著增大。当拆除中隔墙和横撑等支撑后，由于支撑力的释放以及内力重分布作用，地表沉降再次加速发展，沉降槽中心沉降达到 38.5mm。在施加膨胀荷载后，沉降达到最值，大小为 41mm。

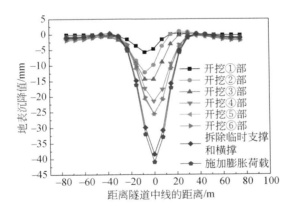

图 11-12　CRD 法工序对地表沉降影响

由图 11-13 可知，采用 SRD 法进行开挖时，其开挖顺序是先左上和左下区域，再右上和右下区域，最后开挖中间预留土柱，这使得地表沉降槽中心先偏向隧道中心线左侧，再偏向隧道中心线右侧，最后回到隧道中心线处，其影响范围由 $-40 \sim 0\text{m}$ 逐渐发展到 $-40 \sim 40\text{m}$。在左上、左下、右上和右下区域开挖时，由于开挖面积较小且开挖区域闭合迅速，围岩扰动较小，没有对地表沉降产生较大影响，地表沉降始终保持在 1mm 左右。当开挖预留土柱后，隧道拱部变形发展，地表沉降进而发展，沉降槽中心沉降达到 5.1mm。当拆除支撑后，由于支撑力的释放以及内力重分布作用，地表沉降显著增加，达到 24.2mm。最后在膨胀荷载的作用下，地表沉降值终值达到 26.8mm。从图 11-14 对两种开挖方法的

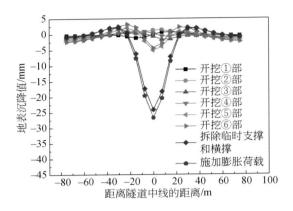

图 11-13　SRD 法工序对地表沉降影响

比较中可以发现，虽然它们的影响范围较为接近，但是 SRD 法相比于 CRD 法其最大地表沉降值减少了 13.2mm，这在地表沉降控制方面是有绝对优势的。

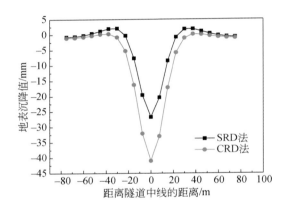

图 11-14　SRD 法和 CRD 法对地表沉降影响的比较

开挖工法对拱顶沉降影响。拱顶沉降监测是隧道监测任务中的常规必测项目，能对围岩变形情况进行监控，反映围岩实时状态，同时量测方便且施工成本较低。从图 11-15 可知，CRD 法在开挖左中区域、右中区域以及拆除临时支撑和横撑时拱顶沉降速率提高且沉降值较大，最终沉降值为 72mm。SRD 法在开挖预留土柱以及拆除临时支撑和横撑时拱顶沉降速率提高且沉降值较大，最终沉降为 63mm，较 CRD 法减小了 9mm，这是十分可观的。在Ⅲ级管理等级下，软弱围岩隧道拱顶沉降的管理基准值是 110～270mm，因此上述两种开挖方法均能满足施工要求，只是 SRD 法在控制拱顶沉降方面更加有效。开挖支护完成后，受膨胀荷载作用拱顶沉降将继续发展。实际情况下，由于膨胀性围岩自身的膨胀作用，围岩和支护结构会共同发生变形，引起拱顶沉降。同时，由于围岩的膨胀和变形，其自身强度有所降低，进而引发进一步变形和拱顶沉降。然而在进行数值模拟时，只是将这种膨胀作用考虑为膨胀荷载，支护结构在这一荷载作用下发生变形，并引起围岩的变形和强度降低，进而引起拱顶沉降的进一步增大。

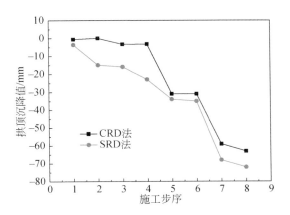

图 11-15　开挖方法工序对拱顶沉降的影响

　　开挖工法对水平收敛影响。由图 11-16 可知，对于 CRD 法，当开挖左上和左中区域后，左边墙水平位移快速发展并达到 10mm，右边墙处由于还未开挖，其水平位移变化很小。当开挖右上和右中区域后，右边墙的水平位移快速发展并达到 17mm，此时左边墙受右侧开挖效应的影响，水平位移缓慢发展。当开挖完毕后，左右边墙水平位移大小基本一致，左边墙位移略小于右边墙位移。对于 SRD 法，随着开挖的发展，其左右边墙水平位移大小始终基本一致，只是右边墙在右上区域开挖完成后，由于应力重分布作用，其左向水平位移略有减小。当预留土柱开挖后，左右边墙的水平位移由平缓发展转变为加速发展，水平位移值分别达到 8.9mm 和 8.4mm。

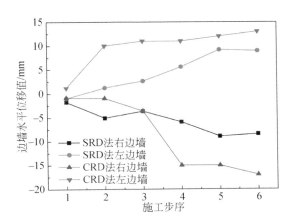

图 11-16　开挖方法各工序水平收敛变化情况

　　比较 CRD 法和 SRD 法边墙水平位移，总体上是前者大于后者，原因有二：第一，SRD 法的预留土柱控制了拱顶沉降，进而控制了边墙水平位移。第二，预留土柱柱身边缘曲线为抛物线，对侧向土体具有拱支撑作用，在一定程度上限制了边墙水平位移。

　　开挖工法对围岩塑性区影响。CRD 法和 SRD 法引起的塑性区变化图见图 11-17 和图 11-18。在图 11-17 中，塑性区多出现在开挖面上的尖角区域，这是由于应力集中的缘故，因此在实际施工的每一个阶段中，应该对尖角区域变形发展予以实时监测，并做适当处理，如钻设锁脚锚管，以限制其变形发展，进而控制塑性区扩展。由图 11-17（b）可知，开挖区域二的左侧几乎没有出现塑性区，而右侧则出现了大片塑性区。这是因为开挖区域二左侧的拱形相比于右侧的直线对水平位移的控制能力更强一些，因而减弱了塑性区的发展。因此，在隧道支护结构中使用拱的形式对围岩位移和塑性区的控制是非常有效的。

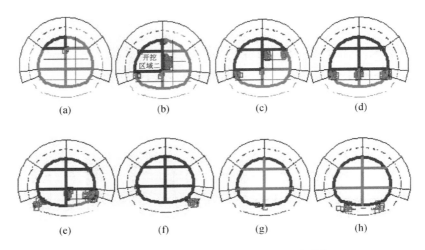

图 11-17　CRD 法开挖各工序塑性区分布特征

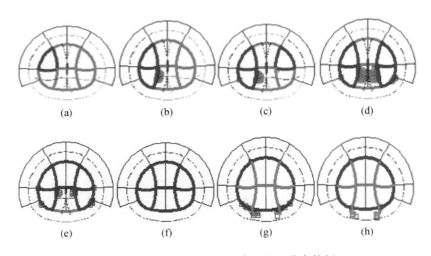

图 11-18　SRD 法开挖各工序塑性区分布特征

　　在图 11-18 中，支护结构大多采用拱的形式，总体看来塑性区的分布相对于图 11-17 中都减小许多，但是图 11-18（d）中则出现了较大的塑性区域。原因在于，隧道的左上、左下、右上和右下区域开挖支护完毕后，对拱顶的支撑大部分转由中间预留土柱承担，因此土柱根部应力急剧增加，以至于该部位塑性区加速扩展。为解决这一问题，可对中间预留土柱根部进行注浆加固处理。

比较两种开挖方法的最终塑性区分布可以发现，在隧道开挖和初期支护完成后，其底板位置由于底鼓作用会出现少量的拉裂区和塑性区，通常可以通过设置地锚或加大仰拱的厚度和弧度来进行控制。

（2）SRD 法优化分析

不同开挖顺序意味着不同应力路径，不同的应力路径对应着不同的围岩变形情况，因此通过改变开挖顺序以获得最优围岩变形控制效果是行之有效的。在保持开挖步数和各开挖区域面积一定的情况下，拟定以下 4 种开挖顺序进行比较研究，见图 11-19。

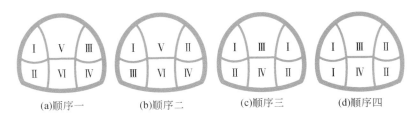

(a)顺序一　　　　(b)顺序二　　　　(c)顺序三　　　　(d)顺序四

图 11-19　不同开挖顺序示意图

Ⅰ～Ⅵ表示开挖顺序

图 11-20 反映了不同开挖顺序对拱顶沉降的影响。由图可知，顺序一的拱顶沉降值为 63mm，顺序二的拱顶沉降值为 65mm，顺序三的拱顶沉降值为 71mm，顺序四的拱顶沉降值为 68mm。顺序一、二开挖方法引起的拱顶沉降发展规律基本一致，其前四步由于开挖区域均较小且支护闭合及时，同时隧道拱顶有预留土柱支撑，因此这一阶段拱顶沉降较小，保持在 5mm 以下。当预留土柱开挖后，拱顶沉降发展加速，沉降值显著增加，分别达到 31mm 和 34mm。由此可见，预留土柱的临时支撑作用是非常显著的。顺序三、四开挖方法引起的拱顶沉降发展规律也基本一致。由于在预留土柱开挖前其开挖区域较大，对围岩扰动较显著，因此引起了 10mm 左右的拱顶沉降，大约是顺序一、二的 2 倍。当预留土柱开挖后，拱顶沉降显著增大，分别达到 42mm 和 35mm。比较四种开挖顺序结果可知，顺序三对应的拱顶沉降值相对其他三者较大，究其原因是该方法在隧道初期开挖时对拱顶区域的扰动最为明显。综上可知，控制拱顶沉降的首要原则在于通过合理的开挖方法减小开挖区域的扰动，其次才是采用常规加固措施对拱顶区域进行适当加固。在隧道开挖与支护过程中，隧道洞壁与临时支撑接触点的水平位移是需要关注的，因为该位置的水平位移不但能够反映围岩收敛情况，而且还能对临时支撑结构的安全性和稳定性进行评价。

图 11-21 反映了不同开挖顺序对隧道边墙水平位移的影响。采取顺序一时，开挖完成左上和左下区域后，左边墙产生了右向水平位移，大小 1.2mm，右边墙产生左向水平位移，大小 5mm。当右上区域开挖完成后，由于应力重分布作用，右边墙左向水平位移有所减小；当右下区域开挖完成后，左右边墙均向隧道内发生了水平位移，并且位移发展速率较快，位移增量较大。当预留土柱被开挖后，边墙水平位移将再次发展并趋于恒定。采取顺序二时，由于先开挖左上区域，再开挖右上区域，使得右边墙产生左向水平位移后又产生了右向水平位移。随着各个区域的开挖，边墙向隧道内的水平挤入位移不断增大并最终趋于稳定。采取顺序三或四时，边墙位移随着施工步序的增加以较为平缓的速率不断发

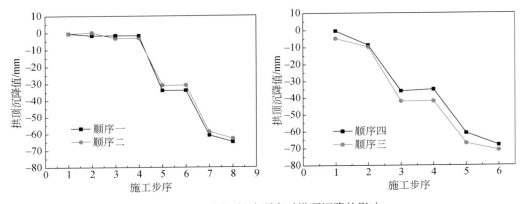

图 11-20　不同开挖步顺序对拱顶沉降的影响

展,其中顺序四由于对边墙的扰动强烈而使得开挖后其水平位移较大,达到 23mm。比较四种开挖顺序,边墙最终水平位移的大小关系为顺序一最小,顺序二次之,顺序三第三,顺序四最大。

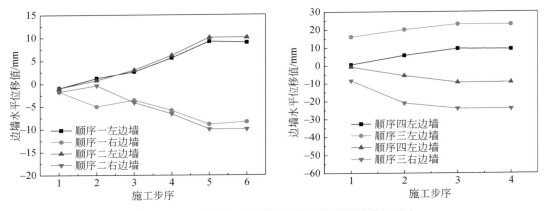

图 11-21　不同开挖顺序对隧道边墙水平位移值的影响

对预留土柱水平位移的监测能够帮助了解土柱开挖过程中的变形形态。由图 11-22 可知,预留土柱两侧水平位移的变化规律基本一致,并且顺序一对应的土柱水平位移最小,顺序四最大,顺序二、三则分列第二三位。由于受到开挖顺序的影响,预留土柱在水平方向上产生了往复位移,往复次数与在土柱两侧往复开挖的次数相同。比较顺序一和顺序二可知,随着往复次数的增加,预留土柱的水平位移会有所增加,这意味着土柱强度存在一定程度的降低。此外,图中顺序三、四虽然往复次数很少,但由于初期开挖对围岩的扰动较大,因此预留土柱水平位移也相对较大。

对预留土柱柱身边线建立形式为 $x = Ay^2 + B$ 的抛物线函数,其中 A 的绝对值对应抛物线形预留土柱柱身边线的曲率,B 的绝对值对应抛物线形预留土柱最小宽度的一半。通过改变系数 A、B 的大小能够调整预留土柱的形状,进而能够方便研究最优柱形。本部分主要讨论最小土柱宽度为 2.8m、4.8m 和 6.4m 时所对应的环境效应和围岩变形控制效果,见图 11-23。

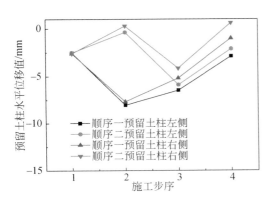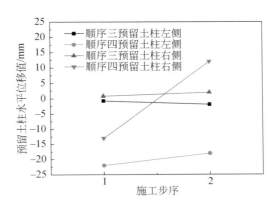

图 11-22　不同开挖顺序对预留土柱水平位移的影响

图 11-23　预留土柱宽度示意图

图 11-24（a）反映了不同宽度预留土柱对拱顶沉降的影响。由图可知，预留土柱开挖前拱顶沉降值并不大，宽度 4.8m 和 6.4m 对应的沉降值均小于 5mm，宽度 2.8m 对应的沉降值约为 10mm。当开挖预留土柱后，拱顶沉降值以较高的速率不断增大，并且土柱宽度越大其位移增量越大。经充分发展，宽度 2.8m 对应的沉降值达到 29mm，宽度 4.8m 对应的沉降值达到 31mm，宽度 6.4m 对应的沉降值达到 42mm。比较土柱开挖前后拱顶沉降值可知，预留土柱对拱顶沉降的控制效果显著，土柱越宽其暂时控制效果越好。由图中步序 8 可知，不同宽度土柱对应的最终拱顶沉降值按土柱宽度由小到大的顺序分别为 69mm、63mm 和 65mm，因此并非预留土柱宽度越大对拱顶的最终沉降控制效果越好，势必存在宽度适中的预留土柱使得拱顶沉降最小。对于本工程其值约为 5.1m，相应的最大拱顶沉降约为 62.9mm，见图 11-24（b）。所以可以认为，当土柱宽度在 4.8～5.2m 时，即约为隧道跨度的 1/3 时，其对拱顶沉降和环境效应的控制效果最佳。

图 11-25 反映了不同宽度预留土柱对边墙水平位移的影响。由图可知，隧道左右边墙水平位移的发展较为对称。在开挖完成左上和左下区域后，右边墙的水平位移较左边墙要略大一些，这可能是由于隧道左侧开挖区域左右开挖边界面的曲率略有差别，右侧曲率要略小于左侧。当开挖完成右侧区域和预留土柱后，被开挖区域变成沿隧道中线左右对称的形式，因此地应力分布对称，从而使左右边墙水平位移的大小基本趋于一致。随着土柱宽度的增加，左右边墙的最终水平位移先减小再增大，在 4.8m 附近取得对边墙水平位移的最优控制值。

图 11-26 反映了不同宽度预留土柱自身水平位移的变化情况。由图可知，预留土柱表

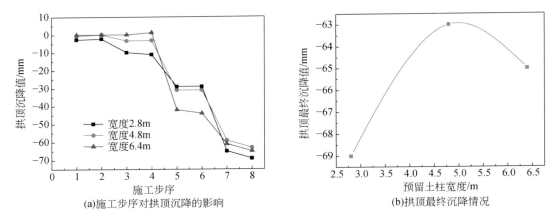

(a)施工步序对拱顶沉降的影响　　　　　　　(b)拱顶最终沉降情况

图 11-24　不同宽度预留土柱对拱顶沉降的影响

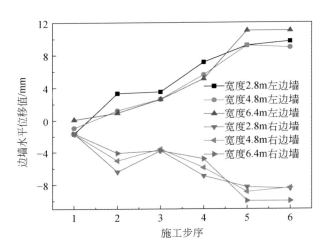

图 11-25　预留土柱对边墙水平位移的影响

现出往复的水平位移，并且随土柱宽度的减小，其往复水平位移值不断增大，这对土柱自身的损伤是较为严重的。由图中步序 4 可知，预留土柱两侧的最终水平位移值随着土柱宽度的增加而不断减小，并在预留土柱两侧土体开挖完成后恢复到初期开挖时土柱的位移水平。

利用抛物线形预留土柱的反拱作用能够有效控制围岩变形，建立如图 11-27 所示的三种曲率形式的预留土柱，分别记为曲率一、曲率二和曲率三，其对应的曲率值分别为 0.011、0.037 和 0.074，对应的最小土柱宽度均为 4.8m，采用的开挖顺序均为顺序一。

图 11-28（a）反映了不同曲率预留土柱对拱顶沉降的影响。由图可知，预留土柱开挖前，拱顶沉降值和曲率大小成反比，随曲率的增加而减小，并且其发展速率较为缓慢。在开挖预留土柱后，拱顶沉降加速发展，相应位移变化幅度均有不同程度的增大。在变形发展稳定后，曲率一对应的沉降值最小，约 23mm；曲率二对应的沉降值次之，约 31mm；

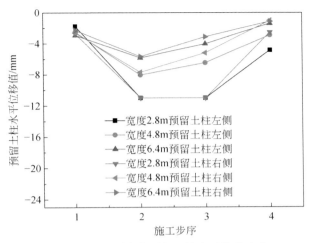

图 11-26　不同宽度预留土柱水平位移变化

(a)曲率0.011　　　　　(b)曲率0.037　　　　　(c)曲率0.074

图 11-27　预留土柱曲率示意图

曲率三对应的沉降值最大，约 46mm。在开挖完成且支护拆除后，拱顶沉降进一步发展并达到最终稳定，曲率一为 65mm，曲率二为 63mm，曲率三为 65mm。比较各曲率对应的最终沉降值可以发现，存在大小适中的曲率值使得拱顶沉降最小，见图 11-28（b）。对于本工程，当预留土柱曲率为 0.042 时，对应的拱顶沉降值最小，约 62.9mm。因此可以认为，当预留土柱的曲率为 0.037~0.042 时，其对拱顶沉降的控制效果最佳。

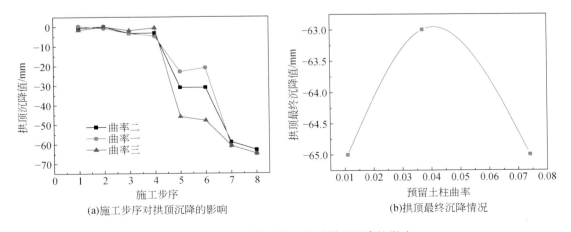

(a)施工步序对拱顶沉降的影响　　　　　(b)拱顶最终沉降情况

图 11-28　不同曲率预留土柱对拱顶沉降的影响

　　图 11-29 反映了不同曲率预留土柱对边墙水平位移的影响。由图可知,开挖初期左边墙水平位移较右边墙要略大一些,随着开挖区域的扩展,沿隧道中线左右对称的开挖区域逐渐形成,使得地应力分布对称,进而促使左右边墙水平位移值趋近。随着土柱曲率的增加,左右边墙的最终水平位移值先减小再增大,并在曲率为 0.037 附近取得对边墙水平位移控制的最优值。

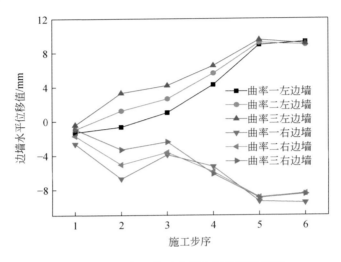

图 11-29　预留土柱对边墙水平位移的影响

　　图 11-30 反映了不同曲率预留土柱自身水平位移的变化情况。由图可知,预留土柱再次出现往复的水平位移,并且曲率小,往复位移幅值大,这体现了拱形土柱的侧向支撑作用。从图中的施工步序 4 可以看出,预留土柱两侧的最终水平位移值和土柱曲率成反比,随着土柱曲率的增大而减小,最终均基本恢复到最初开挖时土柱的水平位移值附近。

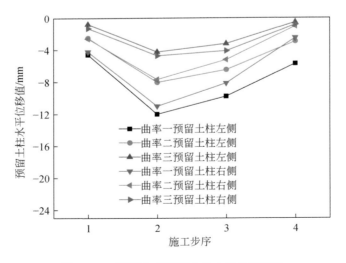

图 11-30　不同曲率预留土柱水平位移变化

为研究开挖台阶长度对地表沉降以及隧道围岩变形情况的影响,采用对二维网格进行三维拉伸的方法,建立了台阶长度为 6m、12m 和 15m 的三维有限元模型进行比较分析,三个模型均包含 2570 个单元、8650 个节点和 15420 个应力点,如图 11-31 所示。

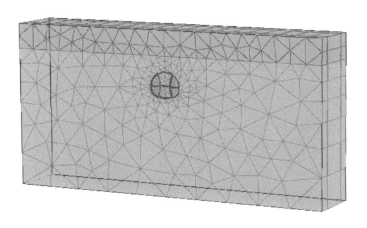

图 11-31　隧道开挖三维有限元模型示意图

图 11-32 给出了不同台阶长度下进行隧道开挖时相对滞后的掌子面位置的总位移图。由图可知,随着台阶长度的增加,整个场地的受影响范围在不断扩大,并且隧道下部场地的受影响范围较隧道上部场地更大一些。台阶长度越长,中间预留土柱底部的总位移场就越小,并且总位移场的减小幅度随台阶长度的增加变化很大。因此,选择合适的台阶长度能够有效减小滞后掌子面的总位移场,同时还能对地层的影响范围进行一定的控制。

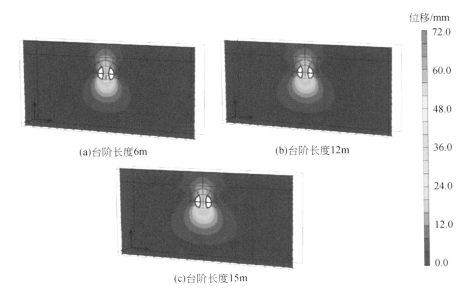

(a)台阶长度6m　　　　　　(b)台阶长度12m

(c)台阶长度15m

图 11-32　不同台阶长度隧道开挖滞后掌子面总位移图

图 11-33（a）给出了不同台阶长度下沿隧道纵向的地表沉降图。由图可知，对于超前掌子面，在台阶长度小于 1 倍洞径时，增加台阶长度能够有效降低地表沉降值；当台阶长度大于 1 倍洞径时，其减小地表沉降的能力则显著减弱。此外，台阶长度的变化对于滞后掌子面上方地表沉降的控制作用不明显。图 11-33（b）分别给出了台阶长度为 6m、12m 和 15m 时沿隧道纵向的拱顶沉降图，其中绿线代表超前掌子面，红线代表滞后掌子面。由图可知，随着台阶长度的增大，超前掌子面处拱顶沉降逐渐减小，而滞后掌子面处的拱顶沉降则逐渐增大。其原因如下，对于超前掌子面，由于其前方是大片的未开挖区域，因此其拱顶沉降主要受开挖面处卸荷效应和滞后掌子面处开挖效应的影响。对于不同台阶长度，其超前掌子面处的卸荷效应相差不大，因此滞后掌子面对超前掌子面的影响是引起沉降差别的关键。当台阶长度较长时，滞后掌子面对超前掌子面的影响会减弱，使得超前掌子面处拱顶沉降减少。对于滞后掌子面，由于其前方只有未开挖的预留土柱，因此其拱顶沉降主要受开挖卸荷效应的影响。当台阶长度较长时，应力释放范围较短台阶来说较大，因此拱顶沉降会相对增大。此外，比较台阶长度为 12m 和 15m 时的拱顶沉降可以发现，当台阶长度超过 1 倍洞径以后，超前掌子面和滞后掌子面处的拱顶沉降随台阶长度改变而发生的变化已经不那么显著。

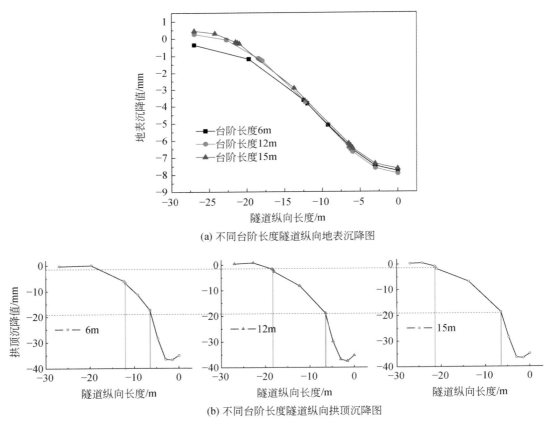

(a) 不同台阶长度隧道纵向地表沉降图

(b) 不同台阶长度隧道纵向拱顶沉降图

图 11-33　不同台阶长度隧道开挖后地表和拱顶沉降位移图

11.5　高寒区富水膨胀土隧道施工止水
与运行防渗防冻一体化技术

11.5.1　吉图珲高速铁路东兴隧道止水防渗防冻问题

　　吉图珲高速铁路东兴隧道处于高寒冻融区，冬季有超过 6 个月的长冻结期且历史上的极端低温达-40℃，年平均气温为-2 ~ 4℃，冬季形成的深厚冻土层在每年 5 月底几乎全部融化，春季冻土融化速率较快。这种季节冻融环境不同于多年冻土区，仅采用传统"保温"办法防控隧道冻害效果欠佳。此外，东兴隧道的围岩又为冻胀敏感性极大的膨胀土（实际为强风化膨胀岩），并且常年地下水位浅表且十分丰富，因此隧道施工中的止水防渗防冻问题突出，亟待提出一种施工中可靠止水，运行中确保不发生渗漏、冻害的一体化技术。

11.5.2　隧道施工止水与运行防渗防冻一体化技术

　　A-Tech 防护技术（图 11-34）的基本原理如下：

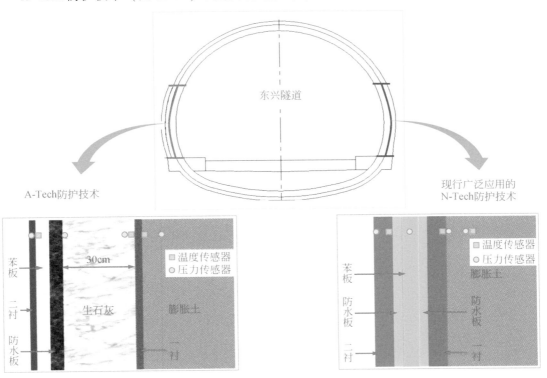

图 11-34　A-Tech 防护技术示意图

1）密实填筑生石灰层具有三方面作用，其一是保证施工期间可靠止水，其二是生石灰层将与入渗的水、空气中的二氧化碳之间通过二次反应生成碳酸钙层以严格控制运行期间渗漏（生石灰层转变成碳酸钙层因体积膨胀而使填筑层更密实），其三是生石灰层转变成碳酸钙层能够承担一定量的围岩土压力（碳酸钙实际是具有较高强度、较大承载力的岩石）。

2）由于生石灰层转变成碳酸钙层需要一定的化学反应时间，不可能在施工期间完成全部反应过程，因此在生石灰层面向洞内一侧依次铺设一层防水板、苯板，生石灰层与防水板共同对施工期进行可靠止水，考虑隧道施工可能进行至初冻期，因此采用苯板短期控制碉壁围岩在初冻期因发生冻结作用而对施工造成影响。

3）隧道施工结束将无须防水板的防渗作用和苯板的防冻作用，运行期间的防渗、防冻将全部由石灰层转变成的碳酸钙层长期有效承担。

现行广泛应用的隧道止水防渗防冻一体化技术（简称 N-Tech 防护技术），见图 11-34。在一衬与二衬之间，施作"两层防水板中间夹一层苯板"。这种防渗防冻技术，在冻结深度不超过 0.5m 的浅季节冻土区有效，但是在冻结深度达到或超过 1m 的高寒深季节冻土区效果欠佳。这是因为高寒冻融区冻结期漫长且存在极端低温冻结作用，一层苯板必定被冻透而殃及围岩冻胀，所以不可能防冻害；此外，实际施工为"粗放式"作业，铺设防水板，若接缝不能精细可靠密封"焊接"，即使有一处瑕疵，也将使整个防渗"帷幕"失效。正因为这两方面难以或无法克服的重要原因，才导致大量高寒区隧道运行期间长期渗漏、冻害。

11.5.3　隧道止水防渗防冻一体化技术数值仿真分析

11.5.3.1　隧道止水防渗防冻一体化技术分析数值建模

（1）几何模型与热力学参数

取里程 GDK278+115，埋深 15m 试验断面进行数值分析，计算范围取 3 ~ 6 倍碉径，模型左右边界距隧道中心线 30m，下边界距地表 80m，隧道开挖断面顶部距地表 15m，见图 11-35。为简化计算，模型假设如下：①模型中所有涉及的材料均为各向同性的均质材料；②包裹在硬质聚氨酯保温板两侧的乙烯-醋酸乙烯共聚物（EVA）防水卷材厚度仅为 0.5mm，不考虑防水层的隔热作用；③围岩中水发生相变会吸收或放出热量，这对隧道抗冻是有利的，故将此作为安全余量，不考虑水相变时吸收和放出的热量；④深层土体的温度为常数。

模型单元的选取是决定计算精确程度的关键因素。四结点线性传热四边形单元是二维温度场分析最常用的单元类型，该单元在保证计算精度的同时最大限度地提高计算效率，模型主体部分选用该单元。二次衬砌和地表土层由于要考虑与空气的接触，因此选用四结点对流/扩散四边形单元。网格划分见图 11-36，绿色区域为四结点线性传热四边形单元，黄色区域为四结点对流/扩散四边形单元。

模型左右边界的边界条件绝热边界；二次衬砌表面施加气温荷载；上下边界在不同计

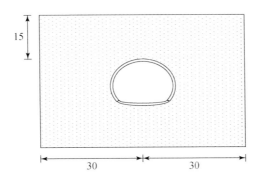

图 11-35　有限元模型计算域（单位：m）

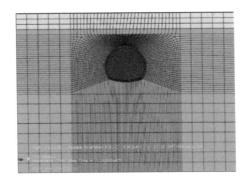

图 11-36　网格划分和单元类型选取

算工况下不同。东兴隧道围岩的主要成分是强风化、全风化的砂岩与泥岩互层，还包括粉质黏土、人工填土等成分。围岩热学参数见表 11-3。不同标号的混凝土热学参数相差不大，初期支护和二次衬砌的混凝土热学参数均见表 11-4。硬质聚氨酯和生石灰在常温下的热学参数通常比较稳定，见表 11-5。

表 11-3　围岩热学参数

温度/℃	导热系数/[W/(m·K)]	比热/[J/(kg·K)]	密度/(kg/m³)
20	2.72	1071	
10	2.52	930	
0	2.40	894	2650
−10	2.25	845	
−20	2.08	762	

表 11-4　混凝土热学参数

温度/℃	导热系数/［W/（m·K）］	比热/［J/（kg·K）］	密度/（kg/m³）
20	1.75	1455	
10	1.60	1332	
0	1.51	1194	2500
−10	1.32	1088	
−20	1.13	1030	

表 11-5　保温材料热学参数

温度/℃	导热系数/［W/（m·K）］	比热/［J/（kg·K）］	密度/（kg/m³）
硬质聚氨酯	0.026	2200	40
生石灰	0.4	900	1400

（2）气温函数

　　由于受到隧道冬季施工的影响，隧道进口用防寒门封闭，使得隧道内的气温远远高于外界气温，现场监测没有取得隧道在低温环境下的温度场。借助上面建立的有限元模型，结合延吉当地的气象条件，研究隧道实际运营中的温度场，分别研究试验段和非试验段这两种保温层方案的防寒能力。N-Tech 防护技术试验段各工况温度对比见表 11-6。对于大气年温度变化函数的确定，气象学中常用正弦函数回归法进行拟合，通式为

$$T(t) = T_{\mathrm{m}} + T_{\mathrm{a}} \sin(2\pi t/365 + \pi/2) \tag{11-6}$$

式中，T_{m} 为年平均温度；T_{a} 为年温度变幅；t 为时间（d）。

表 11-6　N-Tech 防护技术试验段各工况温度对比表

工况	测点	数值模拟		现场监测	
		最高温度/℃	最低温度/℃	最高温度/℃	最低温度/℃
工况一	二衬中	5.97	5.35	6	5.1
	保温层外侧	6.05	5.51	5.8	5
	保温层内侧	11	10.87	11.2	11
	围岩中	11.48	11.4	11.5	11.4
工况二	二衬中	4.8	4.21	5.1	4.8
	保温层外侧	4.55	4.5	5	4.5
	保温层内侧	9.95	9.86	10.1	9.8
	围岩中	10.6	10.48	10.6	10.2

续表

工况	测点	数值模拟		现场监测	
		最高温度/℃	最低温度/℃	最高温度/℃	最低温度/℃
工况三	二衬中	2.1	2.07	2.2	2
	保温层外侧	2.25	2.1	2	1.8
	保温层内侧	8	7.83	8	7.8
	围岩中	8.45	8.32	8.5	8.2

延吉月平均气温统计（1971～2000 年）见图 11-37，气温最高月均温为 22.5℃，气温最低月均温为−12.8℃。据此确定大气温度曲线，年平均温度取气温最高月均温和最低月均温的均值，$T_m = 4.9℃$；年温度变幅取年平均温度与气温最高月均温差值再加 2℃，$T_a = 19.6℃$。由于东兴隧道埋深较浅（最大埋深 47m），长度较短（1420m），因此隧道内的气温不做修正。

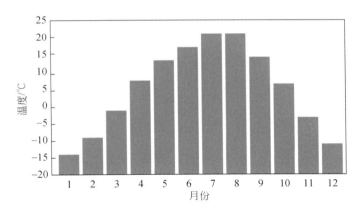

图 11-37　1971～2000 年延吉月平均气温统计图

（3）初始温度场

建立隧道未开挖的原场地有限元模型，在地表施加足够长年限的地表气温荷载，通过数值模拟的方法得到天然场地的温度场，即隧道原场地初始温度场。模拟发现第 49 年和第 50 年各深度土层的温度变化情况几乎一致，据此可以断定已经得到稳定的初始温度场。因此，采用 50 年后隧道所在区域的计算温度场作为隧道围岩初始温度场，计算结果（第 51 年第 1d）见图 11-38，初始温度场云图见图 11-39。

（4）边界条件

有限元模型左右边界为绝热边界（第二类边界条件）；下边界为恒温边界，$T_b = 4.8℃$（第一类边界条件）；上边界和隧道二次衬砌表面施加气温荷载（第四类边界条件），如图 11-40所示。隧道运营期间隧道内空气流速相比于施工期间明显增大，因此二次衬砌表面的对流换热系数取 10W/（m² · K），地表土层对流换热系数取 6W/（m² · K）。确定了气温函数、初始温度场和边界条件，就可以解得有限元模型在任意时刻的温度场。

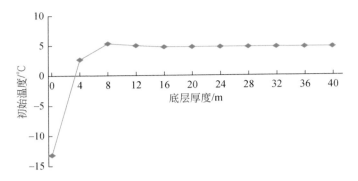

图 11-38　初始温度场

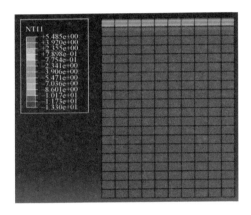

图 11-39　初始温度场云图

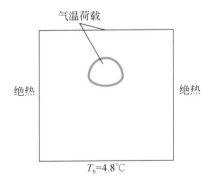

图 11-40　边界条件

11.5.3.2　隧道止水防渗防冻一体化技术数值分析结果

（1）N-Tech 防护技术试验段

根据延吉的气象条件，隧道可能出现冻害的月份为 11 月至次年 3 月，该时段隧道温度场，见表11-7、图11-41和图11-42。从图表中可得，随着埋深的增加，温度逐渐升高，保温层两侧温差最为明显。保温层以外区域温度随气温变化明显出现长时间持续负温。围岩中的温度持续下降，在3月达到最低，2月围岩表面附近出现小范围的负温，不过温度较高，不会产生大面积冻胀。N-Tech防护技术试验段的保温措施总体来说卓有成效，围岩绝大部分区域可以保持正温，只有2月在围岩与初期支护界面上出现了小面积负温，并且温度接近零度。隧道埋深为15m，受地表气温的影响很小。

表 11-7　N-Tech 防护技术试验段 11 月至次年 3 月温度场　　　　　（单位：℃）

项目		11 月	12 月	1 月	2 月	3 月
位置	气温	-4.85	-12	-14.6	-12	-4.85
	二衬中	-3.11	-10.37	-13.47	-11.61	-5.39
	保温层外侧	-2.69	-9.88	-13.02	-11.32	-5.34
	保温层内侧	5.70	2.82	0.48	-0.66	-0.32
	围压浆面	5.97	3.27	0.98	-0.25	0.09
	围岩 0.4m	6.44	4.29	2.28	0.97	0.71
	围岩 0.8m	6.63	4.99	3.28	1.99	1.49
	围岩 1.2m	6.63	5.42	4.03	2.85	2.21

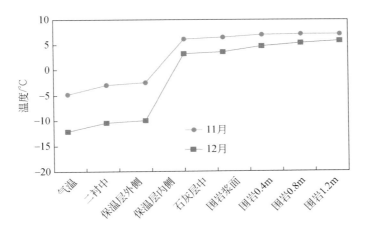

图 11-41　N-Tech 防护技术试验段 11 ~ 12 月温度场

为了研究隧道温度场全年变化规律，选取部分测点的年温度变化曲线。N-Tech防护技术试验段温度场年变化曲线见图11-43。从图中可得，保温层外侧的温度变化规律与气温接近，温度变幅略比气温小，相位略滞后。初衬中最低温度为-0.7℃，发生在2月中旬，与气温变化的相位差为40d；围岩0.4m处最低温度为0.69℃，发生在2月下旬，与气温变化的相位差为50d；围岩1.2m处最低温度为2.17℃，发生在3月中旬，与气温变化的相位差为70d。保温层内侧各个测点（包括初衬中和围岩中）的变化规律相近，温度变幅相比于气温大幅减小，相位大大滞后，并且随着埋深的增大，温度变幅逐渐减小，相

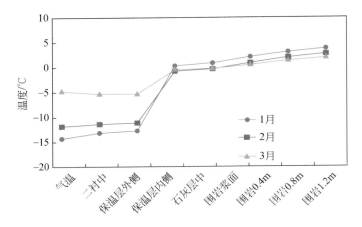

图 11-42　N-Tech 防护技术试验段次年 1~3 月温度场

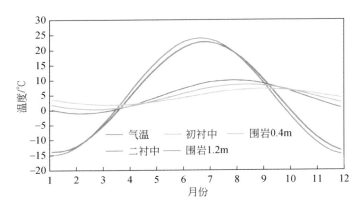

图 11-43　N-Tech 防护技术试验段温度场年变化曲线

位之后逐渐增大。从以上分析中可以看出，保温层对温度场分布和变化产生了显著影响。

（2）A-Tech 防护技术试验段

A-Tech 防护技术试验段 11 月至次年 3 月的隧道温度场见表 11-8、图 11-44 和图 11-45。A-Tech 防护技术试验段整个冬季围岩中没有出现负温，2 月围岩中的温度普遍比 N-Tech 防护技术试验段高 1~1.5℃。A-Tech 防护技术试验段温度场的分布和变化规律总体与 N-Tech 防护技术试验段相似，但具有更强的保温能力。

表 11-8　A-Tech 防护技术试验段 11 月至次年 3 月温度场　　　　　（单位：℃）

项目		11 月	12 月	1 月	2 月	3 月
位置	气温	−4.85	−12	−14.6	−12	−4.85
	二衬中	−3.17	−10.46	−13.57	−11.69	−5.43
	保温层外侧	−2.80	−10.03	−13.18	−11.44	−5.39
	保温层内侧	4.35	1.03	−1.25	−1.87	−0.70

续表

项目		11 月	12 月	1 月	2 月	3 月
位置	石灰层中	6.00	3.74	1.78	0.65	0.66
	围压浆面	6.18	4.09	2.20	1.02	0.88
	围岩 0.4m	6.45	4.94	3.38	2.22	1.77
	围岩 0.8m	6.56	5.40	4.17	3.11	2.53
	围岩 1.2m	6.31	5.62	4.71	3.82	3.20

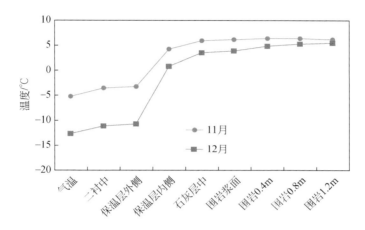

图 11-44　A-Tech 防护技术试验段 11～12 月温度场

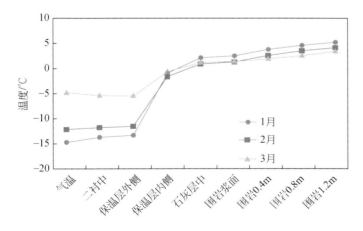

图 11-45　A-Tech 防护技术试验段次年 1～3 月温度场

　　A-Tech 防护技术试验段温度场年变化曲线见图 11-46。从图中可得，A-Tech 防护技术试验段温度场年变化规律与 N-Tech 防护技术试验段相似，但在围岩中的温度变幅更小，冬季温度更高。石灰层中最低温度为 0.52℃，发生在 2 月上旬，与气温变化的相位差为 30d；初衬中最低温度为 0.81℃，发生在 2 月中旬，与气温变化的相位差为 40d；围岩

0.4m 处最低温度为 2.17℃，发生在 3 月上旬，与气温变化的相位差为 60d；围岩 1.2m 处最低温度为 3.02℃，发生在 4 月上旬，与气温变化的相位差为 90d。

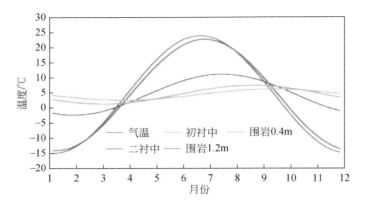

图 11-46　A-Tech 防护技术试验段温度场年变化曲线

从以上计算结果可以看出，N-Tech 防护技术试验段表层围岩在 2 月会出现短暂轻微的负温，负温的区域很小，不会产生大面积冻害。A-Tech 防护技术试验段围岩全年未出现负温，最低温度为 0.81℃，发生在 2 月中旬，该方案具有更强的保温防寒能力，完全可以满足东兴隧道的防寒需求。

（3）冻结深度

自 2014 年 11 月初初冻期开始至 2015 年 1 月 6 日，分别针对 A-Tech 防护技术、N-Tech 防护技术，采用数值方法，模拟了隧道围岩冻结深度（冻结圈），结果见图 11-47。从图中可以看出，采用 A-Tech 防护技术的冻结深度不到采用 A-Tech 防护技术的冻结深度的一半，也说明了 A-Tech 防护技术的优越性。

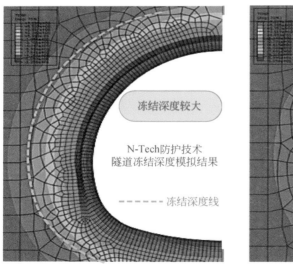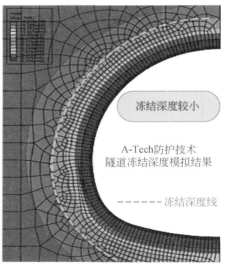

图 11-47　A-Tech 防护技术与 N-Tech 防护技术下隧道冻结深度模拟结果

11.5.4　隧道止水防渗防冻一体化技术实际应用效果现场监测

为了验证 A-Tech 防护技术的可靠性与长期有效性，东兴隧道施工中，在隧道一个侧壁上也采用上述现行广泛应用的 N-Tech 防护技术对称做了一段比对防护层，见图 11-34，并且在二者相同标高、相同水平位置上一并布置了温度传感器、土压力传感器，见图 11-34 和图 11-48，目的是通过同一时间、同一高度、同一水平位置的温度和土压力监测结果，比较评定 A-Tech 防护技术的优势。

图 11-48　东兴隧道长期监测系统布置与调试概况

2013 年 7 月东兴隧道施工结束，2013 年 12 月 10 日进行隧道防渗防冻技术可靠性验证第一次现场监测。分别针对 A-Tech 防护技术、N-Tech 防护技术，距离初衬 4.0m、2.0m、0.5m 三个不同位置点（高度一致）围岩温度的监测结果见图 11-49。从图中可以看出，同一冻结期同一时间点，围岩中同一高度监测点，A-Tech 防护技术对围岩中三个监测点的保持温度均明显高于 N-Tech 防护技术对围岩中三个监测点的保持温度，二者之间差距在距离初衬 0.5m 处和 2.0m 处最大，而在距离初衬 4.0m 处较小（这一点吻合于延吉地区冻结深度影响范围。延吉地区最大冻结深度为 1.8～2.2m），二者在不同监测点不同监测时间的围岩之间温差达 2.0～7.0℃，相当可观，这说明 A-Tech 防护技术具有非常好的隧道冻害防控效应。

最严寒的冻结期，作用于衬砌上的土压力是刻画防冻效果的一个最重要指标。因此，东兴隧道开通运行一年后，2015 年 1 月 6 日（延吉冬季最严寒期是 1 月）进行了一次 A-Tech 防护技术与 N-Tech 防护技术的防冻效果现场监测。分别针对 A-Tech 防护技术与 N-Tech 防护技术，作用于围岩、衬砌、生石灰层上的围岩土压力监测结果见图 11-50（各个

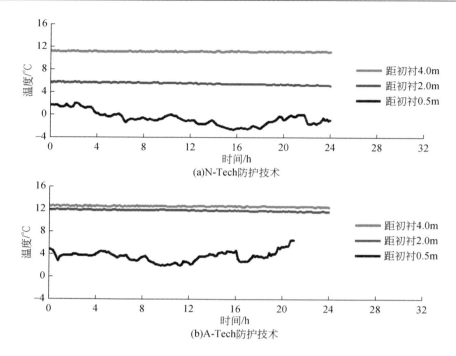

图 11-49　A-Tech 防护技术与 N-Tech 防护技术下围岩温度监测结果

监测点的高度一致）。从图 11-50 可以看出，同一深冻结期、同一监测时间点，采用 A-Tech 防护技术二衬承受的土压力明显小于采用 N-Tech 防护技术二衬承受的土压力，说明 A-Tech 防护技术对隧道冻害防控效应较 N-Tech 防护技术更优，同时也是由于生石灰层转变成碳酸钙层而承载了一部分二衬该承受的土压力。应该说明，由于在采用 A-Tech 防护技术的隧道段布置于初衬、围岩中的土压力传感器的引线被破坏，所以图 11-50 中无采用 A-Tech 防护技术的初衬土压力、围岩土压力，但是获得 A-Tech 防护技术的生石灰层土压力也显著小于 N-Tech 防护技术初衬土压力。

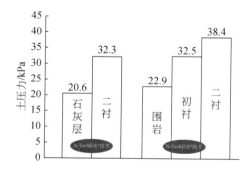

图 11-50　A-Tech 防护技术与 N-Tech 防护技术下土压力监测结果

2013 年 12 月 10 日 A-Tech 防护层与 N-Tech 防护层上温度监测结果见图 11-51。从图 11-51 可以看出，初冻期，A-Tech 防护技术对隧道的保温效果显著大于 N-Tech 防护技术对隧道的保温效果。A-Tech 防护层上在硐内侧的监测温度较 N-Tech 防护层上在硐内侧的监测温度高约 4℃，A-Tech 防护层上在围岩侧的监测温度较 N-Tech 防护层上在围岩侧的监测温度高约 9℃。应该说明，这种显著的防护层温度差别来自 A-Tech 防护技术中的生石灰层转化为碳酸钙层的水化热，而这种水化热有利于衬砌混凝土后期胶凝硬化与强度上升。这显然也是采用 A-Tech 防护技术的又一重要意义。

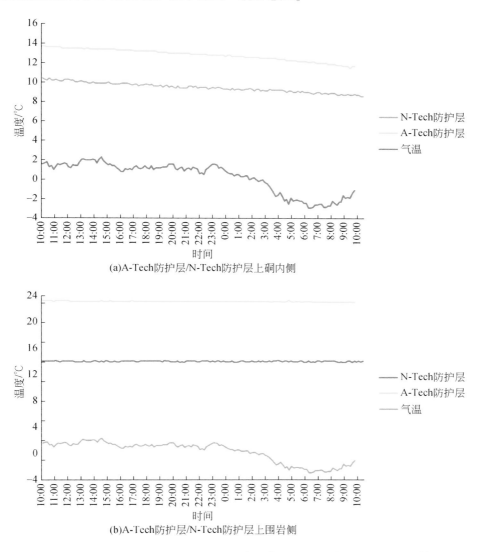

图 11-51　2013 年 12 月 10 日 A-Tech 防护层与 N-Tech 防护层上温度监测结果

11.6　结论与总结

针对高寒区富水膨胀土隧道施工与止水防渗防冻问题，以吉图珲高速铁路东兴隧道工程为例，开展了高寒区富水膨胀土大跨浅埋隧道暗挖工法和高寒区富水膨胀土隧道止水防渗防冻一体化技术的研究工作，主要结论如下：

1）相比 CRD 法，SRD 法对隧道拱顶沉降的控制作用更显著。当 SRD 法中土柱宽度约 1/3 隧道跨度时，其对拱顶沉降和边墙水平位移的控制效果最佳；抛物线形土柱对侧向土体具有拱支撑作用，可有效控制水平位移和塑性区发展，当土柱曲率为 0.037~0.042 时，对沉降和边墙位移的控制效果较好；在超前掌子面处，台阶长度小于 1 倍硐径时，增加台阶长度可有效降低地表沉降，台阶长度变化对滞后掌子面上方地表沉降的控制作用不明显，考虑到施工效率和掌子面的稳定性，台阶长度可取为 1 倍硐径。

2）A-Tech 防护技术中密实填筑的生石灰层能够保证施工期间的可靠止水，其形成的碳酸钙层可严格控制运行期间的渗漏，并承担一定量的膨胀性围岩土压力作用。同时，在冻结深度控制方面，A-Tech 防护技术相较于现行广泛应用的 N-Tech 防护技术效果更好。因此，A-Tech 防护技术更加适用于高寒深季节冻土区富水场地的隧道工程。

参 考 文 献

[1] 中华人民共和国住房和城乡建设部. 岩土工程基本术语标准（GB/T 50279—2014）[S]. 北京：中国计划出版社，2014.

[2] 中华人民共和国住房和城乡建设部. 膨胀土地区建筑技术规范（GB 50112—2013）[S]. 北京：中国建筑工业出版社，2013.

[3] 丁振洲，郑颖人，李利晟. 膨胀力概念及其增湿规律试验研究 [J]. 工业建筑，2006，36（3）：67-70.

[4] 卢肇钧. 粘性土抗剪强度研究的现状与展望 [J]. 土木工程学报，1999，32（4）：3-9.

[5] 李献民，王永和，杨果林，等. 击实膨胀土工程变形特征的试验研究 [J]. 岩土力学，2003，5：826-830.

[6] 杨庆，张慧珍，栾茂田. 非饱和膨胀土抗剪强度的试验研究 [J]. 岩石力学与工程学报，2004，23（3）：420-425.

[7] 朱豪，王柳江，刘斯宏，等. 南阳膨胀土膨胀力特性试验 [J]. 南水北调与水利科技，2011，9（5）：11-14.